法學啟蒙叢書

行政法系列——

行政罰法
釋義與運用解說

◎蔡志方　著

The Administrative Law

The Administrative

The

Administrative

The Administrative Law

Law

三民書局

國家圖書館出版品預行編目資料

行政罰法釋義與運用解說／蔡志方著.－－初版一
刷.－－臺北市：三民，2006
　　面；　　公分.－－(法學啟蒙叢書)
含索引
ISBN 957-14-4630-0 (平裝)
1.行政罰

588.18　　　　　　　　　　　　　　95020985

© 行政罰法釋義與運用解說

著 作 人	蔡志方
責任編輯	賴姵宜
美術設計	郭雅萍
校　　對	陳翠霜
發 行 人	劉振強
著作財產權人	三民書局股份有限公司
發 行 所	三民書局股份有限公司
	地址　臺北市復興北路386號
	電話　(02)25006600
	郵撥帳號　0009998-5
門 市 部	(復北店)臺北市復興北路386號
	(重南店)臺北市重慶南路一段61號
出版日期	初版一刷　2006年11月
編　　號	S585650
基本定價	陸元陸角

行政院新聞局登記證局版臺業字第○二○○號

有著作權‧不准侵害

ISBN　957-14-4630-0　(平裝)

自 序

　　立法院第5屆第6會期第15次會議於民國94年1月14日，三讀通過全文46條的「行政罰法」，而總統則於同年2月5日以華總一義字第09400016841號令公布，並自公布後一年施行，亦即自民國95年2月5日起開始施行。本法的施行，將全面性的影響行政機關對於違反行政法上義務者的處罰和違規者受罰的程序及部分實體內容，對於既有的各種行政裁罰法規，也有極深遠的波及效果。由於影響十分深遠，本法才採取先行公布，嗣後施行的作法。其目的不僅在於讓執法機關有所調整和因應，也讓本法適用的對象，包括人民和政府機關都能預為瞭解。當然，在公布後，施行前，中央和地方的行政機關和立法機關也可以利用這段期間，徹底檢討、修正既有行政裁罰法規，以使相關法制更臻於完善。

　　一個法律的形成、誕生和發展，需要立法者與法學家長久和費心的孕育與照顧。立法者（法律的孕生者）固然偉大，但是法律更偉大（法律一旦制頒，臍帶就脫離立法者，而獨自去發揮規範的效力），然而法學家又比法律更偉大。因為法律的意義和規範效力，不能只顧自身，而是必須在全部的法律秩序（全法秩序）下，獲得一個應有的確定地位後，才能獲致它應有的正確意義、地位和效力，而這些相關問題的釐清，法律本身則無能為力，而有賴於（偉大）法學家的智慧、思慮和努力，才能達成。

　　本書作者基於協助國家推行法治、減少人民和政府機關違規受罰，以及發生裁罰事件時，管轄機關如何正確適用法律，以減少可能發生的法律爭議，並提供可能違反行政制裁法規的人民，甚至是政府機關在面臨受罰時的正確因應方法，特別用比較簡明

的解說，闡釋各該條文的意義、可能存在的疑義和運用的各種情況及方法，希望對於這一部法規的順利推行能夠有所貢獻。對於本法規定有疑義或者不盡妥當的地方，也提出淺見，以供主管機關參考，而能於修法時納入考量。由於作者才疏學淺，論述可能不盡周延、精確，希望能獲得先進們的指教！

本書得以出版，作者特別感謝三民書局劉董事長振強先生及編輯部的協助。

作者　謹識

2006 年 9 月 1 日

於成功大學法律學系暨科技法律研究所研究室

行政罰法釋義與運用解說
目　次

導 言

A001　　　行政罰法(以下簡稱本法)，相對於其他行政制裁❶或者裁罰法規，雖然是以普通法的地位出現(本法第 1 條)，但如果從它規定的實質來看，它不僅具有總則性法規的特質，更具有基準法的特色❷，同時，它在相當程度上，採取了較新的理論和司法解釋的見解，試圖變更既有規定的格局，但也相當程度吸納了既有相關法規中足資作為通則的規定，甚至還牽動了諸如行政程序法、行政執行法等法規。所以，本法不僅是一部重要的新行政法規，也是一部具有多面向和多元色彩的複雜性法規，而值得學者進一步研究，更是所有可能適用本法的公務人員，不管是行政機關或司法機關的公務人員，以及律師和法政科系學生所應該深入認識的一部法規。

A002　　　本法的特色計有下列各點：(1)涵蓋面廣，而以行政秩序罰*為規範對象；(2)深受德國立法例(違反秩序罰法)(Ordnungswidrigkeitengesetz)的影響；(3)與刑法總則❸、社會秩序維護法總則規定重點諸多彷彿；(4)採取多種類的處罰類型，但沒有採取從罰的制度；(5)擴大處罰的主體對象；(6)明定多數行為人的處罰；(7)採從新從輕原則和第一次裁處時法規基準時的原則；(8)對於處罰的主觀要件加以明定；(9)納入便宜原則 (Opportunitätsprinzip)；(10)擴張罰鍰的懲罰性功能和增訂追繳不法利益；(11)採取一事不二罰原則；(12)建立懲罰的絕對消滅時效制度；(13)容許採取強制性措施；(14)加強裁處的正當法律程序，和行政程序法有關規定看齊❹。

*行政秩序罰，是以維持行政秩序為目的，以違反行政義務的行為和行為人為處罰的對象，針對過去的行為，採取刑罰以外的方法作為處罰的手段，處罰具有制裁的特質，並且原則上以行政機關作為處罰的管轄機關(簡易法庭或治安法庭例外)。關於行政秩序罰的概念，進一步可參考洪家殷，《行政秩序罰論》，初版，頁 3 以下，6 以下，五南 (1998.2)。

A003　　　本書是一部針對本法各條規

定的意義和正確的運用與可能的運用情況所寫的入門書與指引書，特別著重在它的正確理解、相關規定間的競合適用關係和可能的運用類型與根據。因此，除非必要，否則，本書將儘量不作複雜的理論性辯證和學說介紹❺，至於和本法有關的法制史說明❻，也將儘量的減少，以使本書能夠具有小手冊的便利性，而不至於太厚重。值得注意的地方是，本書對於本法規定仍然有疑義、矛盾或者不妥當的地方，則將不厭其詳地加以指出，並提出個人建議，希望將來在適用上引起特別的注意或者修法時，能夠斟酌，以使本法能夠盡善盡美。

架構、制度、有關原則和理論，作扼要的說明，並就行政罰法逐條詳為釋義和解說其運用上應特別注意之點以外，並就行政罰法的體系與基本問題，加以論列，希望讀者能夠在體系與內容、理論與運用上，均能有所理解。其中，對於行政罰法的體系與基本問題，特別針對國內學者相關高見與實務上的重要見解，提出一愚之得，以就教於高明。此外，為了使讀者對於行政罰法本身條文間的脈絡、行政罰法與其他相關法規間的關係、行政罰法立法的理由、行政罰的標準作業流程、經聽證與未經聽證的裁罰流程，能有充分的認識，特別收錄相關法規、法條、立法理由與行政罰裁罰流程資料，以節省讀者另行蒐羅的不便，敬請善為使用。

■ 註釋 ■

❶　關於行政制裁的概念，詳細可參見洪家殷，《行政秩序罰論》，初版，頁5以下，9以下，五南 (1998.2)。

❷　相近的見解，請參見林錫堯，《行政罰法》，初版，頁7，元照 (2005.6)。可惜因為立法技術的關係，本法和諸如環境基本法、教育基本法、科學技術基本法、教育人員任用條例，甚至是行政執行法的地位，都沒有辦法等量齊觀，成為真正的行政罰基準法，而大大地減損了它的規範功能。

❸　如果根據林錫堯氏的說明，則本法在立法原則上，是想從擺脫刑法總則的思維出發，而具有下列特色：(1)本於行政罰特徵，將相關原則具體化；(2)綜合現行各種處罰規定，歸納共通原則；(3)橫向接合其他法律規定，

避免重複；及(4)補充現行規定的缺漏，以符合社會正義。請參見氏著，《行政罰法》，初版，頁 6 以下，元照 (2005.6)。

❹ 詳細請參見洪家殷，〈行政罰法之介紹〉，《律師雜誌》，第 303 期，頁 14～23 (2004.12)。

❺ 和本法有關的法律原則與學理，本書僅在本論之三「行政罰法的有關原則和理論」簡單加以說明。如果想要更進一步瞭解，請參考其他專論或者專書的介紹。例如：洪家殷，《行政秩序罰論》，五南圖書出版公司印行、林錫堯，《行政罰法》，元照出版公司總經銷。

❻ 關於本法的研訂過程和特色，請參看林錫堯，《行政罰法》，初版，頁 4 以下，元照 (2005.6)；同，〈制定行政罰法之理論與實踐〉，收於臺灣行政法學會主編，《行政命令、行政罰及行政爭訟之比較研究》，頁 169～205，臺灣行政法學會學術研討會論文集 (2000)，翰蘆圖書出版有限公司 (2001.12)。

本　論 ──行政罰法的架構、制度、有關原則和理論

一　行政罰法的架構

B001　　我國行政罰法全部的四十六個條文，分成九章，依照它的先後順序，分別規定了第 1 章「法例」、第 2 章「責任」、第 3 章「共同違法及併同處罰」、第 4 章「裁處之審酌加減及擴張」、第 5 章「單一行為及數行為之處罰」、第 6 章「時效」、第 7 章「管轄機關」、第 8 章「裁處程序」及第 9 章「附則」。

B002　　根據法務部網站公布的規定要旨資料，「法例」部分，包括：適用範圍（第 1 條）、其他種類行政罰之定義及範圍（第 2 條）、行為人之定義（第 3 條）、處罰法定原則（第 4 條）、從新從輕原則（第 5 條）、屬地原則（第 6 條）。「責任」部分，包括：責任要件──故意、過失及其推定（第 7 條）、不知法規之責任及減免（第 8 條）、責任能力──年齡及精神狀態（第 9 條）、不作為之責任（第 10 條）、免責事由 1──依法令及依職務命令之行為（第 11 條）、免責事由 2──正當防衛（第 12 條）、免責事由 3──緊急避難（第 13 條）。「共同違法及併同處罰」部分，包括：共同違反義務行為之處罰（第 14 條）、併同處罰 1──私法人有代表權之人（第 15 條）、併同處罰 2──非法人團體或其他私法組織有代表權之人（第 16 條）、機關或公法組織之處罰（第 17 條）。「裁處之審酌加減及擴張」部分，包括：裁處之審酌及加減（第 18 條）、職權不處罰（第 19 條）、不當利得之追繳（第 20 條）、沒入（第 21 條）、擴大沒入（第 22 條）、追徵沒入（第 23 條）。「單一行為及數行為之處罰」部分，包括：一行為不二罰原則 1──數行政罰競合之處理（第 24 條）、數行為分別處罰原則（第 25 條）、一行為不二罰原則 2──刑事罰與行政罰競合之處理（第 26 條）。「時效」部分，包括：裁處權時

效（第 27 條）、裁處權時效之停止（第 28 條）。「管轄機關」部分，包括：土地管轄（第 29 條）、共同管轄❶（第 30 條）、管轄權競合之處理（第 31 條）、移送司法機關及司法機關通知義務（第 32 條）。「裁處程序」部分，包括：出示證明文件（第 33 條）、即時處置（第 34 條）、即時處置之救濟及處理（第 35 條）、物之扣留之限制（第 36 條）、強制扣留（第 37 條）、扣留紀錄與收據（第 38 條）、扣留物之處理（第 39 條）、扣留物之發還（第 40 條）、扣留之救濟及處理（第 41 條）、陳述意見及例外（第 42 條）、聽證及例外（第 43 條）、裁處書之製作及送達（第 44 條）。「附則」部分，包括：過渡條款（第 45 條）、施行日期（第 46 條）。

二 行政罰法的制度

我國行政罰法中使用的「法律制度」(legal institutions; Rechtsinstitutionen)，計有：「例示規定」（如第 1 條前段和第 2 條）、「特別法優先於普通法」（如第 1 條但書、第 5 條、第 15 條、第 42 條第 7 款）、「原則─例外關係」（如第 1 條但書、第 11 條第 2 項、第 18 條第 3 項、第 24 條第 2 項、第 40 條第 1 項、第 42 條、第 43 條）、「目的性名稱」（如第 1 條、第 2 條）、「處罰法定」（如第 4 條）、「情事變遷」（如第 5 條）、「擬制」（如第 6 條第 2 項、第 22 條第 2 項）、「推定」（如第 7 條第 2 項）、「阻卻違法」（如第 11 條～第 13 條）、「併罰」（如第 15 條）、「準用」（如第 16 條、第 18 條第 5 項）、「情節衡量」（如第 9 條第 3 項～第 5 項、第 11 條第 2 項、第 12 條～第 15 條、第 18 條第 1 項、第 19 條第 1 項）、「法益衡量」（如第 18 條第 1 項～第 3 項、第 20 條）、「擴大處罰」（如第 20 條）、「歸責制度」（如第 21 條、第 22 條）、「追徵」（如第 23 條）、「從重處罰」（如第 24 條、第 26 條）、「重罰程序優先」（如第 26 條、第 32 條）、「合併處罰」（如第 24 條）、「分別處罰」（如第 25 條）、「時效消滅」（如第 27 條）、「不可抗力」（如第 28 條）、「競合管轄」（如第 29 條～第 31 條）、「即時處置」（如第 34 條）、「異議」（如第 35 條）、「保全」（如第 34 條、第 36 條、第 38 條）、「扣

留」（如第 36 條）、「陳述意見」（如第 11 條、第 42 條）、「聽證」（如第 43 條）、「要式」（如第 44 條）、「送達」（如第 44 條）、「過渡條款」（如第 45 條）。關於上述各種法律制度的意義和運用，請詳見後面各有關條文的釋義與運用部分的解說。

三　行政罰法的有關原則和理論

我國行政罰法有關的法律原則，計有：

⑴特別法優先於普通法原則

B004

意思是指對於相同的事項作特別規定的法律，在適用效力上，優先於僅作普通的、一般性規定的法律，例如稅捐稽徵法對於稅捐的稽徵程序，優先於行政程序法的規定。因為後者是針對所有行政機關的行政程序而作一般的、普通的規定而已，它只能補充特別法的不足。

⑵處罰法定原則

B005

意思是指要處罰行為人，必須在行為時已經有法律或自治條例的規定，特別是對於違規行為的態樣和違規效果，都要有明確而完整的規定。

⑶從新從輕原則

B006

意思是指行政罰所根據的法規，在行為之後和裁處時之間有變更的，原則上就依最新變更後的規定，但是如果變更之前的規定處罰比較輕，那就仍然根據變更前的規定來處罰。

⑷一行為不二罰原則

B007

意思是指一個違規行為，不管它有多少法規規定要處罰，也不管有多少個機關有管轄權，原則上只能被處罰一次❷。所謂「二罰」，只是舉例，其實是指「多次處罰」的意思。

⑸數行為分別處罰原則

B008

意思是指如果違規行為有好幾個，不管它們之間有沒有關係、是不是同種類，那麼都要分別根據一行為一處罰的原則去處罰，而不採用我國過去（2005 年 2 月 2 日修正公布以前）刑法上的累犯、連續犯等的觀念，而用加重處罰的方法處罰❸。

⑹不同種類行政罰併罰原則

意思是指如果一個行政違規行為，要受到本法第 2 條規定的不同 B009
種類處罰，那不同種類的處罰都要合併加以處罰，不能只處罰其中一
個而已。

⑺行政罰與刑事罰競合刑事罰優先原則

意思是指一個違規行為，如果同時有行政處罰和刑事處罰，那麼 B010
刑事處罰要優先進行，只有刑事處罰不構成的時候，行政處罰的程序
才去進行。

⑻便宜原則

意思是指行為的處罰只要能夠達成處罰的目的，就可以便宜行事，B011
不必按照原先的規定，在形式上嚴格的每一項都處罰（法定原則）❹。

⑼屬地原則

意思是指只要在一個國家領域內違規，那就不管違規的行為人是 B012
那一國人或無國籍人，都一律要接受處罰，而該國也享有管轄權。

⑽過失責任原則

意思是指行政違規行為，必須行為人對於行為會造成違規的結果 B013
應該注意，而且能夠注意，可是事實上卻沒有注意的，才要處罰❺。

⑾過失推定（論）原則

意思是指事實上行為人是不是有過失，可以透過現存的各種癥候，B014
基於證明的經濟性原則，認定他的過失，但是容許行為人反證推翻。

⑿過失擬制原則

意思是指行為人事實上雖然沒有直接的過失，可是基於公益的考 B015
量，當有一定情況存在的時候，就當作他已經有過失，而不容許他反
證推翻。

⒀共同違法分別處罰原則

意思是指二個人以上共同實施違規的行為，各個行為人分別按他 B016
的行為情節，分別處罰，也就是各自就自己的行為負責，而不採民事
法上共同侵權行為的連帶負責模式。

⒁轉嫁責任原則

B017　　意思是指如果行為人違規不受處罰的時候，卻要由別人來承擔法律責任的一種原則，通常用於無責任能力的人違規，而由他的監護人來承擔的情況。

　　⒂併同處罰原則

B018　　意思是指一個違規行為，除了法律上的行為人要受處罰以外，實際上行為的人或者其他在法律上有防止違規義務的人，也要一併被處罰的一種擴大責任主體的原則❻。

　　⒃利益追繳或價值追徵原則

B019　　意思是指因為別人的違規行為而獲利，自己卻不受處罰時，那他的不法獲利，也要被追繳或追徵和利益等值的原則。這個原則是用來遏止協助別人違規，而從中取利的情況發生。

　　⒄裁處權時效絕對消滅原則

B020　　意思是指對於行政違規具有處罰權限的機關，如果沒有在法定的期限內作成裁罰的處分，那麼它的裁罰權就喪失，而不能再有效實行裁處權。

　　⒅競合管轄（單一管轄）原則

B021　　意思是指行政違規行為，本來依法有好幾個機關都有管轄權，可是實際上最終只能有一個機關管轄,並且也只能作成一個裁罰的處分,這個原則是和共同管轄不同的。共同管轄，是由數個機關共同來管轄，並且共同作成裁罰的處分。

　　⒆比例原則

B022　　意思是指追求的目的和採取的手段之間，要符合一定的比例，而不可以失衡。它包括：有效性的原則、損害最少的原則和損益均衡原則❼。

　　⒇正當法律程序原則

B023　　意思是指行政違規的裁罰，必須踐行現代法治國家被認為正當的法律程序，如告知違規原因、允許陳述意見或舉行聽證、處罰要有理由和法律根據、處罰要告知救濟的途徑、期間和管轄機關等。

　　至於和行政罰法有關的法學理論，則有：

⑴不純正不作為犯理論

這個理論在於闡明一個違規，是因為行為人消極的不去從事法律 B024
所要求的行為，例如駕駛人明知煞車失靈，卻不去檢修，而它的結果
又和積極的去從事違規的行為，在法律上具有相同的效果，例如因而
導致無法煞車，而撞到別人的車輛，那和故意開車撞人是一樣的。

⑵原因自由行為理論

這個理論在於闡明一個違規的原因行為，例如開車撞到人，本來 B025
行為人是可以決定要不要避免的。可是違規人卻未選擇他原本可以避
免的方式，而導致發生了違規。雖然違規的行為本身或者違規的那一
刻，行為人已經身不由己，可是對於會導致他違規的促使原因，卻是
原來他可以自由控制的，但是他卻不選擇避免違規的途徑。例如：一
個不勝酒力的人，明知自己只要喝一杯，就會酩酊大醉，如果開車，
那很可能會肇事，可是他卻選擇了喝一杯，接著又開車，因而發生肇
事的結果。

⑶假設因果關係理論

這個理論是在說明如果某一種原因的存在，會發生一定的結果。 B026
雖然現在這個原因，因為其他原因的介入，而現實上沒有導致特定結
果的發生。可是現實上發生結果的原因是可以阻止，而特定的人沒有
加以阻止，導致發生了損害，那該阻止而沒有去阻止的消極行為，是
否也要被評價為等於參與了該發生損害的原因行為的一種理論❽。

⑷期待可能性理論

這個理論是指某一種行為的作或者不作，在當代的社會裏，是可 B027
以被合理期待會去作或不會去作的一種說理方法。例如：一般人會被
期待駕車遵守交通規則，不會闖紅燈、超速等。又例如：當人碰到緊
急危難的時候，基於求生的本能，一定會作出一般人會有的反應，像
落水的時候，即使是一根稻草也會拼命去抓，何況是搶別人的逃生設
備。

⑸想像競合理論

這個理論在於說明，雖然現實上只有一個行為，可是在法律上可 B028

以想像的範圍內，它實質上可能會含有數個行為，那到底是要論以一個行為的責任呢？還是要論以數個行為的數個責任呢？還是要從一重處罰呢？例如：將大量有毒的固態汞污泥用塑膠袋包裝後，丟入河川行水區，雖然只是一個丟棄的行為，可是在現行的行政法規的評價空間上，卻同時該當於違反廢棄物清理法的違規丟棄廢棄物行為、違反根據水利法所制頒的河川管理規則的妨害水流行為和違反毒性化學物質管理法的棄置有毒化學物質的行為。

⑹單一行為理論

B029　　這個理論在於說明違規的行為，在時間上、空間上有連接性、緊鄰的關係或繼續的關係，而應該被評價為屬於一個行為的說理方法。不過，如果在法律上要被評價為屬於數個行為，則又會變身成為數行為理論。例如：沒有攜帶駕照或者是行照，而從基隆開車到屏東，或者是環島一周，屬於一個違規行為。但是在高速公路上連續超速行車達 50 公里，或者是在市區連續闖 20 個紅燈，甚至是違規連續排放黑煙達 30 天，那恐怕就屬於數個違規行為了❾！

⑺法規競合理論

B030　　這個理論是在說明，事實上的一個行為，卻同時被數個法規所規定或者是該當於數個法規的規定，在法律的評價上，仍然應該論以一個違規和只接受一個處罰的情況。

⑻質的區別和量的區別理論

B031　　這個理論在行政罰法的領域，是在說明狹義的行政罰（行政秩序罰）和其他制裁罰，特別是刑事罰，究竟是屬於本質上完全不同的制裁，還是在本質上本來是相同的，只因為立法政策或者技術的關係，而相對地，在處罰的量（包括處罰手段或方法的嚴苛程度上的不同量化對待）上，作不同的處理而已。雖然在學說上，對於狹義的行政罰和刑事罰的關係，有質的不同理論（質的區別說）和量的不同理論（量的區別說），但在我國行政罰法的立法上，似乎是採量的區別（請特別參看本法第 26 條）。學者也從現代國家制裁權的考量和處罰手段的相對化❿，特別是除罪化和犯罪化交相利用的趨勢出發，而採取量的區

別理論。

■ 註釋 ■

❶ 本條使用「共同管轄」的標題，其實應該是「競合管轄」的誤用。關於行政法上「共同管轄」制度的探討，詳細請參看蔡志方，〈論共同管轄〉和〈論共同行政處分〉，分別刊載於《萬國法律》，第132期，頁84～98 (2003.12)；《萬國法律》，第135期，頁78～97 (2004.6)。

❷ 詳細請參看洪家殷，《行政秩序罰論》，初版，頁53以下，五南 (1998.2)。

❸ 其他法律有不同規定的，如社會秩序維護法第24條第1項規定：「違反本法之數行為，分別處罰。但於警察機關通知單送達或逕行通知前，違反同條款之規定者，以一行為論，並得加重其處罰。」

❹ 詳細可參看洪家殷，《行政秩序罰論》，初版，頁24以下，五南 (1998.2)。

❺ 詳細請參看洪家殷，《行政秩序罰論》，初版，頁97以下，五南 (1998.2)。

❻ 詳細請參看洪家殷，《行政秩序罰論》，初版，頁90以下，五南 (1998.2)。

❼ 詳細請參看洪家殷，《行政秩序罰論》，初版，頁21以下，五南 (1998.2) 及其他眾多的有關專論。

❽ 另外，有些是指如果採取防止的措施，就不會發生危害，而事實上沒有加以防止，就把應作為而不作為，當作對於已發生危害的因果關係，稱為假設因果關係。請參見林錫堯，《行政罰法》，初版，頁16，元照 (2005.6)。

❾ 關於行政罰上行為的個數問題，詳細請參看洪家殷，《行政秩序罰論》，初版，頁105以下，五南 (1998.2)。

❿ 參見李惠宗，《行政罰法之理論與案例》，初版，頁8以下，元照總經銷 (2005.6)。

第1章

法 例

釋義

C001　　　(1)本章共六個條文，規定本法適用的客體（事項）範圍和其他法規間的關係（第1條）、定義本法適用的裁罰性處分範圍（第2條）、主體（行為人）的範圍（第3條）、構成行政裁罰行為的基準時和基準法規（第4條）、採取從新從輕及以第一次裁罰時法規為基準的原則與例外（第5條）、本法適用的空間範圍（第6條）。

C002　　　(2)法例，可以說是「總則」中的「總則」，我國民法第1編第1章、刑法第1編第1章、刑事訴訟法第1編第1章、行政程序法第1章第1節、土地法第1編第1章、社會秩序維護法第1編第1章等，即採取相同的立法體例。

第 1 條

違反行政法上義務而受罰鍰、沒入或其他種類行政罰之處罰時，適用本法。但其他法律有特別規定者，從其規定。

◆ 釋義 ◆

(1)本條規定本法適用的客體，也就是事項的範圍，同時也標示出 §0101
他和其他法規間的關係，以便釐清適用優先順序上的疑義。本法規範
的範圍，只及於行政秩序罰，而不及於行政刑罰、行政執行罰和公務
員內部秩序的懲戒罰❶。

(2)本條前段規定本法適用的客體，也就是事項的範圍，及於違反 §0102
行政法所規定的義務，而要受到罰鍰*、沒入*或其他種類行政罰❷的

處罰(本法第 2 條另外有作類型化或者是歸類的規定，詳見次條說明)。基本上，不管是罰鍰、沒入或者是其他種類行政罰的處罰，都要其他中央制頒的法律、法律授權訂定的法規命令或地方自治團體制頒的自治條例的明文規定(另參看本法第 4 條、第 5 條)，而且前面二種的處罰，在名稱上要一致，而後一者，則只要在實質上相符即可。本條前段所稱的「行政法」，是廣義的、實質意義的行政法，並不限於中央制頒的法律，而是包括法規命令在內，甚至是根據諸如地方制度法第 26 條或其他法律的授權所制頒的自治條例(地方自治立法中可以科處行政義務的一部

*罰鍰，是財產罰的一種，也是行政制裁罰中最常用的一種，特質在於命令受罰人繳納一定金額，而在功能上，具有鎮壓、預防行為人再犯，甚至讓其他一般人警惕的作用，當然也有剝奪違規所得的作用 (這和追徵利益所得有些重疊)。本法各條所使用的「罰鍰」，屬於目的性概念，所以依實質的內容，屬於罰鍰的概念範圍的，還包括字面為罰鍰以外的滯納金、滯報費、短估金，但不宜包括違約金。因為違約金固然也是一種制裁手段，但是它只屬於違反契約秩序，而不是一般的行政秩序，同時它的制裁必須透過

分），其根據可以從本法第 4 條、第 5 條、第 15 條第 1 項與第 2 項、第 17 條、第 18 條等規定中尋得。

§0103　(3)本條後段規定本法和其他法規競合*時，也就是好幾個法規都有規定，而不管法律效果是否一樣時的適用順序。本條後段將本法設定為「普通法」的地位，所以其他法律有「特別規定」的時候，就依據「特別法優先於普通法適用」(Lex specialis derogat legi generalis) 的原則處理，而特別法不管是在本法施行前就已經生效或者施行後才生效的，都優先於本法被適用（請另參見中央法規標準法第 16 條）。

§0104　(4)比較有問題，而不易判斷，甚至是容易判斷錯誤的是，究竟在那一種情況下才屬於本法的「特別規定」。如果根據中央法規標準法第 16 條前段的規定，那麼指的就是「其他法律對於本法所規定的同一事項，在要件(預先設定的事實)

請求，甚至是訴訟方式（提起一般給付訴訟），才能達成，而沒辦法用行政處分的方式為之，特別是人民對於公家違約的情況。不同見解，請參見李惠宗，《行政罰法之理論與案例》，初版，頁 19 以下，元照總經銷 (2005.6)。

*沒入，同時具有財產罰和行政處置手段的雙重性質，也是行政制裁罰中常用的一種，它的特色在於將受罰人違規的標的物（如違禁品、查禁物、違規商品），用來從事違規的工具(如車輛、機械)、違規獲得的利益（如違規經營商業所獲得的利益)，甚至是擔保履行義務的保證金，從私人所有權轉為公家所有，以往的行政罰法規都將它列為「從罰」，但本法則沒有明文規定它的性質。而在功能上，在於預防行為人利用該物再犯和剝奪違規所得的作用（這和追徵利益所得，功能相同，標的形態不同）。

(Tatbestandsvoraussetzung) 上或效果上，有不同於本法的規定」。就法律制定在本法之後的，比較容易從立法資料中查證他是不是屬於特別規定。如果是在本法制定之前就已經存在的法律，要判斷它是不是屬於「本法」的特別規定，那就比較困難了! 這需要從「全法秩序」(gesamte Rechtsordnung; legal order at large) 中去觀察、思考和加以定位。

§0105　(5)是否屬於特別的規定，判別的對象不在於規定的事項本身，而

是對「同一事項」有沒有作「特別的」「不同規定」。是否特別，在於對同一事項是否作了另外的限定，例如：限於特殊的時間（如戰時、非常時期、戡亂時期等，但不包括限時法，也就是有一定施行期間的法律）、特殊的地區（如戰地、金馬地區等）❸、特殊的主體（如身心障礙者、現役軍人、公職人員、青少年、兒童等等）、特殊的物（如不動產、船舶、航空器、原子能、積體電路等等）、以原（同一）事項作限縮或者擴張（如將道路交通，限縮為公路、高速公路、鐵路、捷運、高速鐵路等，或者將水利從河川與湖泊擴張至沿海、近海、領海，甚至是經濟海域等）❹。

(6)本條後段但書將本法在行政罰的有關規範中，界定為「普通法」。§0106 值得注意的是，本法規定的處罰方式是以「不利的」「行政處分」型式來作，而關於行政處分，行政程序法第 92 條～第 134 條共有 43 條的詳細規定，雖然行政程序法第 3 條第 1 項規定，也把自己在行政程序有關的規範中定位為「普通法」，可是當本法這個自命為「普通法」的法律，碰到那個也自命為「普通法」的行政程序法時，其實行政程序法才是真正的「普通法」❺。因為，行政程序法規範的「行政處分」範圍較廣、比較普通，而行政罰法規範的行政處分，則比較窄，只限於「裁罰性的」「不利處分」❻。

(7)依據本法的立法總說明，本法的規範範圍，並不及於懲戒罰。除了公務員的懲戒罰已經另外有「公務員懲戒法」、軍人有「陸海空軍懲罰法」等特別規定以外，其他專門職業的從業人員，也都有特別法規定他們的「懲戒罰」，但是這種懲戒罰是否也被排除在本法的補充適用範圍，是值得研究的。本書基於人民基本權利保障的完

> *法規競合 (Konkurrenz der Rechtsnormen)，是指同一時間有 2 個以上的法規，對於相同的事項加以規定，而賦與相同或者不同的效果。這會涉及到在處理的時候，究竟要以那一個規定為準，也就是那一個法規才是該當的準據法的問題。關於這一個問題，可以參看蔡志方，〈論行政法上之法規競合及其處理〉，收入《行政救濟與行政法學(五)》，一版，頁 37 以下，正典 (2004.9)。
§0107

善性考量，認為不宜認為他也屬於這裏所說的懲戒罰，而認為應該仍屬於本法規範的範圍❼。

◆ 運用 ◆

§0108　(1)適用本法的時候，必須先確認對於本法規定的事項，也就是關於罰鍰、沒入和本法第 2 條規定的「其他種類的行政罰」，其他的法規到底有沒有在效力上要優先適用的「特別規定」。是不是屬於「特別規定」，請參考本條釋義部分(5)的說明。凡是其他法律（位階不能低於本法❽）對於本法第 1 條所規範的對象，也就是「行政罰」，有本條釋義部分(5)所提到的任何一個特別規定的因素，包括：時間、地區、主體、物，在要件上作不同於本法規定的限縮或者是擴張的，並且在法律效果上也有不同於本法的規定的，就是本法的特別法。

§0109　(2)如果其他的行政罰法規並沒有特別的規定，或者根本沒有規定，那麼在行政罰的裁處上，就要適用本法的規定。

§0110　(3)除了本條一般性的向其他法律的「特別規定」謙讓以外，如果本法其他個別條文還有類似的謙讓條款，例如第 17 條的規定，也是要優先適用其他法律，甚至是自治條例的規定。除此之外，除非本法另有規定（如第 15 條第 1 項、第 2 項及第 17 條、第 18 條第 3 項等規定）或者是基於其他特別法而制頒的自治條例，而有不同的規定，否則，特別法僅限於形式意義的法律❾，而不及於自治條例。

§0111　(4)其次，現行法如果出現「罰鍰」或者「沒入」，必須先看它是出現在行政法規，還是司法法規❿。如果是出現在後者，就不屬於行政罰的範圍！

§0112　(5)舉例來說，商業登記法第 30 條所規定的作成「撤銷商業登記」的處分以前，要給相對人「申辯」的機會，它不僅和本法第 42 條規定的「陳述意見」具有等價的功能，而且還具有優先適用的「特別規定」的地位。

§0113　(6)再舉一例，就是道路交通管理處罰條例第 85 條之 4 規定，未滿十四歲的人如果違反本條例的規定，要處罰他的法定代理人或者是監

護人。所以未滿十四歲的人違反交通法規的行為不罰，這一點雖然和本法第 9 條第 1 項的規定脗合，但是後段要處罰他的法定代理人或者是監護人，則屬於本法沒有規定的，甚至可以說是本法第 9 條第 1 項的「特別規定」。

■ 註釋 ■

❶ 關於行政秩序罰以外的處罰，詳細可參考洪家殷，《行政秩序罰論》，初版，頁 10 以下，五南 (1998.2)。

❷ 關於既有的行政罰，屬於罰鍰、沒入以外的其他處罰種類，詳細請參看張劍寒，《行政制裁制度》，頁 3, 79 以下，行政院研究考核委員會 (1979)；洪家殷，《行政秩序罰論》，初版，頁 184 以下，五南 (1998.2)。

❸ 如已經被廢止的前「臺灣省內菸酒專賣暫行條例」，不過該條例經大法官釋字第 239 號解釋，從公布時的地區背景和現實的需要，仍然維持原先的施行區域，也就是包括臺北市和高雄市二個院轄市在內。

❹ 關於特別法與普通法如何判別的問題，法務部，(74)法律字第 6343 號，《法務部法規詢意見(二)（下冊）》，頁 1306（民國 74 年 5 月 23 日）提到：「一　行政義務之違反，各法有不同之處罰規定時，能否分別適用各法處罰問題，如法無明文規定，宜視其行政目的有無不同而定，亦即各法立法目的不同或行政管理之效果不同時，固非不得分別加以處罰，惟如各法之處罰規定，其行政目的一致者，即應注意中央法規標準法第十六條之適用原則。內政部三十九年臺內地字第五一二八號函，曾表示建築法為違警罰法之特別法，此項見解堪供參考。二　本案電影法第四十五條第一項第一款係對於違反該法第十六條第二款之電影片映演業者，基於電影行政管理之目的所為之處罰，與違警罰法第六十四條第一項係處罰違警之行為人者，在目的上有所不同。惟同條第二項另有對於戲院為停業或勒令歇業之處分，其目的是否與電影法上對電影片映演業所為停業或撤銷許可之處罰相一致，似宜斟酌。三　按電影法制定公布後，電影業者之管理，悉依該法之規定。本案關於違警罰法第六十四條第二項部分，如認其係基於戲院管理之目的所為處罰，則此項法律競合適用問題，似宜參照前開意見及優先適用之理論，以不作重複處罰為宜。」至於特別法優先於普通法的根本法理，在於「規範的替廢關係」。詳參見 Hans Kelsen 原著，*Derogation*，由蔡志方翻譯的文章，〈規範替廢論〉，《法聲》，

第 16 期，頁 191 以下 (1979.5)。

❺ 相同見解，請參見林錫堯，《行政罰法》，初版，頁 9 以下，元照 (2005.6)。

❻ 關於行政秩序罰和一般處分裏的負擔處分、不利處分的界限，詳細可參看洪家殷，《行政秩序罰論》，初版，頁 12 以下，五南 (1998.2)。

❼ 相同見解，請參見林錫堯，《行政罰法》，初版，頁 25 以下，特別是頁 27，元照 (2005.6)。

❽ 所以法規命令應該被排除，相同見解，請參見林錫堯，《行政罰法》，初版，頁 10 以下，元照 (2005.6)。

❾ 相同見解，請參見林錫堯，《行政罰法》，初版，頁 31，元照 (2005.6)；黃俊杰，《行政罰法》，初版，頁 23，自刊 (2006.3)。

❿ 司法法規出現「罰鍰」的，如民事訴訟法第 249 條第 3 項（訴訟顯無理由的處罰）、第 303 條（證人不到場的處罰）、第 311 條（證人無正當理由不陳述的處罰）、第 349 條（第三人無正當理由不提出文書的處罰）、第 357 條之 1（故意爭執文書的真正的處罰）、第 367 條之 2（虛偽陳述的處罰）、第 409 條（當事人無正當理由不出席調解的處罰）、第 409 條之 1（違反法院對調解處分命令的處罰）、第 449 條之 1（對於上訴顯無理由或拖延訴訟的處罰）、強制執行法第 77 條之 1（第三人違反法院命提出文書時的處罰）、非訟事件法第 47 條（違反法院裁定的處罰）、第 170 條（違反命令不到場的處罰）、組織犯罪防制條例第 14 條（政黨推薦候選人違法的處罰政黨）、刑事訴訟法第 178 條（證人不到場的處罰）、少年事件處理法第 84 條（不接受輔導教育等的處罰）、行政訴訟法第 143 條（證人不到場的處罰）、第 148 條（證人不陳述的處罰）、第 169 條（第三人不提出文書的處罰）；出現「沒入」的，如刑事訴訟法第 119 條（保證金的沒入）、家庭暴力防治法第 24 條（違反法院或檢察官處分的處以沒入）、第 37 條（違反法院命準時交還子女之處分的處以沒入）、自衛槍枝管理條例第 17 條（自衛槍枝的沒入）、軍事審判法第 109 條（保證金的沒入）。

第**2**條

本法所稱其他種類行政罰，指下列裁罰性之不利處分：

一 限制或禁止行為之處分：限制或停止營業、吊扣證照、命令停工或停止使用、禁止行駛、禁止出入港口、機場或特定場所、禁止製造、販賣、輸出入、禁止申請或其他限制或禁止為一定行為之處分。

二 剝奪或消滅資格、權利之處分：命令歇業、命令解散、撤銷或廢止許可或登記、吊銷證照、強制拆除或其他剝奪或消滅一定資格或權利之處分。

三 影響名譽之處分：公布姓名或名稱、公布照片或其他相類似之處分。

四 警告性處分：警告、告誡、記點、記次、講習、輔導教育或其他相類似之處分。

◆ 釋義 ◆

(1)本條定義除罰鍰和沒入以外，本法適用的裁罰性處分範圍。本條使用的行政罰名稱，基本上是屬於「目的性概念」或者是「實質性名稱」。所以其他法規使用的名稱（形式名稱），雖然和本條不同，但是只要在實質上相同，應該就可以了！ §0201

(2)本法規範的其他種類行政罰，如同罰鍰和沒入，都是「裁罰性」的「不利處分」(unbegünstige Verwaltungsakte)。處分不利於相對人的（如駁回建照的申請、國家考試不錄取的決定），未必是屬於裁罰性的處分。但是裁罰性的處分，則必然是不利於相對人的處分（如對於違反道路交通管理處罰條例第 12 條第 1 項各款的行為，處新臺幣 3,600 元～10,800 元的罰鍰）。至於命令除去違法狀態或停止違法行為，依據本條的立法說明，則加以排除。 §0202

(3)本條分成四款，分別將規定罰鍰與沒入以外的其他種類行政罰歸為四大類，包括：限制或禁止行為之處分、剝奪或消滅資格、權利之處分、影響名譽之處分、警告性處分❶。 §0203

(4)本條第 1 款規定「限制或禁止行為之處分」，包括：限制或停止營業*、吊扣證照❷、命令停工或停止使用、禁止行駛❸、禁止出入港口、機場或特定場所、禁止製造、販賣、輸出入、禁止申請❹或其他限制或禁止為一定行為之處分（如命令停止製造、陳列、停止受理申報、停止提供特定服務* 等等）。

> *停業和歇業不同，前者有期間的限制，後者則是永遠不得再營業。

*	限制營業	如光碟管理條例第 17 條
	停止營業	如殯葬管理條例第 56 條第 3 項、不動產經紀業管理條例第 29 條、槍砲彈藥刀械管制條例第 20 條之 1 第 3 項、社會秩序維護法第 19 條、第 63 條、第 76 條、第 77 條、第 82 條、當舖業法第 27 條、保全業法第 16 條、第 17 條、所得稅法第 105 條、加值型及非加值型營業稅法第 53 條、娛樂稅法第 14 條、石油管理法第 41 條、第 42 條、第 44 條、第 46 條～第 48 條、電業法第 112 條、商品標示法第 14 條、水利法第 60 條之 4、公平交易法第 13 條、第 42 條、消費者保護法第 60 條、公路法第 23 條、第 71 條、航業法第 57 條、第 59 條、商港法第 46 條、發展觀光條例第 41 條、第 53 條、第 54 條、動物傳染病防治條例第 29 條、動物保護法第 25 條、就業服務法第 40 條、廢棄物清理法第 57 條
	吊扣證照	如核子反應器設施管制法第 11 條
	命令停工	如光碟管理條例第 17 條
	停止使用	如都市計畫法第 79 條（至於第 21 條第 1 項規定的停止使用，僅屬於預防性的不利處分）、都市更新條例第 24 條、第 33 條、區域計畫法第 21 條、下水道法第 25 條、建築法第 81 條、第 86 條、石油管理法第 53 條、自來水法第 85 條、氣象法第 20 條、發展觀光條例第 61 條、水土保持法第 23 條、工廠法第 44 條、噪音管制法第 15 條、第 17 條、水污染防治法第 73 條
	禁止行駛	如公路法第 76 條、道路交通管理處罰條例第 12 條、第 14 條、第 32 條、第 62 條、第 85 條之 2
	禁止出入港口	如航業法第 58 條、船員法第 85 條、臺灣地區與大陸地區人民關係條例第 85 條、香港澳門關係條例第 48 條
	禁止出入機場	如公路法第 77 條之 3、臺灣地區與大陸地區人民關係條例第 85 條

禁止製造	如工廠管理輔導法第 15 條
禁止販賣	如傳染病防治法第 23 條
禁止輸出入	如廢棄物清理法第 38 條
停止製造	如菸害防制法第 21 條、第 22 條、第 28 條、肥料管理法第 27 條
禁止陳列	如商品標示法第 16 條、度量衡法第 31 條
停止受理申報	如農民健康保險條例第 15 條、度量衡法第 31 條、第 32 條
停止提供特定服務	如電信法第 8 條

　　⑸本條第 2 款規定「剝奪或消滅資格、權利之處分」，包括：命令 §0205
歇業、命令解散、撤銷或廢止許可或登記、吊銷證照❺、強制拆除❻
或其他剝奪或消滅一定資格或權利之處分*。

*	命令歇業	如兒童及少年福利法第 57 條、工程技術顧問公司管理條例第 27 條、槍砲彈藥刀械管制條例第 20 條之 1、社會秩序維護法第 63 條、第 76 條、第 77 條、第 82 條、保全業法第 19 條、入出國及移民法第 49 條、第 56 條、石油管理法第 42 條、第 46 條～第 48 條、工廠管理輔導法第 25 條、第 29 條、商品標示法第 14 條、能源管理法第 20 條、公平交易法第 13 條、第 42 條、消費者保護法第 60 條、空氣污染防制法第 51 條、第 56 條、第 58 條、第 59 條～第 61 條、第 70 條、水污染防治法第 40 條、第 43 條、第 46 條、第 49 條、第 51 條～第 55 條、土壤及地下水污染整治法第 35 條、廢棄物清理法第 54 條、資源回收再利用法第 26 條、環境用藥管理法第 45 條、第 46 條、毒性化學物質管理法第 32 條、第 34 條、第 35 條、電影法第 42 條
	命令解散	如儲蓄互助社法第 29 條、集會遊行法第 11 條、第 25 條、信用合作社法第 27 條、保險法第 149 條、著作權仲介團體條例第 40 條、公司法第 10 條、公平交易法第 42 條、醫療法第 52 條
	撤銷許可	如殯葬業管理條例第 41 條、入出國及移民法第 50 條、爆竹煙火管理條例第 12 條、銀行法第 56 條、信用合作社法第 48 條、信託業法第 15 條準用銀行法第 56 條、著作權仲介團體條例第 8 條、職業訓練法第 39 條、毒性化學物質管理法第 32 條、第 35 條、有線廣播電視法第 16 條
	撤銷登記	如商業登記法第 29 條、毒性化學物質管理法第 32 條、第 35 條

廢止許可	如人民團體法第 58 條、不動產經紀業管理條例第 6 條、營造業法第 54 條、金融控股公司法第 54 條、金融資產證券化條例第 106 條、票券金融管理法第 9 條、第 71 條、強制汽車責任保險法第 48 條、證券投資信託及顧問法第 103 條、監獄行刑法第 58 條、石油管理法第 41 條、第 42 條、第 44 條、第 46 條～第 48 條、水利法第 91 條之 2、自來水法第 93 條之 3、公平交易法第 16 條、游離輻射防護法第 11 條、第 41 條、第 42 條、航業法第 19 條、民用航空法第 58 條之 1、氣象法第 20 條、第 24 條、醫療法第 41 條、第 42 條、第 114 條、第 119 條、農業金融法第 3 條、第 28 條、漁業法第 5 條、就業服務法第 70 條、第 72 條～第 74 條、第 78 條、廢棄物清理法第 42 條、臺灣地區人民與大陸地區人民關係條例第 9 條之 2
廢止登記	如毒性化學物質管理法第 34 條、證券投資信託及顧問法第 68 條、冷凍空調業管理條例第 11 條、第 21 條（廢止登記證書）
廢止核准	如氣象法第 6 條、緊急醫療救助法第 41 條、第 48 條
吊銷證件	如公路法第 56 條之 1、第 77 條之 3
吊銷證書	如醫療法第 103 條、第 111 條
吊銷牌照	公路法第 40 條、第 76 條、第 77 條、緊急醫療救護法第 41 條、第 48 條之 1
吊銷執照	如廣播電視法第 41 條、第 45 條、道路交通管理處罰條例第 27 條、第 29 條之 2、第 30 條、第 33 條、第 35 條、第 37 條、第 43 條、第 54 條、第 61 條、第 62 條
廢止執照	如醫療法第 103 條、第 105 條、第 108 條、第 109 條
廢止證照	如石油業法第 47 條
廢止許可證	如農產品市場交易法第 35 條～第 37 條、水污染防治法第 40 條、第 43 條、第 46 條、第 49 條、第 51 條～第 53 條、土壤及地下水整治法第 34 條
廢止證書	如就業服務法第 71 條、水污染防治法第 48 條
強制拆除	如中華民國專屬經濟海域及大陸礁層法第 19 條、殯葬管理條例第 55 條、第 73 條、身心障礙者保護法第 71 條、都市計畫法第 50 條、第 79 條、都市更新條例第 58 條、區域計畫法第 21 條、新市鎮開發條例第 21 條、促進民間參與公共建設法第 22 條、第 24 條、建築法第 58 條、第 81 條、第 82 條、第 86 條、第 88 條、第 91 條、第 93 條、第 95 條之 1、要塞堡壘地帶法第 14 條之 1、自來水法第 92 條、放射性物料管理法第 33 條、

核子反應器設施管制法第 30 條、鼓勵民間參與交通建設條例第 18 條、第 22 條、民用航空法第 118 條、大眾捷運法第 22 條、第 45 條之 1、山坡地保育利用條例第 35 條、水土保持法第 23 條、第 33 條

(6)本條第 3 款規定「影響名譽之處分」，包括：公布姓名❼或名稱、公布照片❽或其他相類似之處分❾*。　　　　　　　　　　　§0206

*	公布姓名	如社會工作師法第 47 條，又諸如兒童及少年性交易防制條例第 34 條、兒童及少年福利法第 57 條、第 58 條、第 66 條、老人福利法第 30 條
	公告姓名	公職人員財產申報法第 11 條等規定
	公布名稱	如兒童及少年福利法第 66 條、老人福利法第 28 條、身心障礙者保護法第 66 條、第 67 條、社會救助法第 38 條

(7)本條第 4 款規定「警告性處分」，包括：警告、告誡❿、記點、記次⓫、講習、輔導教育* 或其他相類似之處分（如社會秩序維護法第 10 條、第 19 條、第 25 條、第 30 條、第 32 條、第 43 條、第 44 條、第 67 條、第 79 條、第 86 條、第 89 條～第 91 條所規定的申誡；菸害防制法第 23 條規定的戒菸教育）。　　　　　　　　　　§0207

*	警告	如人民團體法第 58 條、商業團體法第 67 條、工業團體法第 63 條、教育會法第 42 條、不動產估價師法第 35 條、第 36 條、地政士法第 41 條、第 43 條、第 44 條、工程技術顧問公司管理條例第 32 條、營造業法第 56 條、第 62 條、建築師法第 40 條、第 45 條、第 46 條、集會遊行法第 25 條、保全業法第 18 條、入出國移民法第 49 條、記帳士法第 27 條、關稅法第 81 條～第 91 條、存款保險條例第 19 條、證券交易法第 37 條、第 66 條、第 110 條、會計師法第 37 條、第 40 條、期貨交易法第 25 條、第 100 條、證券投資信託及顧問法第 88 條、第 103 條、強迫入學條例第 9 條、科學工業園區設置管理條例第 31 條、第 31 條之 2、技師法第 36 條、第 40 條、第 41 條、冷凍空調業管理條例第 21 條、加工出口區設置管理條例第 22 條之 1、貿易法第 28 條、第 29 條、自來水法第 93 條之 1、第 93 條之 4、引水法第 38 條、醫師法第 25 條之 1、第 40 條、醫療法第 101 條、職能治療師法第 56 條、物理治療師法第 56 條、醫事放射師法第 58 條、心理師法第 58 條、呼吸治療師法第 37 條、營養師法第

	51 條、助產人員法第 55 條、農業科技園區設置管理條例第 36 條、第 38 條、飼料管理法第 32 條、農會法第 41 條、漁會法第 44 條、第 45 條、勞工安全衛生法第 36 條之 1、職業訓練法第 39 條、電影法第 48 條、廣播電視法第 41 條、第 42 條、有線廣播電視法第 64 條、衛星廣播電視法第 35 條
告誡	如警械使用條例第 4 條、檢肅流氓條例第 4 條、海岸巡防機關器械使用條例第 7 條、保安處分執行法第 66 條、少年觀護所設置及實施通則第 36 條、少年矯正學校設置及教育實施通則第 79 條
記點	如道路交通管理處罰條例第 85 條之 1
講習	如道路交通管理處罰條例第 21 條、第 24 條、第 31 條、第 37 條、第 43 條、第 73 條、第 74 條、第 78 條、後天免疫缺乏症候群防治條例第 9 條
輔導教育	如兒童及少年性交易防制條例第 35 條、替代役實施條例第 55 條、性侵害犯罪防治法第 20 條、監獄行刑法第 83 條

§0208　　　　(8)依據本法的立法總說明，納入本法所規定的「其他種類行政罰」，只有本條所規定的四大類。所以其他的處罰，似乎就沒有本法的適用餘地。不過，究竟是只不適用本法的規定，還是不再承認它們屬於行政罰的範圍，則值得再研究。

◆ 運用 ◆

§0209　　　　(1)由於我國的行政制裁法規，對於制裁罰的名目繁多，除了罰鍰和沒入用詞一致以外，其他並不統一，有大同小異的，有名異而實同的，有些則是名同而實不盡相同的。所以本條對於罰鍰和沒入以外的「其他種類行政罰」，作了一個「目的性概念」或者是「實質性名稱」的界定。在運用上，就不可以拘泥於「形式名稱」。當然，在我國的行政法規上，也有一些名詞，稱呼類似，但意義完全不同的，像「停業」和「歇業」，就有不一樣的意義，必須要特別注意！

§0210　　　　(2)在「目的性概念」下，有些行政罰的名稱雖然不太一樣，但它們卻可以歸為一類。例如：扣留牌照和限制車輛在公路上行駛，實質上是一樣的。至於像「撤銷許可」和「廢止許可」、「廢止核准」，實質

意義是一樣的;「撤銷登記」和「廢止登記」、「廢止證照」、「廢止證書」、「吊銷證照」、「吊銷證件」、「吊銷牌照」、「吊銷執照」,在實質上,也是一樣的。

(3)本法第 2 條若干用字雖然和既有的其他法規用字不盡相同,導致找不到屬於本法所提到的「其他種類行政罰」,例如「公布照片」或「公布名稱」,而實際上只有「公告照片」和「公告名稱」。但也不必以辭害意才好。 §0211

(4)所以本法第 2 條的規定,要儘量放寬解釋和認定,才能發揮本法的規範功能。 §0212

(5)又本法第 2 條所列的名目,有一些因為修法後,就不再存在該類的名稱,但這並無妨害它的存在意義。因為如同前面已經說過的,只要在實質上相同就可以,何況這些目前沒有的名目,將來可能還用得上。 §0213

(6)又如同上面所說過的,本法第 2 條使用的名稱是「目的性概念」,所以如果實質顯然不同,那就不能勉強作「張冠李戴」的使用,例如我國稅捐稽徵法第 34 條的「公告姓名」,是屬於獎勵性,而不是處罰性的,這特別值得我們注意。 §0214

(7)在運用上,本條規定和本法第 18 條、第 24 條、第 26 條、第 31 條的規定,都有密切的關係,要從「體系的正義」的觀點去觀照、適用,才能達到最理想的地步。例如:根據道路交通管理處罰條例第 13 條的規定,損毀或者變造汽車牌照、塗抹污損牌照,或者以安裝其他器具的方式,使人不能辨認他的牌號的,除了可以處汽車所有人新臺幣 2,400 元以上 4,800 元以下的罰鍰以外,並且可以責令違規的人申請換領牌照或者改正。因此,如果可以輕易改正的,就不必命令他去申請換領新牌照了,這樣才符合本法第 18 條第 1 項規定的「法益衡量原則」和「比例原則」。 §0215

■ 註釋 ■

❶ 本條規定的目的,原本在於要將現有的全部行政罰種類都能納入,並且

加以類型化，以便本法成為所有行政罰的基準性規定。可是此一規定能不能將既有的行政罰悉數納入，還有疑問，會不會反而造成有漏網之魚？因為現有的行政處罰名目繁多，甚至是不是屬於行政罰也不容易判斷。關於我國既有的行政制裁或處罰種類與名稱，請參見張劍寒，《行政制裁制度》，頁 3, 97 以下，行政院研考會 (1979)；洪家殷，《行政秩序罰論》，初版，頁 181～189 (1998.2)。關於本條規定對於既有行政罰規定的影響，請參見洪家殷，〈行政院「行政罰法草案」有關處罰種類之探討〉，《月旦法學雜誌》，第 111 期，頁 21 以下 (2004.8)。

❷ 其他現行法還沒有這種名稱，所以實質上指的是吊扣執照。

❸ 我國法規上有使用「扣留牌照」來間接限制行駛的，如道路交通管理處罰條例第 21 條、第 21 條之 1。

❹ 目前其他法規似乎並沒有這種處罰的名目，即使是駁回申請，似乎也不具有制裁的功能。

❺ 目前我國法規使用「吊銷證照」的，似乎只有本法，而使用其他類似稱呼者，有「吊銷證件」、「吊銷證書」、「吊銷牌照」、「吊銷執照」、「廢止執照」、「廢止證照」、「廢止許可證」、「廢止證書」。

❻ 惟諸如鐵路法第 61 條、公路法第 59 條等規定的強制拆除，則不屬於制裁的種類，而是危險防護的不利處分而已。

❼ 但是諸如稅捐稽徵法第 34 條規定的「公告姓名」，則在於獎勵。

❽ 如兒童及少年性交易防制條例第 34 條規定的公告照片。

❾ 如兒童及少年性交易防制條例第 34 條規定的公告判決要旨。

❿ 但諸如決算法第 29 條規定的「告誡」，則屬於監察權行使的方式。

⓫ 目前行政罰的法律層次，並沒有這種名目的規定。

第**3**條

本法所稱行為人，係指實施違反行政法上義務行為之自然人、法人、設有代表人或管理人之非法人團體、中央或地方機關或其他組織。

◆ 釋義 ◆

(1)本條定義本法的規範主體（行為人）的範圍，也就是構成行政 §0301
裁罰原因和必須被處罰的行為人。

(2)本法規定的構成行政裁罰原因的行為人，包括：實施違反行政 §0302
法上義務行為的自然人、法人、設有代表人或管理人的非法人團體、
中央或地方機關或其他組織。

(3)可以實施違反行政法上義務，而構成行政罰原因的行為人，基 §0303
本上是以責任歸屬或者是「歸責原則」*來決定的。這可以從本法第 7
條的規定，間接推論到。但是，如果法律規定處罰的對象，包括事實上從事違規行為的自然人以外，同時也處罰該行為人違規目的的利益歸屬者時，則屬於採「兩罰主義」，也就是兼採「現實行為者負責」和「抽象行為者負責」，例如

> *歸責原則，是指將行為的責任依照法益的衡量，將它歸咎於行為人本身，或者它替他從事該項行為的人，後者可以說是有點類似刑法上的「間接正犯」。

道路交通管理處罰條例第 29 條之 1 規定：「裝載砂石、土方未依規定使用專用車輛或其專用車廂未合於規定或變更車廂者，處汽車所有人新臺幣四萬元以上八萬元以下罰鍰，並當場禁止通行。　前項專用車廂未合於規定或變更車廂者，並處車廂打造或改裝業者新臺幣四萬元以上八萬元以下罰鍰。」❶

(4)本法對於行政罰的對象，已明文規定包括中央或地方機關或其 §0304
他組織，這樣就可以杜絕過去對於行政罰是否可以對政府機關為之的
爭議，也可以根本釐清政府機關受到裁罰能否主張行政救濟的爭議了！

◆ 運用 ◆

§0305　　(1)本法對於「行為人」的概念，特別從「責任歸屬原則」去定義，所以不像一般對於行為人，分成「事實上的行為人」和「法律上的行為人」。本法則專以「法律上的行為人」來作為「行為人」的統一概念。至於「事實上的行為人」，本法則使用「為他人的利益而實施……行為的人」或者直接使用該事實上行為人的職稱來描述，例如董事、有代表權的人、職員、受僱人或者是從業人員。

§0306　　(2)本條對於行為人概念的界定，基於「體系的正義」，就必須和本法第 15 條、第 20 條、第 29 條、第 30 條、第 33 條～第 35 條等規定配合，關於「非法人團體」，必須配合同法第 7 條和第 16 條的規定；關於中央或地方機關，則要配合同法第 7 條及第 17 條的規定（其他事項，請參看本書附錄一「本法關係規定表」所列），才不會發生突兀的結果。例如從本法第 15 條的規定來看，顯然本法是將該「事實上的行為人」，也評價為「法律上的行為人」，而導致了不是共犯的「想像上的共犯」，而並加予處罰（關於共犯的處罰，本法第 14 條第 1 項採分別處罰的制度）。

§0307　　(3)若干行政法規已經將「歸責原則」具體化，例如：道路交通管理處罰條例第 85 條（處罰應歸責者的原則）就規定，本條例關於車輛所有人的處罰，如果應歸責於運送人，租用人或者使用人，也適用。本條例關於車輛所有人的處罰，如果應該歸責於車輛駕駛人的，處罰車輛駕駛人。本條例關於車輛駕駛人的處罰，如果應該歸責於車輛所有人的，就處罰車輛所有人。本條例關於車輛所有人的處罰，屬於吊扣或者吊銷車輛牌照的，不因為處分後該車輛所有權移轉、質押、租賃他人或者租賃關係終止而免於被執行。這樣就可杜絕逃避責任，而落實制裁的效果。

§0308　　(4)值得注意的是，本條將行政罰的行為人明白規定包括中央或地方機關或其他組織，從此就不會再發生是不是「只准州官放火，而不許百姓點燈」的爭議了！所以，當其他行政罰法律沒有明文排除官方

機關的違規責任，或者另外適用別的規定，那他們的違規就和一般人民受同等的規制。例如：道路交通管理處罰條例第 11 條（軍用車輛及駕駛人的適用）規定，軍用車輛以及軍用車輛駕駛人，應該遵守本條例有關道路交通管理的規定，並且服從執行交通勤務的警察以及憲兵的指揮。至於國軍編制內的軍用車輛以及軍用車輛駕駛人，違反前項規定的處罰，由國防部規定。所以國防部乃有「國軍編制內軍用車輛管理及處罰辦法」（民國 91 年 2 月 27 日修正發布）的制頒。至於像廢棄物清理法第 2 條第 1 項第 1 款規定的一般廢棄物，並沒有把政府機關產生的一般廢棄物列入，那依據本法第 3 條的規定，自然就要納入，只靠廢棄物清理法上的「公私場所」的概念，並不足夠。

■ 註釋 ■

❶ 其他行政法規對於「刑事罰」也有採併罰的，例如廢棄物清理法第 47 條規定：「法人之負責人、法人或自然人之代理人、受僱人或其他從業人員，因執行業務犯前二條之罪者，除處罰其行為人外，對該法人或自然人亦科以各該條之罰金。」勞工安全衛生法第 31 條規定：「違反第五條第一項或第八條第一項之規定，致發生第二十八條第二項第一款之職業災害者，處三年以下有期徒刑、拘役或科或併科新臺幣十五萬元以下罰金。　法人犯前項之罪者，除處罰其負責人外，對該法人亦科以前項之罰金。」第 32 條規定：「有左列情形之一者，處一年以下有期徒刑、拘役或科或併科新臺幣九萬元以下罰金：一　違反第五條第一項或第八條第一項之規定，致發生第二十八條第二項第二款之職業災害。二　違反第十條第一項、第二十條第一項、第二十一條第一項、第二十二條第一項或第二十八條第二項、第四項之規定。三　違反主管機關或檢查機構依第二十七條所發停工之通知。　法人犯前項之罪者，除處罰其負責人外，對該法人亦科以前項之罰金。」勞動檢查法第 34 條規定：「有左列情形之一者，處三年以下有期徒刑、拘役或科或併科新臺幣十五萬元以下罰金：一　違反第二十六條規定，使勞工在未經審查或檢查合格之工作場所作業者。二　違反第二十七條至第二十九條停工通知者。　法人之代表人、法人或自然人之代理人、受僱人或其他從業人員，因執行業務犯前項之罪者，除處罰其行為人外，對該法人或自然人亦科以前項之罰金。」

第4條

違反行政法上義務之處罰，以行為時之法律或自治條例有明文規定者為限。

◆ 釋義 ◆

§0401　　(1)本條規定構成行政裁罰行為的基準時和基準法規。這種規定類似我國刑法第 1 條的「罪刑法定主義」(nulla poena sine lege; nullum crimen sine lege praevia) 和社會秩序維護法第 2 條的「處罰法定主義」。這是基於法治國家原則 (Rechtsstaatsprinzip) 所衍生出來的「可預見性原則」(Voraussehbarkeitsprinzip)、「可測知原則」(Berechenbarkeitsprinzip)、「明確性原則」(Klarheits-ound Bestimmtheitsprinzip) 和「可期待性原則」(Zumutbarkeitsprinzip) 的要求，甚至跟「法秩序安定性原則」(Rechtssicherheitsprinzip) 也有關係❶。

§0402　　(2)本條規定違反行政法上義務的處罰，是以「行為時」，而不是「預備時」或「結果時」為準，可是同法第 6 條第 3 項、第 27 條第 2 項、第 29 條第 1 項規定，卻斟酌到「結果時」，在立法上不太符合體系的正義 (Systemgerechtigkeit)*。本條的規定，是否意味著只有行為違法或者行為和結果都違法的時候，才能處罰? 是否如果行為時不被處罰，那即使結果違反行政罰的法律或自治條例時，也不受處罰? 這一點是很值得討論的。因為固然行政違規行為和結果，常常相伴而發生，可是也不無可能發生行為時不處罰，結果發生時卻要處罰的情形。至於「未遂犯」，本法並不處罰，除非其他法律已有處罰的明文❷。

*體系的正義，指的是任何規定，必須在該國的全部法律秩序裏能夠協調一致，不會發生格格不入或非常不搭調的情況。關於學理的詳細介紹，可以參見德國學者 Franz-Joseph Peine 所寫的 *Systemgerechtigkeit*, 1. Aufl., 1985.

§0403　　(3)行政罰的法規根據，適用「法律保留原則」(Vorbehalt des

Gesetzes)*（中央法規標準法第 5 條）和「自治條例保留原則」（地方制度法第 28 條），在中央限於法律才能規定行政罰，而地方則限於自治條例才能規定行政罰。甚至地方的自治條例可以規定的行政罰，地方制度法第 26 條第 2 項～第 4 項規定：「直轄市法規、縣（市）規章就違反地方自治事項之行政義務者，得規定處以罰鍰或其他種類

> *法律保留原則，指的是一定的待規範事項，保留給立法院用「法律」的方式加以規定，而不容許其他機關用命令來規定，更不容許在還沒有規定的情況下，就由其他機關自行作決定。

之行政罰。但法律另有規定者，不在此限。其為罰鍰之處罰，逾期不繳納者，得依相關法律移送強制執行。　前項罰鍰之處罰，最高以新臺幣十萬元為限；並得規定連續處罰之。其他行政罰之種類限於勒令停工、停止營業、吊扣執照或其他一定期限內限制或禁止為一定行為之不利處分。　自治條例經各該地方立法機關議決後，如規定有罰則時，應分別報經行政院、中央各該主管機關、縣政府核定後發布；其餘除法律或縣規章另有規定外，直轄市法規發布後，應報中央各該主管機關轉行政院備查；縣（市）規章發布後，應報中央各該主管機關備查；鄉（鎮、市）規約發布後，應報縣政府備查。」不過，根據大法官釋字第 313 號、第 394 號及第 402 號等解釋，在授權明確，而且沒有逾越授權範圍下，法規命令也在這裏的「法律」和「自治條例」的概念內。

　　(4)本條所稱「有明文規定者」，不僅是指行為時法律或自治條例有明文規定，而且該等規定是已經生效施行的，並不包括已公布，但是還沒施行的。因為在現代法治國家，並不容許溯及處罰*的法律，即使是先公布，後施行的也一樣。我們也可以說，如果這樣的法律要溯及處罰，那乾脆公布後就施行，比較不會有問題。雖然先公布，後施行而帶有行政罰的法規，如果不規定

§0404

> *溯及處罰，是指法律將它生效以前發生的行為也納入處罰的範圍。

溯及處罰公布後，施行前的違規行為，難免會有人學宋朝歐陽修〈縱囚論〉所說的情節違規，那也是立法時要衡量的。

◆ 運用 ◆────────────

§0405　(1)本條規定的「處罰法定主義」，要注意「行為時」是不是存在有法律或者是（地方）自治條例有明文規定要處罰。

§0406　(2)因為本條規定以「行為時」為準，所以排除了「計畫行為」和「準備行為」的處罰。所以除非有其他法律或者是自治條例明文處罰計畫違規行為和準備違規的行為，否則，一定必須行為時剛好已經有法律或者是（地方）自治條例有明文規定要處罰的，才可以處罰。

§0407　(3)在運用上，如果存在一個違規行為很久，才發生結果，而就在結果發生時制頒了處罰該種行為和結果的法律,那能不能處罰該行為？如果我們拘泥於「行為時」這一個概念，那當然不能處罰。

§0408　(4)如果行為不論是中央法律或地方自治條例都有處罰時,要依「上位階法規和下位階法規競合」，依據上位階法規處罰的原則處理。

■ 註釋 ■

❶　關於這些原則，可以參看陳敏教授和蔡志方翻譯的《德國憲法學》, 初版, 頁 55 以下，國民大會憲政研究委員會編印 (1985.6) 和其他學者新近出版的憲法學著作（後面這些就恕我不詳細介紹了）。

❷　請參見林錫堯，《行政罰法》，初版，頁 20，元照 (2005.6)。

第5條

行為後法律或自治條例有變更者，適用行政機關最初裁處時之法律或自治條例。但裁處前之法律或自治條例有利於受處罰者，適用最有利於受處罰者之規定。

◆ 釋義 ◆

(1)本條規定行政裁罰採取「從新從輕」❶及以「第一次裁罰時法 §0501
規為基準」的原則。前面一個原則，是基於傳統「哀矜勿喜」和「與
人為善」的思想，也是包括刑罰法律和行政罰法律在內的共通原則。
我國 2005 年 2 月 2 日修正公布前的刑法第 2 條規定：「行為後法律有
變更者，適用行為時之法律。但行為後之法律有利於行為人者，適用
最有利於行為人之法律。　非拘束人身自由之保安處分適用裁判時之
法律。　處罰或保安處分之裁判確定後，未執行或執行未完畢，而法
律有變更，不處罰其行為或不施以保安處分者，免其刑或保安處分之
執行。」和本法規定不盡相同。社會秩序維護法第 3 條則規定：「行為
後本法有變更者，適用裁處時之規定。但裁處前之規定有利於行為人
者，適用最有利於行為人之規定。」和本法近似。

(2)本條前段所提到的「法律或自治條例有變更」，其中的「變更」，§0502
包括：經修正、廢止、因為其他特別法的新訂或廢止，而變更它的適
用地位、有權機關作成變更它的意義的解釋等情形在內。但是變更前
和變更後的法律和自治條例，在規範的事項上，必須具有同一性❷，
且屬於實體法❸。

(3)本條的適用，是以已經具備前條規定的「行為時」「處罰法定」§0503
或「處罰自治條例規定」為前提，如果不具備這個前提，根本就沒有
適用本條的餘地。

(4)比較特別的是，本條規定「第一次裁罰時法規為基準」的原則。§0504
這是因為行為後到處罰時，常常需要一段時間，特別是「追訴期間」
（本法第 27 條、第 28 條），而在這一些期間內，法律或自治條例是可
能發生變動的（含修正、廢止和變更解釋）。

§0505　(5)本條「但書」(provision; provisio)*根據「從新從輕」的原則，在「第一次裁罰時法規為基準」的原則，又設了例外，也就是在行為時和第一次裁罰時之間，如果行為時的法律或者是自治條例對行為人比較有利，或是發生任何有利於行為人的法律或自治條例的變動，那就以該比較有利於行為人的法律或自治條例規定為準。

> *　但書，是指在法條用語上出現「但⋯⋯」這樣字眼的。通常在立法技術上會使用但書，都是前面規定了「原則」，而後面對於該項原則要設定例外的情況。但書規定的事項屬於例外，所以必須「從嚴解釋」和「從嚴認定」。

§0506　(6)有問題的是，如果裁罰因為有瑕疵被撤銷，而須另為處分時，恰巧處罰根據的法律或自治條例又作有利於行為人的變更，那處分機關是否又要依據最新一次裁處時的法律或自治條例？答案是否定的。因為本法對於這種情況，是採「原程序賡續進行原則」，而不是「裁處程序重新進行原則」，至於以前實務的不同看法❹，在本法施行後能不能再適用，就恐怕需要再深入研究了。

§0507　(7)附帶一提的是，如果原先制裁規定屬於「限時法」，而在裁處時已經屆滿失效，有沒有本條從新從輕的規定，實在很有疑問。本書認為仍然應該處罰，也就是沒有本條後段的適用，以免發生法規即將失效時，大家就一窩蜂地去違規。

◆ 運用 ◆────────────────────

§0508　(1)本條的適用，要注意已經具備前條的要件，也就是行為時已有處罰的法律或自治條例的明文，否則，就不要再論本條的適用了！

§0509　(2)本條的適用，還要注意裁處時是不是已經超過本法第 27 條規定的時效或者是其他法律或者是自治條例規定的時效，如果已經超過了，那就純粹以其已經罹於時效消滅，不再處罰，而不必再去論它是行為時法律、自治條例或第一次裁處時的法律、自治條例，那一個最有利於行為人了！

(3)本條規定中的法律、自治條例，究竟那一個比較有利於行為人，有時候還要看相關的解釋，這個時候就必須要注意大法官釋字第 287 號解釋關於解釋法律的釋示的問題❺。 §0510

(4)如果是財稅有關的案件，就要特別注意財政部 85 年 8 月 2 日臺財稅字第 851912487 號函，在本法生效以後，能不能再適用的問題。因為該函是說依據稅捐稽徵法第 48 條之 3 的立法理由而作成，問題就在於本法的明文規定，是不是會因為是普通法的原因，而在效力上低於沒有明文的特別法（稅捐稽徵法第 1 條規定的稽徵，包括處罰，似乎具有最優先適用的地位)？或者因為稅捐稽徵法第 2 條賦與稅務函釋的特殊地位，而有所不同。這一點就很有深入研究的必要。本書基於法律位階理論，認為不宜再適用財政部該號函釋。 §0511

(5)本條規定的適用，在時間點上，可以圖示如下： §0512

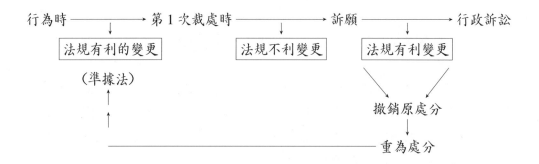

(6)如果行為持續期間很久，而在開始後，結束前，有關法規發生變更的，仍然不該當於本條所稱的行為後法律或自治條例有變更的情形❻。 §0513

■ 註釋 ■

❶ 關於處罰的準據法，在政策上究要採「從新主義」、「從舊主義」或「折衷主義」(從新從輕或從舊從輕)，詳細可參考洪家殷，《行政秩序罰論》，初版，頁 30 以下，五南 (1998.2)。我國最新的刑法第 2 條第 3 項規定，

已改採從舊從輕原則。

❷ 請參見林錫堯，《行政罰法》，初版，頁 69 以下，元照 (2005.6)。

❸ 請參見林錫堯，《行政罰法》，初版，頁 67，元照 (2005.6)。

❹ 實務上則有採「裁罰確定前」的寬鬆見解。請參見財政部 85 年 8 月 2 日
臺財稅字第 851912487 號函（《財政部公報》，第 34 卷第 1710 期，頁
37674）：「主旨：八十五年七月卅日修正公布之稅捐稽徵法第四十八條之
三，對於公布生效時尚未裁罰確定之案件均有其適用。請查照。說明：
一 八十五年七月卅日修正公布之稅捐稽徵法第四十八條之三規定『納
稅義務人違反本法或稅法之規定，適用裁處時之法律。但裁處前之法律
有利於納稅義務人者，適用最有利於納稅義務人之法律』，上開法條所稱
之『裁處』，依修正理由說明，包括訴願、再訴願（編者註：現已無再訴
願程序）及行政訴訟之決定或判決。準此，稅捐稽徵法第四十八條之三
修正公布生效時仍在復查、訴願、再訴願及行政訴訟中，尚未裁罰確定
之案件均有該條之適用。二 為維護受處分人權益，並統一受理行政救
濟機關之審查原則，稅捐稽徵法第四十八條之三公布生效時，仍在訴願、
再訴願及行政訴訟救濟中，尚未裁罰確定之案件，各原裁罰之稅捐稽徵
機關應即全面清查，主動報請撤銷原處分後，依該條修正後之規定辦理。」

❺ 這一號解釋說：「行政主管機關就行政法規所為之釋示，係闡明法規之原
意，固應自法規生效之日起有其適用。惟在後之釋示如與在前之釋示不
一致時，在前之釋示並非當然錯誤，於後釋示發布前，依前釋示所為之
行政處分已確定者，除前釋示確有違法之情形外，為維持法律秩序之安
定，應不受後釋示之影響。財政部中華民國七十五年三月二十一日臺財
稅字第七五三○四四七號函說明四：『本函發布前之案件，已繳納營利事
業所得稅確定者，不再變更；尚未確定或已確定而未繳納或未開徵之案
件，應依本函規定予以補稅免罰』，符合上述意旨，與憲法並無牴觸。」

❻ 相同見解，請參見林錫堯，《行政罰法》，初版，頁 32 以下，元照 (2005.6)。

第 **6** 條 在中華民國領域內違反行政法上義務應受處罰者，適用本法。

在中華民國領域外之中華民國船艦、航空器或依法得由中華民國行使管轄權之區域內違反行政法上義務者，以在中華民國領域內違反論。

違反行政法上義務之行為或結果，有一在中華民國領域內者，為在中華民國領域內違反行政法上義務。

◆ 釋義 ◆

⑴本條規定本法適用的空間範圍 (dimention of space)，基本上是 §0601
以國際法上的主權 (sovereignty; imperium) 範圍為準。

⑵本條第 1 項規定以我國的「固有領土或領域」，作為本法的施行 §0602
區域。不過，中國大陸是不是這裏所稱的「中華民國領域內」，就會發
生問題。大法官釋字第 328 號解釋，曾經以政治問題 (political issue) 不
審查原則，拒絕解釋我國憲法第 4 條所稱的「固有之疆域」的範圍。
所以關於本項的「中華民國領域內」，應該依臺灣地區與大陸地區人民
關係條例的規定論處，在行政管轄上恐怕無法及於大陸地區❶。

⑶本條第 2 項規定將我國的「浮動領土」(floating territory)（我國 §0603
籍的船艦和航空器）以及「擴張的主權領域」(extended territory)（如
駐外領、使館），擬制為本國領域 (fiction of territory)，而有本法的適用。
如果大陸籍船隻在我國政府實際可管領的範圍內違反我國行政法上的
義務，仍然是要適用本條第 1 項規定。至於大陸能不能主張這是他的
領域或者是「浮動領土」範圍，則涉及兩岸的事務協商範圍，不是靠
本條所能解決的。

⑷本條第 3 項規定違反行政法上義務的行為或者是結果，任何一 §0604
個在中華民國領域內（含本條第 1 項的固定領域和第 2 項的浮動領土
及擴張的主權領域）發生的，就都屬於在中華民國領域內違反行政法
上的義務，而有本法的適用。依據本條的立法說明三，採行為地或結

果地有一個屬於違反行政法上義務，就受到本法的規範，對於跨國性違法行為的禁絕，應該是有幫助的。

◆ **運用** ◆

§0605　　(1)根據第 1 項的規定，是採取「屬地主義」，除非其他法律或自治條例有特別的規定，否則，不論違規行為人的國籍為何，都要受到本國法的規範。

§0606　　(2)如果在我國領域外的我國船隻上違反我國的行政法規後，該船隻即改向外國註冊，那麼依本法第 6 條第 3 項連結第 2 項，仍以在我國領域內違規論，由我國依本法第 29 條第 2 項取得管轄權的機關管轄，而不是由同條第 3 項規定的我國機關管轄。

§0607　　(3)外國船艦在公海或者他國海域，非法洩廢油或拋棄有毒廢棄物，而隨著潮水漂到我國海域，根據本條第 3 項規定，它的行為就被認為是在我國的領域內違規，再根據本法第 29 條第 3 項規定，只要它在我國任何港口，甚至是領海內停泊，那該地的主管機關就取得管轄權。至於行為人的行為，是不是違反國際法，那是另一回事。這種情況，通常會發生在比鄰國家之間，也容易引發「以鄰地為溝壑」的聯想，而造成國際紛爭。所以在行政法上還是需要建立「國際行政法」的法則去解決。

§0608　　(4)本條第 3 項在運用上，要特別注意的地方，在於要配合本法第 4 條和第 29 條第 3 項的規定。首先，如果違反行政法上義務的行為或結果，有一個在我國領域內的，就屬於在我國領域內違反行政法上的義務，那還必須是行為時，我國法律已經把該行為定性為違反行政法上的義務 (不管該行為是不是在我國領域內從事的)，而不是行為時還不構成違反行政法上的義務，但是結果發生時才被定性為違反行政法上的義務。否則，恐怕會和本法第 4 條的規定不合。除非本法第 4 條所規定的「行為時」，包括了「行為的結果時」。可是這樣恐怕會違背本法分別使用「行為」和「結果」的概念的用意。其次，還要注意的是，類此的案件，必須是我國有主管機關可以管轄的時候，才有實際

上的意義。

■ 註釋 ■

❶ 關於臺海兩岸關係的行政法適用問題，請參看蔡志方，《行政法三十六講》，全新增訂再版，旁碼 2067，自刊 (1997.10)。

第 2 章

責　任

▌釋義 ───────────────────

D001　　　　本章共七個條文，分別規定行政罰的責任要件和認定責任的主體與責任推定（第7條）、不知法規不能免除行政罰責任及例外可以減輕或免除的情況（第8條）、無責任、有限責任與完全責任年齡、無責任意識狀態與意識狀態減弱時的減輕責任、故意和自陷於無意識或有限意識時的仍應負責（第9條）、違反防止義務和積極違規行為的等價、防止危險義務的產生（第10條）、依法令行為不罰和公務員依上級命令不罰的原則與例外（第11條）、正當防衛行為不罰及過當時的減免責任（第12條）、緊急避難行為不罰與過當時的減免（第13條）。

D002　　　　行為會構成行政罰責任的，除了應具備違法性及沒有阻卻違法的事由以外，還必須同時具備有責性，其中有責性的構成，又必須同時具備行為人具有責任能力及責任條件（亦即對於行為本身存有故意或過失的認識）。本章七個條文，依次規定責任要件、不知法規不阻卻責任及其例外、責任能力、阻卻違法性等。至於行為違法性要件的具備，則應依本法第4條所規定的法律或自治條例的實體性規定。

第7條

違反行政法上義務之行為非出於故意或過失者，不予處罰。

法人、設有代表人或管理人之非法人團體、中央或地方機關或其他組織違反行政法上義務者，其代表人、管理人、其他有代表權之人或實際行為之職員、受僱人或從業人員之故意、過失，推定為該等組織之故意、過失。

◆ 釋義 ◆

(1)本條規定，如果按照法務部的「行政罰法總說明」第4項，是用來規定行政罰的責任要件和認定責任的主體與責任擬制 (Fiction of liability)，可是如果按照同部的「行政罰法暨立法理由對照表」第7條的說明，則又說是關於行政罰的責任要件和認定責任的主體與責任推定 (Presumption of liability; Haftungsvermutung)。兩者之間在法學上的意義，有重大的區別（請詳細參看下面(3)的解說）。究竟應該是那一種，是值得研究的。不過，至少這已經顯示出立法草案起草和通過的過程，不能說是沒有疏忽的。 §0701

(2)本條第1項規定行政罰的責任要件，限出於故意或過失，可說是大法官釋字第275號的明文化❶。對於人民等的違規責任的成立，相對地可以減輕。不過本法對於什麼是「故意」？什麼是「過失」？則沒有明文。因此，必須透過類推刑法第13條、第14條的規定來填補。換句話說，本法所規定的「故意」，應該被解釋為「（直接故意與間接故意）行為人對於構成違反行政法上義務的事實，明知並有意使其發生的，為故意。行為人對於構成違反行政法上義務的事實，預見它會發生而它的發生並不違背他的本意的，就以故意來論斷。」至於本法所規定的「過失」，就應該被解釋為「（無認識的過失與有認識的過失）行為人雖然不是故意，但是如果按照他的情節應該要注意，並且能夠注意，而沒有注意的，就是有過失。如果行為人對於構成違反行政義務的事實，雖然預見它會發生而確信它不至於發生的，就以過失來論 §0702

斷。」

§0703　(3)本條第 2 項規定「認定責任的主體與責任推定」。就法人（不管是社團法人還是財團法人）、設有代表人或管理人之非法人團體（如公寓大廈住戶組合）、中央或地方機關或其他組織（如育幼院、養老院、學生宿舍、圖書館等營造物組織）違反行政法上義務的，它的代表人、管理人、其他有代表權之人的行為，基於「法人實在說」或責任歸屬，等於是該等責任主體的行為，其故意或過失，自亦應擬制為該等責任主體的故意或過失。至於實際行為的職員、受僱人或者是從業人員，有認為因其行為並不等於該等責任主體的行為，故其故意或過失，就被推定為該等責任主體的故意、過失❷。惟本書基於該等行為人僅屬於該等組織的行為工具（工具說），認為應採取全面性的擬制說，而無需為差別處理。

§0704　(4)值得注意的是，本條第 2 項使用「推定」的字眼，但是否允許用「反證」來推翻，是很有問題的。因為上面所提到的這些團體，他的違規意識和違規行為是被擬制的。換句話說，是將他使用的人或代表人的行為，評價成他的行為。所以要用「反證」的方法來推翻，是很難的。因此，這裏使用「推定」，恐怕只是「推論確定」的意思，甚至等同於「擬制」了！這從本法的立法總說明四，認為是採「擬制規定」，而不再採「推定過失責任」，就可以獲得印證❸。不過，本條第 2 項後段「推定」的用語，恐怕容易令人發生誤解，最好改為「視為」❹，而將後一字的「為」刪除。

◆ 運用 ◆

§0705　(1)本條第 1 項雖然規定違反行政法上義務的行為，非出於故意或過失的，不罰。似乎只要有過失的，就仍然要處罰。其實不是這樣！適用這一項的規定時，必須是處罰法規沒有明文提到到底是故意或過失才要處罰的情況。所以，如果法律規定要故意才處罰的，例如公職人員選舉罷免法第 97 條第 3 項規定，對於將選舉票或者罷免票以外的物投入票匭，或者故意撕毀領得的選舉票或者罷免票的，處新臺幣

5,000 元以上 50,000 元以下的罰鍰。那麼前面的「將選舉票或者罷免票以外的物投入票匭」的行為，至少要有過失，而對於後面「撕毀領得的選舉票或者罷免票」，則要有故意，才能處罰。這樣的規定，在我國行政法規上還不少呢！

(2)根據本條第 2 項的規定，非法人的團體、中央或地方機關或者 §0706
其他組織，他的違規行為是透過他的代表人、管理人、其他有代表權的人、實際行為的職員、受僱人或從業人員去作，所以關於故意或過失的認定，也就以該等實際行為人的意思狀態為準。

(3)本條第 2 項的適用，還要同時注意本法第 15 條～第 17 條的規 §0707
定。換句話說，如果是要發生併同處罰時，則「事實上行為人」和「法律上行為人」，在責任意思的認定上，就要等同看待，但是「事實上行為人」，是不是又同時被賦與「法律上行為人」的地位，而一齊負受罰的責任。這一部分，請再參看本法第 3 條運用部分的解說。

■ 註釋 ■

❶ 大法官釋字第 275 號解釋：「人民違反法律上之義務而應受行政罰之行為，法律無特別規定時，雖不以出於故意為必要，仍須以過失為其責任條件。但應受行政罰之行為，僅須違反禁止規定或作為義務，而不以發生損害或危險為其要件者，推定為有過失，於行為人不能舉證證明自己無過失時，即應受處罰。行政法院六十二年度判字第三〇號判例謂：『行政罰不以故意或過失為責任條件』，及同年度判字第三五〇號判例謂：『行政犯行為之成立，不以故意為要件，其所以導致偽報貨物品質價值之等級原因為何，應可不問』，其與上開意旨不符部分，與憲法保障人民權利之本旨牴觸，應不再援用。」

❷ 請參見李惠宗，《行政罰法之理論與案例》，初版一刷，頁 67～68，元照 (2005.6)；蔡震榮、鄭善印，《行政罰法逐條釋義》，一版一刷，頁 183～184，新學林 (2006.1)。

❸ 不過，根據本條的立法理由說明二，卻仍然使用「推定」的字眼，而不是「擬制」，不知立法者的真意為何。根據立法資料顯示，這在於本法草案原先使用「視為」，但立法院卻把它改為「推定」。

❹ 根據吳庚教授的說法，本條第 2 項行政院草案原使用「視為」，立法院審

議過程中，改為「推定為」，欲預留法人、團體等組織以反證推翻之餘地。詳見氏著，《行政法之理論與實用》，增訂九版，頁488，自刊 (2005.8)。

第 **8** 條

不得因不知法規而免除行政處罰責任。但按其情節，得
減輕或免除其處罰。

◆ 釋義 ◆

(1)本條規定不能以不知法規而免除行政罰責任及例外可以減輕或 §0801
免除的情況。

(2)前段雖然使用「法規」的字眼，其實指的應該是「法律」和「自 §0802
治條例」。因為，不管是依據「法律保留原則」或者是「自治條例保留
原則」，甚至是根據本法第 4 條、第 5 條的規定，能夠科處行政罰的根
據，也只有這兩大類法規。

(3)雖然不管是法律，還是自治條例，都必須經過公布的程序，才 §0803
能對外發生規範的效力。可是，儘管公布，真正會詳細去看的，恐怕
不多。所以國人不知法規的，恐怕還是占了多數。可是，如果要遷就
這種現實，那我國的法律秩序恐怕就很難建立起來，每個違規的人，
都可以用「不知道有這種法規」來逃避責任，而守法就成為法律人的
「專利」了。因此，基於政府和人民都有「知法」和「守法」的義務，
本法也仿效我國刑法第 16 條規定的先例，作了類似的規定。我們也可
以說，中國傳統上所說的「不知者無罪」，並不被現代法制所採取，甚
至「知法犯法，罪加一等」的想法，也是一樣沒有被實證法納入明文。

(4)不過話說回來，法律畢竟不外乎情理，也要講究「有期待可能 §0804
性」或者「合理性」。因此，如果行為人的情況確實十分特殊，有正當
的理由，而無法避免不知法規的存在，例如：一個獨居深山，少與一
般人往來，或者是習於某種部落特殊習慣的人，如原住民的狩獵，而
不知道野生動物保護法的制頒和限制，或許可以說是情有可原的情況，
而可以減輕或者免除他的處罰。當然，經過一次處罰程序的告知後，
也就沒辦法再以不知法律作為搪塞的藉口了！

(5)最後附帶說明的是，「阻卻違法性」和「阻卻有責性」是不同的。 §0805

同時也不能將不知道法律的規定和沒有故意，混為一談。因為違法性的認識是否屬於故意，並沒有等同的關係。

◆ 運用 ◆

§0806　(1)類似本條的規定，並沒有見於其他行政法規。唯一可能在實質上涵括的，就是社會秩序維護法第 29 條的規定。

§0807　(2)如果根據這一條規定，可能會發生外國人、不是學法律的人、教育水平較低的或者生活簡陋、資訊不發達的人，在行政責任上會受到較低的非難可能性。所以在適用上，更要慎重，而且應該再根據本法第 18 條的規定，綜合判斷。

§0808　(3)本條的適用，在實質上還可能和本法第 9 條第 3 項規定的「心智缺陷」發生「假想的競合」。換句話說，因為心智有缺陷，而不知道（不可能知道、無法被期待能夠知悉）有法律禁止該項行為。不過在適用上，本法第 9 條應該優先於本條適用，而且要從嚴解釋和認定。在解釋上，本條的「不知法規」，應該是指心智正常，可以知道、可以了解，只是因為資訊不發達而不知道該法規的存在，而不是即使有機會接觸，還是沒有能力認識或認知的情況（心智有缺陷）。心智有缺陷可能跟沒有受教育有關，但未必有必然的因果關係。

§0809　適用本條但書減輕處罰時，基本上必須相關處罰依據法規，對於處罰有高低度的量化，並依據本法第 18 條進行裁量。至於適用本條但書免除處罰時，雖不以相關處罰依據法規，對於處罰有高低度的量化為必要，但仍必須就具體情節作適當的衡量❶。

■ 註釋 ■

❶　同說，請參見黃俊杰，《行政罰法》，初版，頁 43，翰蘆 (2006.3)。

第9條

未滿十四歲人之行為，不予處罰。

十四歲以上未滿十八歲人之行為，得減輕處罰。

行為時因精神障礙或其他心智缺陷，致不能辨識其行為
違法或欠缺依其辨識而行為之能力者，不予處罰。

行為時因前項之原因，致其辨識行為違法或依其辨識而
行為之能力，顯著減低者，得減輕處罰。

前二項規定，於因故意或過失自行招致者，不適用之。

◆ **釋義** ◆

(1)本條規定無責任、有限責任與完全責任年齡、無責任意識狀態 §0901
與意識狀態減弱時的減輕責任、故意和自陷於無意識或有限意識時的
仍應負責。

(2)本條第 1 項規定，沒有達到十四歲責任年齡的人，沒有行政罰 §0902
的責任能力。因為通常未滿十四歲的人，被認為身心的發展還不夠成
熟所致。

(3)本條第 2 項規定，年齡達十四歲，而還不滿十八歲的人，可以 §0903
減輕他的行政罰的責任。所以，本法是以已滿十四歲就具有完全的行
政罰責任能力，而不是已滿十八歲的情形。而且「得減輕處罰」，屬於
具有裁量的空間，並不是一定要減輕。是不是未滿十八歲，或是已達
一定的年齡，是以戶政登記資料為準的。

(4)本條第 3 項規定，行為人行為的時候，因為精神有障礙（例如 §0904
精神病發作，而瘋言瘋語），或者是心智有缺陷（例如患有弱智），導
致他完全沒有辦法判別行為是違法的，或者是沒有辦法根據他的辨識
能力去作行為的，也就是患有身不由己的毛病的，例如因為有嚴重身
體官能症狀，沒有辦法正常行走、會失禁、丟棄雜物等，他的行為就
不受處罰，而應該依諸如身心障礙者保護法的規定受到保護。

(5)本條第 4 項規定，行為人行為的時候，因為精神有障礙，或者 §0905
是心智有缺陷，導致他判別行為是否違法，或者根據他的辨識能力去

作行為有明顯的降低的情況，他的行為受處罰時，可以加以減輕。

§0906　　(6)本條第 5 項規定，行為人行為時雖然有前二項規定的情況，但是屬於因為自己故意（例如明知吸食迷幻藥會導致精神恍惚，竟然照吸不誤）或過失（例如沒有注意處方的說明，在開車前竟然服用感冒藥，導致嗜睡而違反交通規則），則不適用不處罰和減輕處罰的規定 ❶。至於在道路交通管理處罰條例第 35 條對於酒駕已有獨立或加重的處罰規定，則不管駕駛人飲酒過量後駕駛是否有其他違規行為，例如超速、闖紅燈、蛇行、隨意變換車道等，均應獨立處罰，至於如更有其他一般的違規行為，則有本條第 5 項規定的適用 ❷。在其他法規對於吸食迷幻藥品亦有處罰規定的情況，其道理也是一樣的。再者，其他法規的處罰規定，應視為是行政罰法的特別規定，而優先適用，與本條第 5 項的適用，已迥不相侔了！

◆ 運用 ◆

§0907　　(1)本條第 1 項的規定，在適用時，要特別注意有沒有轉嫁罰或者是擴大處罰的情況。例如：我國道路交通管理處罰條例第 21 條第 2 項規定，未滿十八歲的人，違反第 1 項第 1 款規定的，汽車駕駛人和他的法定代理人或者監護人，應該同時施以道路交通安全講習。經再通知沒有正當理由仍然不參加的，就吊扣他的汽車牌照三個月。同法第 85 條之 4 規定，未滿十四歲的人違反本條例的規定，處罰他的法定代理人或監護人。就這二條的規定在適用上，前條是後條的特別規定，要優先適用。當然，如果不認為二條有特別規定和普通規定的關係，那就必須將前條規定限縮為十四歲以上，十八歲未滿的人有該項違規的情況。另外也採取轉嫁處罰，而僅限制其處罰種類的，還有社會秩序維護法第 10 條的規定，值得注意。

§0908　　(2)本條第 1 項和第 3 項規定的情況，是絕對的不處罰，而第 2 項和第 4 項規定的情況，僅是可以減輕處罰，但是否減輕，還要依據一般的裁量法則，如比例原則、誠實信用原則、有利不利一律注意原則和裁量的界限（行政程序法第 7 條～第 10 條參看）。

(3)對於酗酒或吸食迷幻藥等之後的違規行為，要注意本條第 5 項 §0909 的限制。至於違反吸食迷幻藥等違禁品的，它本身就屬於違法，就不必再論本條第 5 項的適用問題了！

■ 註釋 ■

❶ 類似情況，在刑法學上，也有所謂的「自醉行為」理論。詳細請參見黃常仁，〈「原因自由行為」(Actio Libera in Causa) 與「自醉行為」構成要件 (Der Vollrauschtatbestand 323a)〉，《東吳法律學報》，第 7 卷第 1 期，頁 125 以下 (1991.2)。

❷ 因此，論者據以質疑道路交通管理處罰條例第 35 條既有酒駕處罰的規定，即無需再援引原因自由行為，甚至與一行為不二罰的原則牴觸的說法，恐僅具有部分的正當性。參見蔡震榮、鄭善印，《行政罰法逐條釋義》，一版一刷，頁 201，新學林 (2006.1)。

第 10 條

對於違反行政法上義務事實之發生，依法有防止之義務，能防止而不防止者，與因積極行為發生事實者同。

因自己行為致有發生違反行政法上義務事實之危險者，負防止其發生之義務。

◆ **釋義** ◆

§1001　(1)本條規定違反防止義務和積極違規行為的等價、防止危險義務的產生。

§1002　(2)本條第 1 項規定，就消極行為要負和積極行為同樣責任的情況，也就是行為人對於違反行政法上義務事實的發生，例如夜間駕駛沒有開燈，導致視線不良，而碰撞別人的車輛，根據交通法規，駕駛人負有防止的義務（道路交通安全規則第 109 條），能防止而不防止，那跟刻意追撞別人是一樣的。

§1003　(3)本條第 2 項規定負有一般的防止發生義務的條件，在於因為自己的行為有發生違反行政法上義務事實的危險（可能性）。例如：駕駛人明知車輛的煞車來令片已經嚴重磨損，開車將容易發生危險，就負有到汽車修配廠檢修更換，以避免發生危險的義務。

§1004　(4)本條的規定，當前在各種科技、環保、衛生和勞工安全法規領域最為常見。那些法規規定的危險防護義務，不僅具有「保護規範」(Schutznorm)* 的性質，更是形成行為人有防止危險發生的義務的基礎。

> *行政法上所稱的「保護規範」，指的是法規的目的是專門用來保護個人的利益，或者是在保護公益的同時，也一併保護個人的利益。關於「保護規範」的意義和界定，可參看大法官釋字第 284 號、第 469 號及第 531 號解釋。

§1005　(5)所謂「依法有防止的義務」，並不限於明文的法律所課予的義務，而還包括基於習慣法、契約、事實上的承擔責任、具體生活關係

或者是前行為所引起的危險，所產生的「擔保者地位」❶。

(6)本條第 1 項規定的適用，必須具備：行為人的不作為和違反行 §1006
政法上義務事實之間，存有「假設的因果關係」、必需行為人有採取防
止行為的可能、行為人應採取的防止行為，必須是屬於必要的防止行
為、對於行為人採取必要的防止行為，要有「期待可能性」❷。

◆ 運用 ◆

(1)運用本條第 1 項規定的時候，首先必須看到底有那一些法律課 §1007
予受罰人應該防止違反行政法上義務的事實的，然後，再依具體情況
判斷是不是屬於事實上能防止（有期待可能性），而受罰人卻不加以防
止的情況，才會成立「消極行為」可以被評價為和「積極行為」一樣
的結果。所以本條第 1 項要規範的是「消極行為」構成違規的情況。

(2)通常屬於課予受罰人應該防止違反行政法上義務的事實的法 §1008
規，都屬於具有保護特定或者不特定的第三人的「保護法規」。這在和
科技有關的環保、交通、建築、衛生、醫療，以及狹義的科技法（科
技安全法）領域內最為常見。在這些領域裏，凡是物品的製造人、營
業主、僱主、設計者，甚至是施用者，如醫生、藥師、護士等，通常
會被這些法規課加注意義務。通常這些法規所課加的義務，多數屬於
預防危害的性質，並不以真的發生危害為必要。

(3)本條第 2 項在適用上，一方面要先從科技的觀點，就「事實上 §1009
的因果關係」去判斷行為是不是確實有導致發生違反行政法上義務的
事實的「可能性」（危險），那才能課予該行為人負擔防止發生違反行
政法上義務的事實的義務。

(4)其次，還要注意的是，本條第 2 項規定中的「發生」，並不是指 §1010
發生危害的「結果」，例如超速而釀成車禍，而是發生違規的「結果」，
也就是超速違規的本身，例如開車不看速率錶（碼錶）的，就有超速
的危險。

(5)再其次，本條第 2 項要處罰的，是「積極行為」構成違規行為， §1011
而本項的規定，算不算是前一項規定中所稱的「依法」，恐怕是值得考

量的。本書認為不妨把它當作是課予防止義務的另一種「保護規範」，而和其他「保護法規」並存。

■ 註釋 ■

❶　請參見林錫堯，《行政罰法》，初版，頁 14 以下，元照 (2005.6)。
❷　請參見林錫堯，《行政罰法》，初版，頁 16 以下，元照 (2005.6)。

第11條

依法令之行為，不予處罰。

依所屬上級公務員職務命令之行為，不予處罰。但明知職務命令違法，而未依法定程序向該上級公務員陳述意見者，不在此限。

◆ **釋義** ◆

(1)本條規定依法令行為不罰和公務員依上級命令不罰的原則與例外。 §1101

(2)本條第 1 項規定，依法令的行為有阻卻受罰責任的效力（阻卻違法性）。如果真正依據合憲、合法的法令所作的行為，當然是合法的行為，自然不受處罰。不過這裏所說的「法令」，雖然包括法律、法規命令、行政規則等一般性、抽象性的內部法和外部法，但是指的是有效的法令，而且不包括習慣法。如果行為時根據的法令是有效的，即使嗣後被有權機關（如司法院大法官）宣告無效，也不妨礙根據它來行為的人不受處罰的效力。這時候，行為人也不會被援引本法第 8 條來追究法律責任。值得注意的是，本條第 1 項所稱的「法令」，包不包括實定法以外的「超法規」，也就是說，在成文的法令以外，基於法理、事理等的事由，也可以作為阻卻行政違規受罰的理由（超法規的阻卻違法事由）? 我國學者有基於舉重以明輕的法理，將刑事法上的「超實證法的阻卻違法事由」，遞移到行政罰的領域，例如：被害人同意或承諾的事由、自損行為、可容許的行為、非真正的行政不法行為和義務衝突❶。不過，除了可容許的行為和非真正的行政不法行為，本質上即不該當於違規行為以外，被害人同意或承諾的行為，除非是公權力機關容許，否則，似乎也只發生私法上的阻卻侵權責任的效果而已。因為如學者所舉的「拋棄一般廢棄物」例子❷，構成廢棄物清理法意義上的拋棄廢棄物，除了必須是「廢棄物」（依法必須處理的廢棄物，而不是只是因為不想要而予以拋棄的物）以外，還必須是在不得棄置的地點棄置，才構成該法要處罰的違規行為。其次，所舉「檳榔西施」 §1102

故露私處的例子，因為如果的確是故露，當然並不構成社會秩序維護法要保護的隱私範圍，窺視者根本就不該當於該法第 83 條第 1 款的妨害隱私，而不是阻卻違法的問題。再其次，學者所舉的「義務衝突」的例子❸，似乎和行為不自由的「超法規阻卻違法事由」有關。不過，這和公務員服務法、公務人員保障法的有關規定要求是不是脗合，恐怕就值得考慮。最後，對於非真正行政不法行為所舉的例子❹，文字的描述，恐怕也需要再精確一點。換句話說，應該將原舉例子，改為「未滿十八歲的青年，因劇情的需要（如拍未成年人不應吸菸的廣告）而在擔任的戲劇中抽菸，不構成菸害防制法的違規事由」。類似的情況，例如陸小芬在「看海的日子」一片中，為了劇情需要，而在片場裸露乳房；媽媽為哺乳，而在未設哺乳房的公共場所裸露乳房，並不構成無故裸露身體，作放蕩的姿勢的違警行為。

§1103　　(3)本條第 2 項是專門規定「下級公務員」或要受到上級公務員指揮的人員，實施原本屬於行政罰法律或自治條例要處罰的行為時，不必被處罰，以確保上級公務員命令的有效貫徹和促使下級人員接受命令。不過它的前提，必須是行為人不知道上級公務員的命令並不合法的情形。所謂不知道，包括因為過失而不知道，或者僅僅止於懷疑，但不能確信有違法的情況。如果行為人明明知道上級公務員的職務命令是違法的，而沒有根據諸如公務員服務法第 2 條❺或者是公務員保障法第 17 條規定的程序❻，向該上級公務員陳述意見，而仍然執意去做的，那就沒有辦法免除受罰的責任。

§1104　　(4)本條第 2 項規定的「職務命令」，指的是具體、個別的指示，以便和第 1 項的法令作區別。

◆ 運用 ◆

§1105　　(1)本條第 1 項規定的「依法令的行為不罰」，在運用上，要注意同法第 4 條的規定。所依據的法令，必須是在行為時有效，至於行為後，是不是被宣告因為違反上位階的規範，而歸於無效，基於「期待可能性」原則，似乎是可以不論的。

(2)至於本條第 1 項規定的「依法令的行為不罰」和本法第 4 條規　§1106
定的「行為時的法律或者自治條例」有處罰規定之間，是處於「阻卻
違法性」的關係。換句話說，該「依法令的行為」，必須是依「行為時
的法律或者自治條例」原本是屬於違法要受罰的，而只因為它的實施
是屬於依「其他法令」，才基於「特別法優先於普通法」的原則，阻卻
了行為原先依據「行為時的法律或者自治條例」的違法性。並不是說
行為原本就不違反行為時的「法律或者自治條例」，所以是「依法令的
行為」，而不受到處罰。根據這樣的看法，那麼行為所根據的「法令」，
位階就不能低於「行為時的法律或者自治條例」，否則，就不符合法治
國家的要求了！就這一點，本法第 11 條的立法理由之一，是採取較寬
鬆的看法，把本項所稱的「法令」，包括法律、法規命令、行政規則等
一般性、抽象性的規範，亦即也包括內部法、外部法等有法拘束力的。
除非本法已經有意透過本條第 1 項來向低位階法規屈服，不然就要有
法律或自治條例的授權，否則，這樣廣的解釋，恐怕應該再思考。

(3)再就本條第 1 項規定的「依法令的行為不罰」和本法第 5 條規　§1107
定的「行為後法律或自治條例有變更」的關係來說，基本上，必須行
為已經具備了本法第 4 條規定的要件後，才有本法第 5 條和第 11 條第
1 項的適用，而如果行為後依法令規定屬於不罰的，那在裁處時雖然
可以根據本法第 5 條的規定，不予以處罰。可是本條第 1 項在適用上，
是優先於本法第 5 條的。換句話說，行為有本條第 1 項的適用時，就
不再適用第 5 條的規定了！

(4)就本條第 2 項的運用來說，必須注意的是，行為人必須是「下　§1108
級公務員」，而不包括沒有隸屬關係的老百姓。再說，本項的規定屬於
「阻卻有責性」，而不是單純的「阻卻違法性」的問題而已。因為本項
從前後段來看，上級公務員職務上的命令，不一定要屬於「實質合法」
的，根據它所作的行為才不予處罰，而是即使違法的命令，但下級公
務員並沒有明知該命令違法還照辦的，基於建立有效行政和服從命令
的行政基本體制，還是不能苛責行為的公務員。

(5)運用本條第 2 項時，要特別注意有沒有存在後段規定的「不予　§1109

處罰」的例外情況，也就是「明知上級公務員的職務命令違法，而不依公務員服務法第 2 條或公務員保障法第 17 條的規定，向該上級公務員陳述意見的」，仍然要受處罰。所謂的「明知上級公務員的職務命令違法」，必須是行為時早已知道，而且篤定上級公務員的職務命令違法，如果只是懷疑，那還不構成「明知上級公務員的職務命令違法」的地步。其次，所謂「不依法定程序上向該上級公務員陳述意見」，其實要作合目的性解釋，並不是只要依法定程序陳述意見後就照作不誤，而是要看該上級公務員有何進一步指示。如果該上級公務員已經認為他的命令違法，那就不能再明知違法還照辦。只有當該上級公務員堅持他的命令合法的情況下，還依照他的命令去行為，才能不受到處罰。

■ 註釋 ■

❶ 參見李惠宗，《行政罰法之理論與案例》，初版，頁 88 以下，元照總經銷 (2005.6)。

❷ 參見李惠宗，《行政罰法之理論與案例》，初版，頁 88～89，元照總經銷 (2005.6)。

❸ 參見李惠宗，《行政罰法之理論與案例》，初版，頁 90，元照總經銷 (2005.6)。

❹ 同上註。

❺ 公務員服務法第 2 條規定：「長官就其監督範圍以內所發命令，屬官有服從之義務。但屬官對於長官所發命令，如有意見，得隨時陳述。」

❻ 公務員保障法第 17 條規定：「公務人員對於長官監督範圍內所發之命令有服從義務，如認為該命令違法，應負報告之義務；該管長官如認其命令並未違法，而以書面下達時，公務人員即應服從；其因此所生之責任，由該長官負之。但其命令有違反刑事法律者，公務人員無服從之義務。前項情形，該管長官非以書面下達命令者，公務人員得請求其以書面為之，該管長官拒絕時，視為撤回其命令。」

第 **12** 條

對於現在不法之侵害，而出於防衛自己或他人權利之行為，不予處罰。但防衛行為過當者，得減輕或免除其處罰。

◆ 釋義 ◆

(1)本條規定正當防衛行為不罰（阻卻違法性）及過當時的減免責任。　§1201

(2)本條的立法先例，有我國民法第 149 條❶、刑法第 23 條❷和社會秩序維護法第 12 條❸（本條沒有但書的規定），雖然在用字和規定的繁簡上不盡相同，但在意義上，則雷同。　§1202

(3)本條前段所說的「現在不法的侵害」，是指行為人實施防衛行為，雖然是違反行政法上義務，但是屬於用來防衛的行為時，正受到不法的侵害。所以已經屬於事過境遷的「報復行為」、純屬想像的情況，就不屬於「現在不法的侵害」，至於後一情形，是不是構成本法第 7 條的過失或者為本法所沒有規定的「錯誤行為」，則屬於另外的問題；而所謂「出於防衛自己或他人權利的行為」，指的是行為人的行為（至於該人的行為是不是要負法律責任，則可以不論），是為了避免自己或者他人的權利，受到相對人現在不法的侵害，才作的。　§1203

(4)本條後段但書規定，防衛超過必要範圍（過當＝超過必要範圍，而變成不正當或不適當）的，就沒有前段不予處罰的適用，而頂多根據他過當的程度，決定是不是減輕或者仍然「免除」處罰。　§1204

◆ 運用 ◆

(1)適用本條時，應該進行二個階段的檢視。第一個階段是屬於「阻卻違法性」事由的是否具備。第二個階段，則是屬於是否存在「阻卻違法性」事由的弱化，而沒有辦法完全阻卻違法性，致必須仍要受罰的問題。根據本條前段的規定，「阻卻違法性」事由必須同時具備，也就是行為人原本「違規的行為」是針對「相對人的」、「當前的」、「已　§1205

經在進行，而還沒有結束的」、「不法的」、「對於自己或者他人的權利」、「構成侵害的行為」，所展開的「沒有超過防衛所必要程度」的「防衛行為」。根據本條的後段，「阻卻違法性」事由的弱化原因，必須是行為人原本「違規的行為」是針對「相對人的」、「當前的」、「已經在進行，而還沒有結束的」、「不法的」、「對於自己或者他人的權利」、「構成侵害的行為」，所展開的「超過防衛所必要程度」的「防衛行為」。所以二者的唯一差異，就在於防衛行為是不是「超過防衛所必要的程度」而已。

§1206　　(2)根據本條的規定，那麼行為人原本「違規的行為」，如果不是針對「相對人的」、「當前的」、「已經在進行，而還沒有結束的」、「對於他人或自己的權利」、「構成損害的行為」，所展開的「不超過防衛所必要程度」的「防衛行為」，就不屬於這裏的「正當防衛行為」了！充其量，只能算是本法第 13 條所規定的「緊急避難」而已！

§1207　　(3)超過「正當防衛」目的所需要的防衛行為，可以減輕或者免除受罰的責任。究竟是免除，還是減輕，除了涉及罰鍰或有期間的其他種類行政罰，要根據本法第 18 條、第 19 條的規定去衡酌。如果涉及其他的處罰的，就要根據行政程序法第 7 條～第 10 條的規定去衡酌。

§1208　　(4)在實際情況上，可以作為案例的，例如張三在中山高速公路上依規定行車，車速已經達到規定最高速限每小時 100 公里，卻被一輛違規超速達 120 公里的大貨車逼近，並且按喇叭、閃強光，張三為防衛自己可能被害，乃作消極的防衛行為，而加速至時速 130 公里，才甩開了該輛大貨車的可能追撞，可是就在加速後不久被測速照相設備拍到。如果張三因此被逕行舉發，那麼他就可以引用本條的規定來主張不受處罰。可是如果張三在甩開該大貨車之後，卻因為感覺超速的快感，而繼續長距離的超速，那麼他就屬於過當了，如果因此被告發違規超速，那就不能再主張本條前段的適用了！

■ 註釋 ■

❶　民法第 149 條（正當防衛）規定：「對於現時不法之侵害，為防衛自己或

他人之權利所為之行為，不負損害賠償之責。但已逾越必要程度者，仍應負相當賠償之責。」

❷ 刑法第 23 條（正當防衛）規定：「對於現在不法之侵害，而出於防衛自己或他人權利之行為，不罰。但防衛行為過當者，得減輕或免除其刑。」

❸ 社會秩序維護法第 12 條規定：「對於現在不法之侵害，而出於防衛自己或他人權利之行為，不罰。」

第 13 條

因避免自己或他人生命、身體、自由、名譽或財產之緊急危難而出於不得已之行為，不予處罰。但避難行為過當者，得減輕或免除其處罰。

◆ **釋義** ◆

§1301　(1)本條規定緊急避難行為不罰（阻卻違法性）與過當時的減免。

§1302　(2)本條的立法先例，有我國民法第 150 條❶、刑法第 24 條❷和社會秩序維護法第 13 條❸，雖然在用字和規定的繁簡上不盡相同，但在意義上，則大致雷同。

§1303　(3)本條前段所說的「緊急危難」，必須確實屬於「危難」，也就是確實很危險，如果不設法躲避、迴避，就會造成實際上的傷害，而形成危難的原因，可以是動物的原因（如牛隻狂奔、馬匹失控衝撞），或是大自然的因素（如突然閃電、土石流、地震、落石、山崩、下冰雹、電線走火引發火災或因乾旱，引發森林火災），而且還要「緊急」，也就是情況迫在眉睫，甚至災難已在眼前，如不即刻避難，則危害馬上就會發生。所謂「避免」，指的是「逃避免除」受到危害。至於「緊急避難」的目的，限於為「避免自己或者他人的生命、身體、自由、名譽或者財產的緊急危難」，而行為的程度，必須是「出於不得已」，也就是根據一般人的要求標準，是「不得不如此」的，那就不受處罰。但是避難的行為必須符合「比例原則」(Verhältnismäßigkeitsprinzip)*，不可以「過當」，也就是不可以超過避難所必要的範圍。如果確實是為了避難，而避難行為卻超出了必要的程度，那就仍然應該受罰，只是可以針對具體的情節，裁量減輕處罰的種類和額度，或者免除處罰。

> *比例原則，是借用地圖上比例尺的概念（地圖必須有比例尺，才能精確地畫出，並且正確顯示原來的地理位置），目的是要使追求一定的目的所採取的手段，能夠有效、適當、侵害最少、利害平衡。我國憲法第 23 條及行政執行

§1304　(4)所以，如果危難已經過去，

或者純屬想像的情況，就不屬於「緊急」的「危難」，至於幻想有緊急危難，是不是構成本法第 7 條的過失或者為本法所沒有規定的「錯誤行為」，則屬於另外的問題。如果是「幻覺」所導致，則應該提出證明，並判斷導致有此幻覺的原因，然後判斷是否有本法第 9 條第 3 項～第 5 項的適用。

(5)本條後段但書規定，避難超過必要範圍(過當＝超過必要的範圍，而變成不正當或不適當) 的避難，就沒有前段不予處罰的適用，而頂多根據他過當的程度，決定是不是減輕或者仍然「免除」處罰而已。

法第 3 條，都揭示了這項原則，而行政程序法第 7 條更精確地規定了它的內涵，其規定為：「行政行為，應依下列原則為之： 一 採取之方法應有助於目的之達成。二 有多種同樣能達成目的之方法時，應選擇對人民權益損害最少者。三 採取之方法所造成之損害不得與欲達成目的之利益顯失均衡。」

§1305

◆ 運用 ◆

(1)適用本條時，應該進行二個階段的檢視。第一個階段是屬於「阻卻違法性」事由的是否具備。第二個階段，則是屬於是否存在「阻卻違法性」事由的弱化，而沒有辦法完全阻卻違法性，致必須仍要受罰的問題。根據本條前段的規定，「阻卻違法性」事由必須同時具備，也就是行為人原本「違規的行為」是針對「緊急的」、「行為時還沒有結束的」、「會造成自己或者他人的生命、身體、自由、名譽或財產受到損害的」、「危難」、「為了避免自己或者他人的生命、身體、自由、名譽或財產受到損害」、「如果不及時採取避難的不得不然的適當措施」，所展開的 (緊急避難)「行為」。根據本條的後段，「阻卻違法性」事由的弱化原因，必須是行為人原本「違規的行為」是針對「緊急的」、「行為時還沒有結束的」、「會造成自己或者他人的生命、身體、自由、名譽或財產受到損害的」、「危難」、「為了避免自己或者他人的生命、身體、自由、名譽或財產受到損害」、「採取超過避難所必要的措施」，所

§1306

展開的（緊急避難）「行為」。所以二者的唯一差異，就在於避難行為是不是「超過避難所必要的程度」而已。

§1307　　(2)根據本條的規定，那麼行為人原本「違規的行為」，如果是針對「他人的」、「當前的」、「已經在進行，而還沒有結束的」、「對於他人自己的權利」、「構成損害的行為」，所展開的「不超過防衛所必要程度」的「防衛行為」，論它的實質，就仍算是本法第13條所規定的「緊急避難」！例如行為人行車中，發現他人在橋邊即將跳河自殺，於是「超速」前往搭救。又例如行為人甲，因為穿著大紅衣服在白河賞荷，不料卻惹毛了在附近吃草的牛隻，而被一群牛追趕，為了避免被牛隻撞傷，於是一路逃入白河市區，因為闖紅燈，造成數輛車煞車不及而互撞。這個時候，如果牛隻仍然緊追不捨，那甲就可以主張緊急避難而免責，但是如果牛隻早已不見，而甲卻仍然緊張兮兮，依然在市區亂跑，導致交通秩序大亂，那麼充其量，只能因為他心神未寧，而減免責任。

§1308　　(3)超過「緊急避難」目的所需要的避難行為，可以減輕或者免除受罰的責任。究竟是免除，還是減輕，除了涉及罰鍰或有期間的其他種類行政罰，要根據本法第18條、第19條的規定去衡酌。如果涉及其他的處罰，就要根據行政程序法第 7 條～第 10 條的規定去衡酌。

■ 註釋 ■

❶　民法第 150 條（緊急避難）規定：「因避免自己或他人生命、身體、自由或財產上急迫之危險所為之行為，不負損害賠償之責。但以避免危險所必要，並未逾越危險所能致之損害程度者為限。　前項情形，其危險之發生，如行為人有責任者，應負損害賠償之責。」

❷　刑法第 24 條（緊急避難）規定：「因避免自己或他人生命、身體、自由、財產之緊急危難而出於不得已之行為，不罰。但避難行為過當者，得減輕或免除其刑。　前項關於避免自己危難之規定，於公務上或業務上有特別義務者，不適用之。」

❸　社會秩序維護法第 13 條規定：「因避免自己或他人之緊急危難，而出於不得已之行為，不罰。」

共同違法及併同處罰

▌釋義

E001 　　本章共四個條文，分別規定共同違規行為的要件和分別處罰原則、身分犯中無該項身分者，仍應受罰，而因一定身分處罰有輕重或免除時，沒有該項身分的違規者，仍依通常不是身分犯的規定處罰（第 14 條）、私法人董事或者其他有代表權的人的職務行為或為私法人利益行為，導致私法人違規受罰時，該等現實行為人的並受處罰要件、私法人的職員、受僱人或者是從業人員的職務行為或為私法人利益行為，導致私法人違規受罰時，私法人董事或者其他有代表權的人並受處罰的要件及最高額度和例外（第 15 條）、非法人團體、其他私法組織，設有代表人或者管理人併同處罰的準用（第 16 條）、中央或地方機關或其他公法組織違反行政法上義務處罰的準據法（第 17 條）。

E002 　　數個行為人共同從事違法的行為，在本質上，具有較一個行為人單獨從事違規行為為重的危險性，這包括違規行為的既遂可能性及避免被發現或逃避受罰的機率較高在內。雖然本法對於共同違規行為，僅採取個別處罰的規定，而且區分身分犯和非身分犯分別處罰，但對於違規行為的「循名責實」，也是相當恰當的。

E003 　　各種公、私組織的負責人或各級領導人，除應負責

各項組織權責事項的執行以外，對於自身不違規及防範所屬違規，也屬於他們的「消極性責任」。本法第 15 條、第 16 條的規定，基本上，可算是一種進步的立法。

第14條

故意共同實施違反行政法上義務之行為者，依其行為情節之輕重，分別處罰之。

前項情形，因身分或其他特定關係成立之違反行政法上義務行為，其無此身分或特定關係者，仍處罰之。

因身分或其他特定關係致處罰有重輕或免除時，其無此身分或特定關係者，仍處以通常之處罰。

◆ 釋義 ◆

§1401　　(1)本條規定共同違規行為的要件和分別處罰原則、身分犯中無該項身分者，仍應受罰，而因一定身分處罰有輕重或免除時，沒有該項身分的違規者，仍依通常不是身分犯的規定處罰❶。

§1402　　(2)本條第 1 項規定行政罰違規行為的「共犯」的成立要件和分別處罰的原則。本法規定的行政罰「共犯」，相當於刑法第 28 條規定的「共同正犯」，而不包括類似刑法第 29 條的「教唆犯」和民法第 185 條第 2 項的「擬制共同行為人」❷。至於刑法第 30 條規定的「幫助犯」和學說上的「間接正犯」❸，是不是有類推適用的餘地，是值得研究的。基本上，除非其他行政罰法規另有明文的規定（如社會秩序維護法第 16 條、第 17 條），否則，處罰的規定，原則上禁止類推適用。但是「間接正犯」如果不處罰，恐怕無法達到行政罰法的普遍規範目的。所以本法沒有規定類似社會秩序維護法第 15 條後段的「間接正犯」❹，不能不說沒有「漏洞」，最好能夠增訂之。建議增訂條文內容為：「利用不具備行政罰責任能力之人從事違反行政法上義務之行為者，應依該違反行政法上義務之處罰法律或自治條例處罰之，法律或自治條例已有規定者，不受影響」❺。至於「幫助犯」*，除了屬於提供從事違規行為的工具，本法第 22 條第 1 項已有沒入的處罰以外，「幫助犯」並沒有任何的處罰規定，是值得再考慮的❻。當然在實際情況的認定

第 3 章　共同違法及併同處罰

上，究竟是屬於不構成本項規定的「共同實施」的純粹幫助或者是已構成「共同實施」的非純粹幫助，是值得注意的。對此，最好能夠有

*幫助犯，是指幫助他人實行違反行政法上義務的行為的人。

一個明確的基準。又本項採取類似社會秩序維護法第 15 條前段的「分別處罰制度」❼和我國民法第 185 條對於「共同侵權行為」，採「連帶負責」的制度不同❽。不過如有特別法規定，例如遺產及贈與稅法第 47 條，採取共同分擔的制度，自然要優先適用該條規定。

(3)本條第 2 項規定行政罰行為人以具有一定身分為條件的，如公務員、特殊組織體的成員、特定行業的從業員，而和他一齊共同違規的「共犯」，有不具備該種特殊身分的，仍然要受到處罰。 §1403

(4)本條第 3 項規定因為一定身分違反行政法上的義務，而受到的處罰，因為該項身分而有輕重或者免除處罰的時候，沒有該項身分的違規者，仍然要依通常不是身分犯而違反該種行政法上義務的處罰規定處罰。 §1404

(5)必須附帶說明的是，本條規定的共犯，是針對「主體的外部共同實施」所作的規定，這和本法第 15 條以下是針對「主體的內部關係」（如法人、非法人團體與其代表人或者是內部自然人之間的關係）所作的規定，是不同的。基本上，義務主體和內部成員並不成立本條規定的共同違規❾。 §1405

◆ 運用 ◆

(1)本法雖然沒有明文規定要處罰「教唆犯」和「幫助犯」，但是並不排除當其他法律有處罰的特別規定。舉例來說，社會秩序維護法就分別有明文處罰這兩種情況。該法第 16 條規定，教唆他人實施違反本法的行為的，依據他所教唆的行為處罰。第 17 條則規定，幫助他人實施違反本法的行為的，可以減輕處罰。所以還是要罰的。 §1406

(2)運用本條的時候，要注意「共犯」和「同時犯」的區別。前者，行為人對於違規行為，要有共同實施的故意的認識，而在後者的情形， §1407

行為人對於違規行為，則沒有共同實施的故意的認識。所以本法並沒有「過失共同」的處罰，對於同一時間，在同一個地點各自實施違規行為的「同時犯」，例如在同一個地點，各自違規傾倒垃圾的行為，雖然不構成共犯，但仍然要分別處罰（就這一點，在法律的效果上，共犯就和同時犯沒什麼兩樣了），只是情節的輕重，有時不容易很快的判定。例如一群人各自從家裏帶來垃圾，傾倒在臺南市鹽水溪堤岸旁，而成了一個小垃圾山，這時要認定每一個違規的人的行為情節，就不太容易了！

§1408　　(3)依本條規定處罰時，要注意共同違規人各自行為的具體情節，再參酌本法第 18 條以下的規定和比例原則等，去決定個別行為人應該受到的處罰。

§1409　　(4)在行政處罰法律上，若干規定是針對一定身分的人開罰，例如道路交通管理處罰條例第 57 條第 1 項規定，汽車所有人、汽車買賣業或者汽車修理業，在道路上停放待售或者承修的車輛者，處新臺幣 2,400 元以上 4,800 元以下的罰鍰，而同法第 56 條第 1 項第 7 款規定，汽車駕駛人停車時，有下列情形之一者，處新臺幣 600 元以上 1,200 元以下罰鍰：七、於路邊畫有停放車輛線的處所停車營業者。因此，如果汽車所有人、汽車買賣業者和計程車駕駛共同把待售的計程車放在路邊畫有禁止停放車輛線的處所兜售，順便接受載客的招請，那麼汽車買賣業者要根據第 57 條第 1 項處罰，而計程車司機則依同法第 56 條第 1 項處罰❿。

§1410　　(5)在諸如公職人員財產申報法第 11 條第 1 項規定之情形，即使夫妻僅一造屬於有申報義務，但申報內容他方負有協力的義務，或者係由夫妻雙方共同填寫，如有不實，則應各處新臺幣 60,000 元以上 300,000 元以下罰鍰，屬於行政罰法第 14 條第 2 項的平行性規定，而非特別規定。

■ 註釋 ■

❶　關於多數行為人的處罰，詳細請參看洪家殷，《行政秩序罰論》，初版，

頁 138 以下，五南 (1998.2)。

❷ 我國民法第 185 條第 2 項規定：「造意人及幫助人，視為共同行為人。」

❸ 指的是利用沒有責任能力的人，從事觸犯行政法上義務的行為的人。

❹ 社會秩序維護法第 15 條規定：「二人以上，共同實施違反本法之行為者，分別處罰。其利用他人實施者，依其所利用之行為處罰之。」

❺ 至於本法第 15 條、第 20 條第 2 項規定，和這裏所說的情形，僅有部分發生競合。

❻ 本條的立法理由明白指出，共同違規不包括刑法上的教唆和幫助的情況。

❼ 我國刑法第 28 條雖然沒有「分別處罰」的明文，但是既然共犯都屬於正犯，根據刑事罰的本質，當然也是分別處罰。

❽ 我國民法第 185 條規定：「（共同侵權行為責任）數人共同不法侵害他人之權利者，連帶負損害賠償責任；不能知其中孰為加害人者，亦同。造意人及幫助人，視為共同行為人。」

❾ 相近的見解，請參見林錫堯，《行政罰法》，初版，頁 93，元照 (2005.6)。

❿ 我國學者間，有認為不純正身分犯的違序行為相當少見，而質疑本條第 2 項及第 3 項規定的必要性者。如蔡震榮、鄭善印，《行政罰法逐條釋義》，一版一刷，頁 242，新學林 (2006.1)。

第 15 條

私法人之董事或其他有代表權之人，因執行其職務或為私法人之利益為行為，致使私法人違反行政法上義務應受處罰者，該行為人如有故意或重大過失時，除法律或自治條例另有規定外，應並受同一規定罰鍰之處罰。

私法人之職員、受僱人或從業人員，因執行其職務或為私法人之利益為行為，致使私法人違反行政法上義務應受處罰者，私法人之董事或其他有代表權之人，如對該行政法上義務之違反，因故意或重大過失，未盡其防止義務時，除法律或自治條例另有規定外，應並受同一規定罰鍰之處罰。

依前二項並受同一規定處罰之罰鍰，不得逾新臺幣一百萬元。但其所得之利益逾新臺幣一百萬元者，得於其所得利益之範圍內裁處之。

◆ 釋義 ◆

§1501 　　⑴本條規定私法人董事或者其他有代表權的人的職務行為或為私法人利益行為，導致私法人違規受罰時，該等現實行為人的並受處罰要件、私法人的職員、受僱人或者是從業人員的職務行為或為私法人利益行為，導致私法人違規受罰時，私法人董事或者其他有代表權的人並受罰鍰的處罰的要件。

§1502 　　⑵本條第 1 項規定私法人董事或者其他有代表權的人的職務行為或為私法人利益的行為，導致私法人違規受罰時，該等現實行為人的並受處罰要件。本項規定的並受同一規定處罰的責任主體，是現實上從事違規行為的私法人的董事或者其他有代表該私法人的人，如公司的總經理、經理、執行業務代表公司的股東、財團法人的執行長。在行為的要件上，必須是執行他基於該等身分所擔負的義務。在客體上，必須是他的行為導致私法人違反行政法上義務，如漏報稅額、未依法

設置帳簿，而受到處罰，並且他對於他的行為會導致私法人受罰明明知道，還有意讓它發生（故意），或者是逞僥倖，或者連一般人都會注意到的，而他在法律上應該知道、事實上也會知道，而竟然忽略了，並沒有注意到（重大過失）！本項規定的例外，是法律或者是自治條例另外有不同的規定。不過值得注意的是，這裏規定的「除法律或自治條例另有規定」，到底是針對什麼？如果從法律語意和前後文的有意義性去解釋，應該是指如果法律或自治條例規定「過失」就要負責，甚至是「無過失」也要負責（少見），或者「故意」才要負責，那麼本條有關並受同一規定處罰的責任要件「故意或者重大過失」（其實就是重大過失就要負責），就要被「故意」、「過失」或「無過失」所取代了！另外，值得注意的地方是，條文雖然只提到「董事」，但是它當然包括「董事長」。

　　(3)本條第 2 項規定私法人的職員、受僱人或者是從業人員的職務行為或為私法人利益行為，導致私法人違規受罰時，私法人董事或者其他有代表權的人並受處罰的要件。本項前段和後段的意義和前項的前段與後段的規定，基本上是雷同的，但是中段的「私法人的董事或者是其他具有代表權的人，如果對於該行政法上義務的違反，因為故意或者重大過失，未盡到他依法應該負擔的防止義務時 ❶」，就需要加以闡釋。在法意上，這段指的是「私法人的董事或者是其他具有代表權的人，如總經理、經理等，如果對於該私法人所屬的職員、受僱人或者是從業人員的職務行為或為私法人利益行為，會構成行政法上義務的違反，而導致私法人違規受到處罰時，因為明明知道，還有意讓它發生，或者是逞僥倖，或者連一般人都會注意到的，而他在法律上應該知道、事實上也會知道，而竟然忽略了，並沒有注意到，以至於沒有盡到他依法應該負擔的防止義務的時候，除非法律或者是自治條例規定要故意才負責，或者有過失就要負責，甚至是無過失也要負責，否則，他就要和該私法人一樣，同受同一規定被處罰鍰。比較值得注意的是，本項規定中的「從業人員」，指的是什麼？關於這一點，它不僅是指「從事一定業務的人」，而且是從事該私法人業務範圍內業務的

§1503

人，但並不限於同時要受到該私法人的董事長或董事、其他有代表權的人，如總經理、經理等的指揮、監督的才算。因此，諸如勞工安全衛生法第 18 條規定的共同作業❷時的危險防止，就屬於這裏規定的情況❸。

§1504　(4)本條第 3 項規定私法人董事或者其他有代表權的人的職務行為或為私法人利益行為，導致私法人違規受罰時，該等現實行為人的並受處罰、私法人的職員、受僱人或者是從業人員的職務行為或為私法人利益行為，導致私法人違規受罰時，私法人董事或者其他有代表權的人並受處罰的最高額度和例外。本項前段規定並受同一規定處罰鍰的最高額度，以新臺幣 100 萬元為上限。但是如果所得利益超過該金額，可以在所得利益的範圍內裁處並受同一規定處罰鍰的具體金額。

§1505　(5)本條第 2 項的規定，相對於本法第 10 條的規定，只具有補充的效力。如果該等具有監督權的人，依法應防止，而不防止，法律即已規定不純正不作為的責任時，就不再有本條第 2 項的適用餘地❹。

◆ 運用 ◆

§1506　(1)本條第 1 項規定中的「為私法人的利益」，是指「職務」以外行為的情況。因為執行職務，通常都是為法人的利益而做的。又他的行為會導致該私法人受罰的情況，在現行法上，常常是採取處罰行為人，而併罰該法人，例如：銀行法第 127 條之 4 規定，法人的負責人、代理人、受僱人或者是其他職員,因為執行業務違反第 125 條至第 127 條之 2 規定之一的，除了依據各該條規定處罰它的行為負責人外，對於該法人也科以各該條的罰鍰或罰金。前項規定，對於外國銀行也準用❺。

§1507　(2)本條第 2 項規定中的「為私法人的利益」，是指「職務」以外行為的情況。因為執行職務，通常都是為法人的利益而做的。

§1508　(3)本條第 3 項規定的「所得利益」，只要可以評估它的金錢價值就可以，而不限於原先就屬於金錢的利益。

■ 註釋 ■

❶ 關於防止義務，請參看本法第 10 條的規定和前面對於第 10 條的解說。

❷ 關於共同作業的法律責任歸屬，請參見最高法院 85 年上易字第 448 號判決、93 年度判字第 902 號判決、臺中高等行政法院 91 年簡第 141 號判決。行政院勞工委員會㈥臺勞安字第 149229 號函：「要旨：勞工安全衛生法第十八條所稱『共同作業』疑義。全文內容：一、勞工安全衛生法第十八條所稱之共同作業，係指原事業單位、承攬人或再承攬人等僱用之勞工於同一期間、同一工作場所同樣實際參與作業，而其參與不限於勞力且應依事實認定。惟單純了解工作進度與監督者，尚非屬共同作業。二、該條文規定之精神，係在積極防止形成共同作業時，各相關事業單位間彼此之作業指揮及聯絡方式不一，易造成職業災害，故課原事業單位應採取第十八條第一項之必要措施。」

❸ 勞工安全衛生法第 18 條規定：「事業單位與承攬人、再承攬人分別僱用勞工共同作業時，為防止職業災害，原事業單位應採取左列必要措施：一　設置協議組織，並指定工作場所負責人，擔任指揮及協調之工作。二　工作之連繫與調整。三　工作場所之巡視。四　相關承攬事業間之安全衛生教育之指導及協助。五　其他為防止職業災害之必要事項。
事業單位分別交付二個以上承攬人共同作業而未參與共同作業時，應指定承攬人之一負前項原事業單位之責任。」同法第 32 條也規定：「有左列情形之一者，處一年以下有期徒刑、拘役或科或併科新臺幣九萬元以下罰金：一　違反第五條第一項或第八條第一項之規定，致發生第二十八條第二項第二款之職業災害。二　違反第十條第一項、第二十條第一項、第二十一條第一項、第二十二條第一項或第二十八條第二項、第四項之規定。三　違反主管機關或檢查機構依第二十七條所發停工之通知。
法人犯前項之罪者，除處罰其負責人外，對該法人亦科以前項之罰金。」

❹ 相同見解，請參見林錫堯，《行政罰法》，初版，頁 18，元照 (2005.6)。

❺ 類似的規定，還有信用合作社法第 40 條之 1、金融控股公司法第 65 條、金融資產證券化條例第 116 條、不動產證券化條例第 65 條、就業服務法第 63 條、第 64 條。

第 16 條

前條之規定,於設有代表人或管理人之非法人團體,或法人以外之其他私法組織,違反行政法上義務者,準用之。

◆ 釋義 ◆

§1601　(1)本條規定非法人團體、其他私法組織，設有代表人或者管理人併同處罰的準用。

§1602　(2)根據本條的規定,那麼當設有代表人或者管理人的非法人團體，或者是法人以外的其他私法組織，像合夥、合會等，如果他的代表人或者管理人的職務行為或者為了該非私人團體或者該法人以外的其他私法組織的利益所作的行為，導致該非私人團體或者該法人以外的其他私法組織違規受罰時，那麼該等現實行為的代表人或管理人要並受同一規定的處罰。其餘的說明，請參見上述對本法第 15 條第 1 項的說明。

§1603　(3)根據本條的規定,那麼當設有代表人或者管理人的非法人團體，或者是法人以外的其他私法組織，像合夥、合會等，如果他的職員、受僱人或者是從業人員的職務行為或為了該非私人團體或者該法人以外的其他私法組織的利益所作的行為，導致該非私人團體或者該法人以外的其他私法組織違規受罰時，那麼該等非法人團體或者其他非法人組織的代表人或管理人對於所屬的職員、受僱人或者是從業人員的職務行為或為該非法人團體或非法人的其他私法組織的利益所作的行為，會構成行政法上義務的違反，而導致該等非法人團體或者其他非法人組織違規受到處罰時，該等代表人或管理人明明知道，還有意讓它發生，或者是逞僥倖，或者連一般人都會注意到的，而他在法律上應該知道、事實上也會知道，而竟然忽略了，並沒有注意到，以至於沒有盡到他依法應該負擔的防止義務的時候，除非法律或者是自治條例規定要故意才負責，或者有過失就要負責，甚至是無過失也要負責，否則，他就要和該私法人一樣，並受同一規定被處罰鍰。其餘的說明，

請參見前面對本法第 15 條第 2 項的說明。

　(4)設有代表人或者管理人的非法人團體，或者是法人以外的其他 §1604
私法組織，如果他的代表人或者管理人準用本法第 15 條第 1 項或第 2
項規定，並受同一規定處罰鍰時，它的最高額度，為新臺幣 1,000,000
元。但是如果所得利益超過該金額，可以在所得利益的範圍內裁處並
受同一規定處罰鍰的具體金額。

◆ 運用 ◆

　(1)由於是屬於準用，所以必須注意在法的評價上屬於相當的。所 §1605
以運用本條的時候，除必須先了解前條（被準用的規定）以外，同時
還要確認擬準用規定（本條）在法律評價上，是不是彼此相容。

　(2)前條根據本項規定可以被準用的，包括各項，而第 1 項中的「董 §1606
事或代表權人」，就相當於非法人團體的代表人或管理人，至於非法人
團體所聘的職員、受僱人或從業人員，就相當於私法人的職員、受僱
人或從業人員。

第 17 條

中央或地方機關或其他公法組織違反行政法上義務者，依各該法律或自治條例規定處罰之。

◆ **釋義** ◆

§1701　　(1)本條規定中央或地方機關或其他公法組織違反行政法上義務處罰的準據法。

§1702　　(2)由於本條是放在「共同違法及併同處罰」規定這一章，本來應該像本法第 16 條那樣規定也準用第 15 條的規定才對，可是本條卻規定「中央或地方機關或其他公法組織違反行政法上義務的，依據各該法律或自治條例處罰」。本書認為這個規定不是搞錯了，就是有意排除「共同違法及併同處罰」也適用在中央或地方機關或其他公法組織違反行政法上義務的情況。可是依據本條的立法理由，只是要排除因為第 16 條準用第 15 條，會發生中央或地方機關或其他公法組織違反行政法上義務的，也可能會因此準用本法第 15 條的結果。可是如果真的是這樣，那在立法技術上，是值得再斟酌的！因為，這一條的規定，在文義上容易和本法第 3 條和第 4 條的規定，在涉及中央或地方機關或其他公法組織違反行政法上義務時的處罰準據重複！所以，如果要實現本條立法理由所要追求的目的，又可以避免在文義上可能的疑義或者矛盾，那麼應該改為「本法第 16 條規定的非法人團體，不包括中央或地方機關或其他公法組織。」因為涉及處罰的規定，除非有準用的明文，否則，基本上不可以被「類推適用」。至於如果其他法律或自治條例竟有併罰有關人員的特別規定，依據本法第 1 條後段但書，當然優先適用。

§1703　　(3)不過中央或地方機關或其他公法組織的首長或者其他有代表權者的責任，還包括了行政責任和政治責任，因此，不適宜再適用併罰的規定❶。

◆ 運用 ◆━━━━━━━━━━━━━━━━━━━━━━━━━━━━

　⑴本條在運用上，不可以只從文義上理解，否則，會發生和本法　§1704
第 3 條、第 4 條的規定重複，而達不到原先立法目的所要排除的「人
員併罰」目的。

　⑵如果依照本法第 17 條的立法理由之二，則真正要排除適用的，　§1705
應該是本法第 16 條，而不及於第 15 條。因為第 15 條的規定如果沒有
被明文準用，那也不會發生被「類推適用」的情況。所以立法理由二
所說的「前二條」，應該是「前條前段」的誤繕。至於前條後段的「或
法人以外的其他私法組織」，在概念上，當然不及於「其他公法組織」。
再說，第 16 條前段準用的明文是「非法人團體」，當然也就不及於「公
法人」。可是因本法第 16 條規定的是「設有代表人或者管理人的非法
人團體」，在概念上，可能包括「中央或地方機關或其他公法上組織」，
所以有必要明文排除，才能避免因為第 16 後條段的準用第 15 條，而
造成「中央或地方機關或其他公法上組織」違反行政法上義務的，也
會準用第 15 條的結果。

　⑶所以在立法技術的運用上，要排除「中央或地方機關或其他公　§1706
法上組織」被準用進去，最好的、不會被誤解的方法，就是把「中央
或地方機關或其他公法上組織」明文排除於「設有代表人或者管理人
的非法人團體」之外。

■ 註釋 ■

❶　請參見林錫堯，《行政罰法》，初版，頁 103，元照 (2005.6)。

第 **4** 章

裁處之審酌加減及擴張

釋義

F001

　　本章共六個條文，分別規定罰鍰裁處時應斟酌的因素、違規獲得的利益超過法定罰鍰最高限額時的情形，得以在獲利範圍內裁處、減輕處罰或同時有免除處罰時的裁處最高和最低的限制，並將法律和自治條例的特別規定，作為適用這個原則的例外、其他種類行政罰涉及期間的情況，裁處時有減輕處罰或同時有免除處罰時的裁處最高和最低的限制，並將法律和自治條例的特別規定，作為適用這個原則的例外和它的準用（第 18 條）、應受罰鍰處罰金額在 3,000 元以下，而情節輕微的，可以裁定免罰、裁定免罰的，可裁定改為糾正、勸導等（第 19 條）、為他人利益違規，致他人受罰，而自己獲利不受罰時的追繳、行為人違規受罰，而他人因而獲利不受罰時的追繳、追繳的方式（第 20 條）、沒入物所有權歸屬的限制和例外（第 21 條）、所有人因故意或重大過失，使他人利用所有物違規時的沒入、明知得被沒入的物，為規避被沒入而取得他人之物的所有權，該物仍得裁處沒入（第 22 條）、得沒入物得裁處沒入物的價額與沒入物及其價差的條件、得沒入物經裁處沒入後，妨害沒入處分的執行，可以追徵物的價額與減損價差的條件、追徵價額和減損價差的方法（第 23 條）。

違規的裁處，不僅要恰如其分，而且要力求能夠落實。本法第 18 條對於違反行政法規責任的裁處，規定了裁處機關應斟酌和得斟酌的因素，以及為防堵僥倖違規，擴大法定罰鍰的裁量空間；對於處罰規定有得減輕或免除規定時的裁量基準，也提供了基準，對於裁量又有相對限縮的作用，值得裁罰機關行使裁罰權時注意。第 19 條規定違規情節輕微的裁罰便宜處置，明定「法內情」的行使方式和界限，足為立法典範。第 20 條規定，對於協助違規者利得的追繳，可以彌補「行政違規幫助犯」沒有處罰規定時的漏洞。第 21 條～第 23 條的規定，對於落實沒入制度，具有強化的功能，也是值得讚賞的。

第18條

裁處罰鍰，應審酌違反行政法上義務行為應受責難程度、所生影響及因違反行政法上義務所得之利益，並得考量受處罰者之資力。

前項所得之利益超過法定罰鍰最高額者，得於所得利益之範圍內酌量加重，不受法定罰鍰最高額之限制。

依本法規定減輕處罰時，裁處之罰鍰不得逾法定罰鍰最高額之二分之一，亦不得低於法定罰鍰最低額之二分之一；同時有免除處罰之規定者，不得逾法定罰鍰最高額之三分之一，亦不得低於法定罰鍰最低額之三分之一。但法律或自治條例另有規定者，不在此限。

其他種類行政罰，其處罰定有期間者，準用前項之規定。

◆ 釋義 ◆

§1801　　(1)本條規定罰鍰裁處時應斟酌的因素、違規獲得的利益超過法定罰鍰最高限額時得以在獲利範圍內裁處、減輕處罰或同時有免除處罰時的裁處最高和最低的限制，並將法律和自治條例的特別規定，作為適用這個原則的例外、其他種類行政罰裁處時應斟酌的因素、有減輕處罰或同時有免除處罰時的裁處最高和最低的限制，並將法律和自治條例的特別規定，作為適用這個原則的例外等的準用。

§1802　　(2)本條第 1 項規定罰鍰裁處時應斟酌的因素，包括：違反行政法上義務的行為應該受到責難的程度（這一部分和當時社會普遍的價值觀或者是法的情感 (Rechtsgefühl) 是有關的）、所產生的影響（對社會的負面衝擊和對相關法益的侵害）以及行為人或者他的背後集團因為該違反行政法上義務的行為所獲得的利益，並且還可以考量受處罰者的資力。前面各個屬於應該考量的因素，而最後一個因素，只屬於可

斟酌，但未必一定要斟酌的因素。就最後這個因素，也就是受處罰者的資力，它的立法價值究竟是在於給受罰者懲罰，讓他不致再犯？或者是如果受罰者資力差時，就給予同情？還是考慮他是不是繳得出罰鍰？這一部分恐怕必須斟酌包括行政執行法在內的相關法規，才能論斷，甚至對於不同的受罰人，還真需要個別考量也不一定。

(3)本條第 2 項規定違規獲得的利益超過法定罰鍰最高限額時的，得以在獲利範圍內酌量加重處罰，不必受到罰鍰最高額的限制。這一制度和本法第 20 條第 1 項的規定，還真有異曲同工之妙啊！它們之間不同的地方，或許在於後者限於因為他人的利益而實施行為（例如為他人丟棄廢棄物、為他人違規泊車），而前者應該限於為自己的利益而為，否則，就會發生部分競合，這一點值得在解釋論上注意。 §1803

(4)本條第 3 項規定依本法減輕處罰時（本法第 9 條第 2 項、第 4 項、第 12 條、第 13 條）或同時有免除處罰時（本法第 12 條但書、第 13 條但書、第 19 條第 1 項）的裁處最高和最低的限制，並將法律和自治條例的特別規定，作為適用這個原則的例外。本項規定的最高限制為：依本法規定減輕處罰的時候，裁處的罰鍰金額，不可以超過法定罰鍰最高額的二分之一，同時有免除處罰的規定的，不可以超過法定罰鍰最高額的三分之一；最低的限制為：依本法規定減輕處罰的時候，不可以低於法定罰鍰最低額的二分之一；同時有免除處罰的規定的，不可以低於法定罰鍰最低額的三分之一。 §1804

(5)本條第 4 項規定其他種類行政罰定有期間的，例如限制或者禁止某種行為多少期間的行政罰，裁處的時候，有減輕處罰或者同時有免除處罰的時候的裁處最高和最低期間的限制，並且將法律和自治條例的特別規定，作為適用這個原則的例外和準用。這種準用的具體結果，應該是：依本法規定限制或者禁止某種行為多少期間的行政罰時，裁處限制或者禁止某種行為的期間不可以超過法定最長期間的二分之一，同時有免除處罰的規定的，不可以超過法定限制最長期間的三分之一；最低的限制為：依本法規定減輕處罰的時候，不可以低於法定最短期間的二分之一；同時有免除處罰的規定的，不可以低於法定最 §1805

短期間的三分之一。

◆ 運用 ◆───────────────────

§1806　　(1)適用本條第 1 項規定的時候，除了必須分別了解該違反行政法上義務行為「應受責難程度」、「所生影響」、「因違反行政法上義務所得的利益」、「受處罰者的資力」等 4 個衡量因素以外，還必須釐定這 4 個衡量因素的先後順序和比重。換句話說，前面 3 個屬於一定要審酌的因素，而最後 1 個，則屬於可考慮的因素，以避免違規成為資力雄厚的人的專利，造成有錢人拼命違規的現象！

§1807　　(2)本條第 2 項的規定，擴大了其他法規的裁量空間，而第 3 項則又限縮了其他法規的裁量空間。在適用上應該特別注意該適用的是第 2 項，還是第 3 項，而第 3 項分別規定了「減輕處罰」、「免除處罰」時的裁量界限。同時，如果行政機關沒有裁量權的，那就根本沒有本項規定的適用。

§1808　　(3)本條第 3 項的適用，前者，例如：原規定為「600 元以上，4,800 元以下」，則降為「300 元以上，2,400 元以下」範圍內裁處。後者，例如：原規定為「600 元以上，4,800 元以下」，則降為「200 元以上，1,600 元以下」範圍內裁處。如果原先屬於沒有裁量權的，則就該法定罰鍰額各降二分之一及三分之一，作為裁罰額。

§1809　　(4)本條第 3 項設有例外，就是其他法律或者是自治條例另外有規定的時候，就根據它的規定，而不是本項的規定了！

§1810　　(5)本條第 4 項所稱的其他種類行政罰，它的處罰定有期間的，準用第 3 項的規定，指的是本法第 2 條第 1 款和第 4 款中的講習和輔導教育。

第 **19** 條

違反行政法上義務應受法定最高額新臺幣三千元以下罰鍰之處罰，其情節輕微，認以不處罰為適當者，得免予處罰。

前項情形，得對違反行政法上義務者施以糾正或勸導，並作成紀錄，命其簽名。

◆ 釋義 ◆

(1)本條規定應受罰鍰處罰金額在 3,000 元以下，而情節輕微的，可以裁定免罰、裁定免罰的，可裁定改為糾正、勸導等。本條屬於「便宜主義」的規定類型。　§1901

(2)本條第 1 項規定應受罰鍰處罰金額在 3,000 元以下，而情節輕微的，可以裁定免罰。這是站在行政的「教育機能」來著眼，而不是只看在金錢的收入的，另一方面，低金額的處罰如果相對人拒絕自行繳納，那麼執行的成本恐怕也都要高於這個數字，兩相權衡一下，這種規定是比較聰明的，既贏了面子，也不會輸了裏子！　§1902

(3)本條第 2 項規定根據前項規定裁定免罰的，可裁定改為糾正、勸導等。這一項規定，也是輔助單純免罰可能帶來的負面後遺症，而能給違規者有所警惕。　§1903

◆ 運用 ◆

(1)適用本條第 1 項的時候，要注意罰鍰的法定最高額，不可以超過新臺幣 3,000 元，而且違規的情節的確很輕微，經過根據本法第 18 條第 1 項的斟酌以後，認為很難被責難、影響也很輕，同時也沒有因為違規而獲得什麼好處的，例如：老人家因為膀胱無力，附近又找不到廁所，才在路旁小解。　§1904

(2)適用本條第 2 項，必須是已經具備了第 1 項的條件，而且經過仔細斟酌以後，仍然有加以糾正或者是規勸的，才需要如此作。　§1905

(3)本條的適用還必須注意是沒有本法第 9 條、第 11 條～第 13 條　§1906

等規定適用的情況才可以。

§1907　　(4)根據本條第 2 項作成糾正或者是勸導，並作成紀錄，仍然屬於本法第 2 條第 4 款所稱的其他類似於「警告性處分」的不利處分。

為他人利益而實施行為，致使他人違反行政法上義務應受處罰者，該行為人因其行為受有財產上利益而未受處罰時，得於其所受財產上利益價值範圍內，酌予追繳。

行為人違反行政法上義務應受處罰，他人因該行為受有財產上利益而未受處罰時，得於其所受財產上利益價值範圍內，酌予追繳。

前二項追繳，由為裁處之主管機關以行政處分為之。

◆ 釋義 ◆

(1)本條規定為他人的利益而去違規，導致他人受罰，而自己卻獲得利益卻不受處罰時的追繳、以及行為人違規受罰，而他人卻因而獲利，且不受處罰時的追繳、和前二種情形辦理追繳的方式。 §2001

(2)本條第 1 項規定為他人的利益而違規，導致他人受罰，例如幫別人違規泊車、替主人超速開車以趕上約會，致車主被開單處罰，而自己因而獲得獎賞的利益，沒有受到處罰時，可以追繳他的利益，以懲罰逞僥倖。 §2002

(3)本條第 2 項規定行為人違規受到處罰，而他人因而獲得利益卻不受處罰時的利益追繳。例如：乘客為了趕搭飛機，而教唆計程車司機超速駕駛，導致計程車司機被自動測速器拍照受罰，而乘客獲得及時搭上飛機的利益。 §2003

(4)本條第 3 項規定追繳的方式為行政處分。這個規定純粹只是宣示性或者促進行政行為的明確性，以避免發生到底要用行政訴訟一般給付訴訟或者是處分去追徵的疑問而已。 §2004

◆ 運用 ◆

(1)適用本條的時候，除了必須注意是不是有本條第 1 項和第 2 項規定的要件以外，還要注意是不是會和本法第 15 條發生競合。如果發 §2005

生競合的時候，本法第 15 條規定的處罰，應該優先於本條的利益追繳。只有在沒有發生和本法第 15 條存在競合的時候，才進行本條的追繳處分。

§2006　　(2)本條第 1 項規定的「未受處罰」，並不包括因裁處權時效消滅或處罰要件以外的事由，而沒有裁處的情況❶。同時，行為人也不可以是本法第 15 條或者是第 17 條應並受處罰的人❷。

§2007　　(3)本條第 1 項和第 2 項的裁處，由裁處違規本案處罰的機關「另外」作成追繳的處分，而不是和主要的裁處書合併作成一份處分書。

§2008　　(4)本條規定的追繳標的，本質上並不是公法上不當得利，所以並沒有該制度有關法理的適用❸。

■ 註釋 ■

❶　請參見林錫堯，《行政罰法》，初版，頁 114，元照 (2005.6)。
❷　同上註。
❸　請參見林錫堯，《行政罰法》，初版，頁 117，元照 (2005.6)。

第21條

沒入之物，除本法或其他法律另有規定者外，以屬於受處罰者所有為限。

◆ 釋義 ◆

(1)本條規定沒入物所有權歸屬的限制和例外。　§2101

(2)本條規定行政罰方法中的沒入，除非本法（第22條）或其他法律另外有不同於本條的規定以外，原則上以被沒入物屬於受處罰者所有者為限。本條的規定，除了呼應同法第1條但書的規定以外，也在於保障所有權人的財產權，而避免「株連無辜」。這是法治國家應有的表現。　§2102

◆ 運用 ◆

(1)適用本條的時候，原則上可以被沒入的物，必須是屬於違反行政法上的義務，而被裁罰的人所擁有的。除非有本法第22條所規定的「擴大沒入物的主體」的情況或者其他法律另外也有類似的「擴大沒入物的主體」的規定，而存在該等規定的情況。　§2103

(2)上面所說的「其他法律另有規定者」中的「法律」，必須是立法院三讀通過，總統公布的形式意義上的法律，而不包括「法規命令」或「自治條例」。　§2104

(3)屬於其他法律，而規定可以沒入受裁罰者以外的第三人所擁有的物，例如臺灣地區與大陸地區人民關係條例第79條第6項規定❶。　§2105

(4)沒入的決定，也要符合比例原則，因此，如果有人用一輛賓士600SEL載一包家庭廢棄物隨意丟棄路旁，還是不能裁處沒入該車輛❷。　§2106

■ 註釋 ■

❶ 臺灣地區與大陸地區人民關係條例第79條規定：「違反第十五條第一款

規定者，處一年以上七年以下有期徒刑，得併科新臺幣一百萬元以下罰金。　意圖營利而犯前項之罪者，處三年以上十年以下有期徒刑，得併科新臺幣五百萬元以下罰金。　前二項之首謀者，處五年以上有期徒刑，得併科新臺幣一千萬元以下罰金。　前三項之未遂犯罰之。　中華民國船舶、航空器或其他運輸工具所有人、營運人或船長、機長、其他運輸工具駕駛人違反第十五條第一款規定者，主管機關得處該中華民國船舶、航空器或其他運輸工具一定期間之停航，或廢止其有關證照，並得停止或廢止該船長、機長或駕駛人之職業證照或資格。　中華民國船舶、航空器或其他運輸工具所有人，有第一項至第四項之行為或因其故意、重大過失致使第三人以其船舶、航空器或其他運輸工具從事第一項至第四項之行為，且該行為係以運送大陸地區人民非法進入臺灣地區為主要目的者，主管機關得沒入該船舶、航空器或其他運輸工具。所有人明知該船舶、航空器或其他運輸工具得沒入，為規避沒入之裁處而取得所有權者，亦同。　前項情形，如該船舶、航空器或其他運輸工具無相關主管機關得予沒入時，得由查獲機關沒入之。」

❷ 類似見解，請參見蔡震榮、鄭善印，《行政罰法逐條釋義》，一版一刷，頁 302 以下，新學林 (2006.1)。

第 **22** 條 不屬於受處罰者所有之物，因所有人之故意或重大過失，致使該物成為違反行政法上義務行為之工具者，仍得裁處沒入。
物之所有人明知該物得沒入，為規避沒入之裁處而取得所有權者，亦同。

◆ 釋義 ◆────────────────

(1)本條規定所有人因為故意或者是重大過失，使他人利用自己所 §2201
有的物去從事違反行政法上義務規定時的沒入、明知可以被沒入的物，
而為了規避被沒入而取得他人的物的所有權，該物仍然可以裁處沒入。

(2)本條第 1 項規定所有人因為故意或者重大過失，而使他人利用 §2202
自己所有的物去從事違反行政法上義務的規定時，為了處罰物之所有
人的助長違規，特別規定他所有，而供別人違規的物，也列入可以沒
入的範圍。

(3)本條第 2 項規定明知可以被沒入的物，為了規避被沒入而取得 §2203
他人的物的所有權，該物仍然可以裁處沒入，以徹底防止有僥倖心理
或者暗中幫助從事行政違規行為的。

(4)臺灣地區與大陸地區人民關係條例第 79 條第 6 項規定(內容參 §2204
見前條註釋❶)，在實質內容上，和本條規定一致。

(5)本條相對於其他法律，具有補充性。所以其他法律已有規定不 §2205
得擴大沒入時，本條就不能適用。

◆ 運用 ◆────────────────

(1)屬於本條第 1 項規定的情況，例如：明明知道別人來借卡車是 §2206
要去載運違規物品，而仍然出借，或者貪圖分得好處而出借（實際上
會變成出租）；又例如對於沒有駕駛執照的人前來借車，竟然沒問清楚
是不是他要開，就把車子出借，而導致違規。

(2)屬於本條第 2 項規定的情況，例如：明知道是仿冒名牌的產品， §2207

仍然加以購買；明知是盜錄的影片、光碟片或軟體，而仍然購買。

§2208 　　(3)適用第 2 項的時候，必須是物的現在所有人明明知道該物可以被沒入，而為了協助（附帶幫助也可以）要受到沒入處分的人規避被沒入，而用表面上合法的方法去取得所有權的情況。

得沒入之物，受處罰者或前條物之所有人於受裁處沒入前，予以處分、使用或以他法致不能裁處沒入者，得裁處沒入其物之價額；其致物之價值減損者，得裁處沒入其物及減損之差額。

得沒入之物，受處罰者或前條物之所有人於受裁處沒入後，予以處分、使用或以他法致不能執行沒入者，得追徵其物之價額；其致物之價值減損者，得另追徵其減損之差額。

前項追徵，由為裁處之主管機關以行政處分為之。

◆ 釋義 ◆

(1)本條規定得沒入物得裁處沒入物的價額與沒入物及其價差的條 §2301
件、得沒入物經裁處沒入後，妨害沒入處分的執行，也可以追徵物的
價額與減損價差的條件。

(2)本條第 1 項規定，得沒入物可以裁處沒入物的價額與沒入物及 §2302
其價差的條件，在於受處罰者或者前一條規定物的所有人在物受到裁
處沒入前，加以處分（例如送給不知情的善意第三人）、使用或者用其
他方法導致不能裁處沒入的（例如弄壞），可以裁處沒入其物的價額；
如果他導致物的價值有減損的，也可以裁處沒入他的物，以及物所減
損的差額。這種制度就可避免物主隨意破壞或處置被裁處要沒入的物。

(3)本條第 2 項規定得沒入物經裁處沒入以後，受處罰者或物的所 §2303
有人妨害沒入處分的執行時，可以追徵物的價額與減損價差的條件，
是受處罰者或者是前條規定的物的所有人在物受到裁處沒入以後，才
加以處分、使用或者是用其他的方法，導致該物不能執行沒入的，可
以裁處沒入物的價額，或者物的價值有減損的，除沒入物以外，還可
以另外加上物減損的差額。這種制度就可避免物主隨意減損被裁處要
沒入的物。

(4)本條第 3 項規定追徵價額和減損價差的方法，用行政處分，以 §2304

避免發生到底要用行政訴訟一般給付訴訟或者是處分去追徵的疑問。

§2305　　(5)值得注意的是，第 1 項規定情形是還沒有處分以前，所以規定用裁處（也是處分方式）來處理，而第 2 項規定的情況，則是已經裁處，但無法實現原處分的內容，所以必須另外再作一個追徵價額的處分，以實現追徵的目的。

◆ 運用 ◆

§2306　　(1)適用本條第 1 項的時候，要先注意物是不是依法可以被沒入，並且看它的歸屬主體是不是屬於本法第 21 條或第 22 條規定的範圍，然後再看是不是這些人在該物被裁處沒入以前，加以處分、使用或者是其他方法，而使它成為沒有辦法被沒入的情況。所以如果這種情形是其他的人幹的，那就沒有辦法適用本項的追徵沒入了！

§2307　　(2)適用本條第 2 項的時候，也要先注意物是不是依法可以被沒入，並且看它的歸屬主體是不是屬於本法第 21 條或第 22 條規定的範圍，然後再看該物是不是已經被裁處沒入，而那些人在該物被執行沒入以前，加以處分、使用或者是其他方法，而使它成為沒有辦法被執行沒入的情況。所以如果這種情形是其他的人幹的，那就沒有辦法適用本項的追徵沒入了！

§2308　　(3)本條第 1 項和第 2 項的裁處追徵沒入，由裁處違規本案處罰的機關作成追徵處分，但是如果是對本案的受裁罰者，則可以和本案的裁處書合併作成，但如果是對其他人，就必須「另外」作成追徵的處分，而不是和主要的裁處書合併作成一份處分書。

單一行為及數行為之處罰

▌釋義

G001 　　本章共三個條文，分別規定想像競合犯罰鍰的處罰基準、想像競合犯不同種類處罰的併罰和例外、拘留罰排除罰鍰原則（第 24 條）、數行為的分別科處原則（第 25 條）、刑事責任和行政責任想像競合時，刑事責任優先；限制或禁止行為、剝奪或消滅資格、權利、影響名譽或警告性處罰等其他種類行政罰和刑事罰想像競合時的另行處罰、刑事責任和行政責任想像競合犯，刑事責任不成立或未受罰時，行政責任的裁處（第 26 條）。

G002 　　行為的個數，有自然意義上的單一行為或多數行為，以及法律意義上的單一行為或多數行為。通常兩者固然會一致，但是當發生不一致的情況，原則上是以法律上的行為個數作為處罰的計算標準。法律上的行為個數，是從有關的法律所規定的「規範預定的行為」所形成的行為個數來評價❶，例如：應為而不為，算為一個違規的不作為，而不應為而為，當作一個違規的作為。但是如果基於立法政策和技術的需要，還是可以從時間（如每二小時、每日）、空間（每六公里、定著物的處所❷、違規的不同行政區域）、行為類別（如駕車蛇行、拆除消音器各別處罰❸、消極的違規行為和積極的違規行為分

別處罰❹）❺、行為者的意圖（如廣告或宣傳的對象獨立性，每一次的廣告對象是不一樣的）、相關行為的獨立性（如同時和六個非法勞工締結聘僱契約、同時賣煙酒給六個少年）、保護法益的異同（異者，可評價為數行為；同者，不可以評價為數行為，而僅屬於法規競合）等，決定法律意義上的違規行為個數❻。在我國行政罰法條文上使用「一行為」或「數行為」時，立法者似乎並沒有特別指明是那一種，而需要從前後文的語意學和法的體系論證去確定。例如：本法第 24 條第 1 項、第 3 項及第 26 條第 1 項的「一行為」，指的應該是「自然意義的一個行為」，而同法第 25 條的「數行為」，則應該是「法律意義上的數個行為」。不過，本法第 24 條第 1 項和第 25 條規定可能存在的齟齬，如何去化解，還需要從法理上去深入研酌，本書暫不深究。

G003

在我國的實證規定上，一個自然意義上的違規行為，可能因為法律的規定，而被評價為數個同種類的違規行為，例如：違規停車達六小時，而被評價為三個違規停車行為。但是一個自然意義上的違規行為，能否被評價為二個，甚至三個不同種類的違規行為，恐怕就要從法理和事理去衡量了！例如：深夜在公共巷弄燃放爆竹，而留下大量垃圾，應該算是屬於二個違規行為。因為產生噪音在前，而製造垃圾在後，何況如果妥為清理，並不會形成第二個違規行為。又例如：一個積極的違規行為（不應作為而作為），例如：未經變更商業登記，而從事原登記範圍外的營業（違反商業登記法第 8 條第 3 項），導致發生消極的違規行為（應作為而不作為），亦即應辦理變更登記而未辦理的違規？甚至造成其他種類的義務（積極作為義務），例如原使用建築類別的變更義務（建築法第 73 條第 2 項）？迤邐而下，又發生另一個不應為而為的積極違規行為（建築法第 91 條第 1 項第 1 款）？均必須從法律的規範目的和法益保護的完整性等去考量，才能作成有意義的判斷。

■ 註釋 ■

❶ 我國學者洪家殷氏提出認定行為個數，應以「內在意志決定」、「對外表

露行為」及「法規範評價」三者為判斷基準，而最後一者復為其主要因素。請參見氏撰，〈行政罰中一事不二罰原則之適用〉，《台灣本土法學雜誌》，第 58 期，頁 141。

❷ 如廢棄物清理法第 27 條的規定。

❸ 如道路交通管理處罰條例第 43 條。

❹ 請參看最高行政法院 93 年判字第 1309 號判決。

❺ 立法技術上，通常在同法律的不同法條，或者在同法條的不同款中規定。

❻ 詳可另參見李惠宗，《行政罰法之理論與案例》，初版，頁 100 以下，元照總經銷 (2005.6)。

第**24**條

一行為違反數個行政法上義務規定而應處罰鍰者，依法定罰鍰額最高之規定裁處。但裁處之額度，不得低於各該規定之罰鍰最低額。

前項違反行政法上義務行為，除應處罰鍰外，另有沒入或其他種類行政罰之處罰者，得依該規定併為裁處。但其處罰種類相同，如從一重處罰已足以達成行政目的者，不得重複裁處。

一行為違反社會秩序維護法及其他行政法上義務規定而應受處罰，如已裁處拘留者，不再受罰鍰之處罰。

◆ 釋義 ◆

⑴本條規定違反行政法上義務的行政「想像競合犯」罰鍰的處罰基準、「想像競合犯」不同種類處罰的併罰和例外、「拘留罰排除罰鍰原則」。本條規定，根據最原始參考草案，由行政院經濟建設委員會委託臺灣大學法律學研究所廖義男教授主持的《行政不法行為制裁規定之研究》(行政秩序罰法草案) 研究報告頁 233 以下所擬條文說明，屬於「單一行為的想像競合」，而不涉及「法條競合」的問題。「想像競合」(Idealkonkurrenz) 指的是，一個行政法上的行為，觸犯了數個違規名目，也就是一個行為實現了數個處罰的構成要件，導致有數個行政違規結果的發生 ❶。至於「法條競合」或者是「法律競合」(Gesetzeskonkurrenz)，則是指一個行政上違規行為的形式上，該當於數個行政處罰法規，可是實際上因為這一些法規的構成要件在內容上重複，所以應該只適用一個法條，而排除其他法條的適用 ❷。

⑵本條第 1 項規定違反行政法上義務的行政「同種類想像競合犯」(gleichartige Idealkonkurrenz) 罰鍰的處罰基準，是依法定罰鍰額最高的法律規定去裁處，可是如果裁處的規定容許裁量的，也就是屬於裁量條款的，那麼具體的裁處金額，最低也不可以低於各該有關規定的最

§2401

§2402

低額度。這種規定，也可以說是「雙重的從重處斷控制機制」。不過我國現行的法律，仍不乏有不同的規定的，例如道路交通管理處罰條例第 63 條第 2 項，就規定「已受吊扣或吊銷駕駛執照處分者，不予記點」，可以說是本項的「特別規定」。反之，社會秩序維護法第 24 條第 2 項規定：「一行為發生二以上之結果者，從一重處罰；其違反同條款之規定者，從重處罰」，則又屬於另外一種特別規定。

§2403　　(3)本條第 2 項規定違反行政法上義務的行政「異種類想像競合犯」(ungleichartige Idealkonkurrenz) 的併罰和例外。本項規定：「一個行為違反了數個行政法上的義務規定，而該違反行政法上義務的行為，除了應該被處罰鍰以外，如果另外還有沒入或者其他種類行政罰的處罰的，包括：限制或者禁止從事一定的行為、剝奪或者消滅被罰人的資格、權利、影響受罰人的名譽或者具有警告性的處罰，可以依據該規定一併裁處該等處罰。但是如果處罰種類相同的，而如果從一重處罰就已經足以達成行政的目的，就不可以重複裁處。」後段但書，基於合目的性原則和比例原則，設定了併罰原則的例外。不過，這裏所說的「從一重處罰」，並不包括沒入。因為，沒入只有一種，無所謂輕重的問題。

§2404　　(4)本條第 3 項規定違反行政法上義務的行政「想像競合犯」行為，如果是既屬於違反社會秩序維護法，同時也屬於其他行政罰法所規定，都要處罰的行為，則只要已經被裁處拘留了，那麼就不再裁處罰鍰，這也是「拘留罰排除罰鍰原則」。這一原則在立法技術上，是根據「重罰吸收輕罰的原則」及司法程序優先於行政程序而來。不過，這項規定，並不包括不繳罰鍰，而改科拘留的情形（社會秩序維護法第 20 條第 4 項、第 5 項）。此外，本項的規定患有明顯的漏洞，就是在「應受罰鍰」後，應加上「或拘留」三字，否則，將造成依法僅能處罰鍰，事實上卻處拘留的非法情形。

§2405　　(5)最後要附帶說明的是，行政罰法上的「一個行為」，包括自然的單一行為和法律的單一行為，在不同法條所採的並不一致，而且也不是要二者一致時，才能作為一個違規行為處罰的基準❸，在行政罰法

第 5 章　單一行為及數行為之處罰

上，其實是應從法律上的行為個數論罰，才是依法行政和依法審判，否則，只能說是鄉愿、姑息。法律的單一行為，包括：多次實現構成要件的行為，而在法律上被評價為單一狀態行為（例如在一個地方違規停車達二個小時）、連續的單一行為（例如連續超速達 100 公里）、連續的不作為狀態（例如長期間不攜帶行照而駕車）、持續的行為（例如連續製造噪音行為）❹。但是有些連續的狀態或者不作為，甚至是侵害法益的行為，如果不嚴厲處罰，將會造成法益的重大侵害，法律例外採取連續處罰❺、按日連續處罰❻、按次連續處罰❼、按次處罰❽等，也就是將自然的一行為，在法律上評價為數行為。例如：我國現行法有以一定的時間、空間、距離，來作為處罰的判斷基準的，如道路交通管理處罰條例第 85 條之 1 第 2 項就規定「該條例第 7 條之 2 的逕行舉發案件有左列情形之一的，可以連續舉發：一　逕行舉發汽車行車速度超過規定之最高速限或低於規定之最低速度或有第 33 條第 1 項、第 2 項規定的情形，它的違規地點相距六公里以上、違規時間相隔六分鐘以上或者行駛經過一個路口以上的。二　逕行舉發汽車有第 56 條第 1 項規定或第 57 條規定的情形，而駕駛人、汽車所有人、汽車買賣業、汽車修理業不在現場或者沒有能夠將車輛移置每超過二小時的。」可以說是為了避免發生究竟是一個違規行為，還是連續數個行為判斷發生困難所設的規定。本條第 1 項所稱的「一行為」，指的是「自然的單一行為」❾。

(6)本條和第 26 條的規定，都是基於「一行為不二罰」(ne bis in idem) 的原則所作的折衷，在政策上還考慮到除罪化 (Entkriminalisierung) 的思想和風潮在內❿。 §2406

◆ 運用 ◆

(1)屬於本條第 1 項的實例，例如在防制區內的道路兩旁附近燃燒物品，產生明顯的濃煙，足以妨礙行車的視線的，除了違反了空氣污染防制法第 31 條第 1 項第 1 款的規定，應該依同法第 60 條第 1 項處以罰鍰以外，同時也符合道路交通管理處罰條例第 82 條第 1 項第 2 款 §2407

或第 3 項應該科處罰鍰的規定。依本法第 24 條第 1 項規定，就僅能從一重處罰，換句話說，只能依法定罰鍰額較高的空氣污染防制法第 60 條第 1 項處罰。另外可以想像的例子，如於深夜時，在公共巷道燃放鞭炮（爆竹）後，留下大量的垃圾，也屬於一個（自然意義上的）行為，違反數個行政法上義務，亦即同時或緊接地違反噪音管制法和廢棄物清理法，甚至爆竹煙火管制條例或有關的自治條例。

§2408　　(2)如果一個行為，雖然只違反一項行政法上義務，但是如果不擴大它的實質處罰範圍，那麼處罰目的就會落空或者打折扣，那就會有「擴張處罰」的規定，例如：我國道路交通管理處罰條例第 68 條（吊扣吊銷駕照處分效力之擴大）規定，汽車駕駛人，因為違反本條例以及道路交通安全規則的規定，而受到吊扣或者吊銷駕駛執照的處分的時候，吊扣或者吊銷他所持有各級車類的駕駛執照。反過來，如果有多種原本要併罰的處罰，如果「重度處罰就可以達到目的」，那麼輕度處罰就可以免除或限縮，例如我國道路交通管理處罰條例第 63 條第 2 項就規定，依前項各條款，已經受到吊扣或者吊銷駕駛執照處分的，就不再予以記點。因為根據同條第 3 項的規定，汽車駕駛人在六個月以內，違規記點共達六點以上的，吊扣駕駛執照一個月；一年內經吊扣駕駛執照二次，再違反第 1 項各款所列條款之一的，就吊銷他駕駛執照。駕照既然已經被吊扣或吊銷，就不必再加記將來只是又吊銷駕照的記點，以免多此一舉或者過重處罰。

§2409　　(3)行為雖然屬於各自的行為，但是如果有「類似幫助」的情況，那麼本行為以外的提供方便行為，也要受到處罰，這屬於「責任主體的擴大」。例如我國道路交通管理處罰條例第 29 條之 1 規定：「裝載砂石、土方未依規定使用專用車輛或其專用車廂未合於規定或變更車廂者，處汽車所有人新臺幣四萬元以上八萬元以下罰鍰，並當場禁止通行。　前項專用車廂未合於規定或變更車廂者，並處車廂打造或改裝業者新臺幣四萬元以上八萬元以下罰鍰。」就屬於這一類。

§2410　　(4)最後，必須特別指出的是，本條第 1 項規定中的「數個行政法上義務規定」，是專指均只有處罰鍰的規定而言，而同條第 2 項規定的

第 5 章　單一行為及數行為之處罰

情形,則是指一行為違反數個行政法上義務的規定,該規定中的一個,甚至是二個,除了罰鍰以外,還有沒入或本法第 2 條所規定的其他種類行政罰的規定。至於所謂的「得依該規定併為裁處」,除了得不併為裁處以外,如果要併為裁處,除非沒入無所謂從一重以外,其他種類的行政罰,就可以從一重併罰,而且如果從一重併罰就可以達到處罰的目的,就不可以再重複裁處。反面解釋,如果仍然沒有辦法達到制裁的作用,那就仍然可以重複裁處了!

■ 註釋 ■

❶ 關於行政罰上想像競合的概念,可參考洪家殷,《行政秩序罰論》,初版,頁 124 以下,五南 (1998.2)。

❷ 關於行政罰上法律競合的概念,可參考洪家殷,《行政秩序罰論》,初版,頁 119,五南 (1998.2)。

❸ 我國最高行政法院 92 年度判字第 376 號判決,將違規行為的單一性,放寬為只要具備自然的單一行為或者法律的單一行為,即屬於單一行為,即使法律上屬於複數違規行為,還是不能併罰。此外,僅將建築法的違規行為從文義解釋,而忽略了科技功能上的解釋觀點,似乎都有待商榷。

❹ 詳細請參看洪家殷,《行政秩序罰論》,初版,頁 108 以下,五南 (1998.2);林錫堯,《行政罰法》,初版,頁 54 以下,元照 (2005.6)。

❺ 如建築法第 91 條、第 95 條之 1、第 95 條之 2、第 95 條之 3。

❻ 如空氣污染防制法第 51 條、第 54 條、第 56 條、第 58 條～第 60 條、第 62 條、第 64 條、第 70 條、第 71 條、第 82 條;水污染防治法第 43 條、第 46 條、第 48 條、第 49 條、第 52 條～第 54 條、第 56 條、第 57 條、第 73 條;海洋污染防治法第 42 條、第 43 條、第 47 條、第 49 條、第 50 條、第 53 條、第 54 條;噪音管制法第 15 條、第 20 條之 1;廢棄物清理法第 50 條、第 51 條～第 53 條、第 55 條、第 61 條。

❼ 如航業法第 57 條、第 59 條。

❽ 如水污染防治法第 45 條、第 47 條、第 50 條、第 63 條;海洋污染防治法第 45 條;噪音管制法第 16 條、第 19 條之 1、第 20 條之 1。

❾ 關於該等規定的合憲性,大法官釋字第 604 號解釋如下:「道路交通管理處罰條例係為加強道路交通管理,維護交通秩序,確保交通安全而制定。依中華民國八十六年一月二十二日增訂公布第八十五條之一規定,係對

於汽車駕駛人違反同條例第五十六條第一項各款而為違規停車之行為，得為連續認定及通知其違規事件之規定，乃立法者對於違規事實一直存在之行為，考量該違規事實之存在對公益或公共秩序確有影響，除使主管機關得以強制執行之方法及時除去該違規事實外，並得藉舉發其違規事實之次數，作為認定其違規行為之次數，從而對此多次違規行為得予以多次處罰，並不生一行為二罰之問題，故與法治國家一行為不二罰之原則，並無牴觸。

立法者固得以法律規定行政機關執法人員得以連續舉發及隨同多次處罰之遏阻作用以達成行政管制之目的，但仍須符合憲法第二十三條之比例原則及法律授權明確性原則。鑑於交通違規之動態與特性，則立法者欲藉連續舉發以警惕及遏阻違規行為人任由違規事實繼續存在者，得授權主管機關考量道路交通安全等相關因素，將連續舉發之條件及前後舉發之間隔及期間以命令為明確之規範。

道路交通管理處罰條例第八十五條之一得為連續舉發之規定，就連續舉發時應依何種標準為之，並無原則性規定。雖主管機關依道路交通管理處罰條例第九十二條之授權，於九十年五月三十日修正發布『違反道路交通管理事件統一裁罰標準及處理細則』，其第十二條第四項規定，以『每逾二小時』為連續舉發之標準，衡諸人民可能因而受處罰之次數及可能因此負擔累計罰鍰之金額，相對於維護交通秩序、確保交通安全之重大公益而言，尚未逾越必要之程度。惟有關連續舉發之授權，其目的與範圍仍以法律明定為宜。

道路交通管理處罰條例第五十六條第二項關於汽車駕駛人不在違規停放之車內時，執法人員得於舉發其違規後，使用民間拖吊車拖離違規停放之車輛，並收取移置費之規定，係立法者衡量各種維護交通秩序之相關因素後，合理賦予行政機關裁量之事項，不能因有此一規定而推論連續舉發並為處罰之規定，違反憲法上之比例原則。」

❿ 關於行政罰和刑罰間的關係，詳細可參考洪家殷，《行政秩序罰論》，初版，頁35～51，五南 (1998.2)。關於除罪化的部分，詳請參考李介民，〈現行法規之除罪化與犯罪化〉，收於廖義男主持，《行政不法行為制裁規定之研究》，頁165以下，行政院經濟建設委員會委託，行政院經濟建設委員會健全經設法規小組 (1990.5)。

第25條

數行為違反同一或不同行政法上義務之規定者，分別處罰之。

◆ 釋義 ◆

(1)本條規定數行為的分別科處的原則。　　　　　　　　　§2501

(2)數行為本來就要分別處罰，所以本條的規定並沒有任何新意。§2502
如果硬要說有特別用意或者意義的話，那本條原本應該是要針對「連續數行為」規定必須分別處罰，而排除類似 2005 年 2 月 2 日修正公布前的我國刑法第 50 條規定的「數罪併罰」、第 55 條「牽連犯」及第 56 條「連續犯以一罪論加重處罰」。

(3)在行政違規的數量判斷上最困難的，莫過於「連續行為」究竟§2503
是一個行為的「接續進行」，還是「數個行為接續進行」了！舉例來說，連續飆車十公里，到底是一個行為？還是數個行為？因而連續被拍到五十張超速照相，那該處罰幾個？（目前交通處罰是以拍照數計算，但是移動式照相不可以太過於集中一處。）再說，如果計畫從基隆開車到恆春，可是忘了帶行照或駕照，那到底是單一個消極不作為構成一個違規？還是多個消極不作為構成一個違規或是數個違規？這是實務上長年來的困擾。所以過去有些政府就乾脆規定，這種情形，一天內罰單不可開超過三張（如臺北縣單行規章）。

(4)值得注意的是，本條規定的「數個行為違反同一個或者不同一§2504
個行政法上義務的規定的」，並不限於處罰種類或違規名目要一樣，而是違反同一個或不同的數個行政處罰法規，這和我國修正前的刑法第 56 條規定的「連續犯以一罪論加重處罰」（修正後刪除），是以連續數行為而犯相同的一個罪名的，是不一樣的。本條的重點是在「數個行為」「違反同一個或者不同一個行政法上義務的規定」。當然在文義上，「數行為違反同一個行政法上義務的規定」，處罰的種類可能一樣，也有可能是不一樣的。至於「數個行為違反不同的行政法上義務的規定」，

那它的處罰規定，「數個行政處罰法規的處罰種類的規定」，有可能一樣，也有可能不一樣。如果探究本條規定在體系上的應有定位，那似乎就要限定為：不管「數違規行為」是觸犯同一個行政法上義務的法規，還是觸犯數個行政法上義務的法規，更不管前後兩種情形要被處罰的種類是一樣，還是不一樣，都要依據該當的規定，個別處罰該當的處罰種類，絕對沒有「從一重處罰的餘地」。

◆ 運用 ◆

§2505　(1)適用本條的時候，首先要注意違規的行為有幾個、到底是一個行為，還是數個行為。

§2506　(2)行政罰法上面的「數行為」，是指同一個行為人「多次」違反「同一個」行政法上義務的規定，或者是「多次」違反「數個」行政法上義務的規定的行為。

§2507　(3)適用本條的時候，要注意其他法規對於接續性、連續性的行為，究竟是當作一個行為，還是當作數個行為來處理，以及判斷的標準有沒有特別的規定。例如：道路交通管理處罰條例第 85 條之 1 規定：「汽車駕駛人、汽車所有人、汽車買賣業或汽車修理業違反第五十六條第一項或第五十七條規定，經舉發後，不遵守交通勤務警察或依法令執行交通稽查任務人員責令改正者，得連續舉發之。　第七條之二之逕行舉發案件有左列情形之一者，得連續舉發：一　逕行舉發汽車行車速度超過規定之最高速限或低於規定之最低速度或有第三十三條第一項、第二項之情形，其違規地點相距六公里以上、違規時間相隔六分鐘以上或行駛經過一個路口以上，但其違規地點在隧道內者，不在此限。二　逕行舉發汽車有第五十六條第一項或第五十七條規定之情形，而駕駛人、汽車所有人、汽車買賣業、汽車修理業不在場或未能將車輛移置每逾二小時。」其他法規有「按日連續處罰」❶或「按次連續處罰」❷* 的規定的，就屬於這類的特別規定。當然，這些處罰到底是行為罰，還是執行罰，必須要先釐清。

*按日連續處罰	例如毒品危害防制條例第 31 條第 3 項、殯葬管理條例第 56 條、社會工作師法第 42 條、第 47 條、共同管道法第 31 條、要塞堡壘地帶法第 14 條之 1、菸酒管理法第 57 條、銀行法第 136 條、金融控股公司法第 67 條、票券金融管理法第 71 條、補習及進修教育法第 24 條第 1 項、冷凍空調業管理條例第 19 條、鐵路法第 66 條第 2 項、第 67 條第 2 項、通訊保障及監察法第 31 條、大眾捷運法第 51 條第 2 項、第 51 條之 1 第 2 項、第 3 項、人體器官移植條例第 18 條之 1 第 2 項、緊急醫療救護法第 41 條第 4 項、心理師法第 31 條第 3 項、呼吸治療師法第 22 條、菸害防制法第 20 條、第 26 條、健康食品管理法第 25 條、肥料管理法第 27 條第 2 項、漁港法第 20 條、第 21 條、農業金融法第 56 條、勞工退休金條例第 53 條第 2 項、大量解僱勞工保護法第 17 條、空氣污染防制法第 51 條第 2 項、第 54 條、第 56 條第 2 項、第 58 條第 2 項、第 59 條第 1 項、第 60 條、第 62 條第 1 項、第 64 條、第 70 條、第 71 條第 2 項、噪音管制法第 15 條第 2 項、第 20 條之 1 第 2 項、水污染防治法第 40 條、第 43 條、第 46 條、第 48 條第 1 項、第 49 條、第 52 條～第 54 條、第 56 條、飲用水管理條例第 23 條第 1 項、第 2 項、第 24 條、第 24 條之 1、土壤及地下水整治法第 35 條第 1 項、第 2 項、第 36 條、海洋污染防治法第 42 條、第 43 條、第 47 條、第 49 條、第 50 條、第 53 條、第 54 條、廢棄物清理法第 50 條、第 51 條第 2 項、第 3 項、第 52 條、第 53 條第 1 項、第 55 條第 1 項、資源回收再利用法第 26 條第 1 項、環境影響評估法第 23 條第 1 項
按次連續處罰	例如毒品危害防制條例第 31 條第 4 項、自由貿易港區設置管理條例第 34 條第 2 項、第 36 條、第 37 條、第 41 條第 2 項、少年事件處理法第 84 條第 2 項、政治獻金法第 27 條第 1 項、公民投票法第 51 條第 3 項、總統副總統選舉罷免法第 95 條第 1 項、第 96 條第 4 項、兒童及少年福利法第 65 條第 3 項、兒童及少年性交易防制條例第 35 條第 2 項、老人福利法第 28 條第 1 項、身心障礙者保護法第 65 條之 1、第 66 條第 2 項、第 68 條、第 71 條第 1 項、性騷擾防治法第 22 條～第 24 條、社會救助法第 39 條第 2 項、合作社法第 73 條第 2 項、第 73 條之 1、第 74 條、第 74 條之 1、地政士法第 50 條、市區道路條例第 33 條第 2 項、新市鎮開發條例第 17 條第 1 項第 1 款、工程技術顧問公

司管理條例第 29 條第 1 項、第 30 條、第 32 條、營造業法
第 55 條第 2 項、第 58 條、建築師法第 43 條、第 43 條之
1、公寓大廈管理條例第 50 條、當鋪業法第 28 條、第 31
條、性侵害犯罪防治法第 13 條第 2 項、民防法第 24 條、
行政院金融監督管理委員會組織法第 5 條第 7 項、菸酒管
理法第 55 條第 1 項、第 2 項、第 56 條第 2 項、強制汽車
責任保險法第 48 條第 5 項、圖書館法第 18 條、石油管理
法第 41 條、第 46 條第 1 項、第 47 條第 1 項、第 51 條第
2 項、土石採取法第 38 條、工廠管理輔導法第 28 條、冷
凍空調業管理條例第 20 條第 2 項、加工出口區設置管理
條例第 23 條、光碟管理條例第 15 條第 2 項、第 18 條第 1
項、商品標示法第 14 條～第 17 條、電子遊戲場業管理條
例第 28 條～第 30 條、電子簽章法第 12 條、商品檢驗法第
62 條、第 63 條第 2 項～第 4 項、標準法第 16 條第 1 項、
度量衡法第 55 條、溫泉法第 22 條、第 23 條第 1 項、第 24
條～第 29 條、游離輻射防護法第 41 條～第 45 條、放射性
物料管理法第 36 條、第 39 條、第 42 條、核子反應器設施
管制法第 33 條、第 34 條第 1 項、第 36 條、第 38 條、核
子事故緊急應變法第 33 條第 2 項、第 34 條第 1 項、第 35
條第 1 項～第 3 項、第 36 條第 1 項、第 37 條～第 39 條、
公路法第 72 條第 1 項、郵政法第 40 條第 1 項、第 41 條～
第 43 條、簡易人壽保險法第 39 條、航業法第 57 條第 2
項、第 59 條第 2 項、飛航事故調查法第 28 條第 1 項、第
29 條、第 32 條第 1 項、氣象法第 22 條、第 23 條、第 24
條第 1 項、第 2 項、發展觀光條例第 54 條第 3 項、醫師法
第 27 條、醫療法第 102 條第 1 項、人體器官移植條例第 18
條之 1 第 1 項、醫事檢驗師法第 41 條、血液製劑條例第 16
條、藥事法第 95 條、第 96 條之 1、罕見疾病防治及藥物
法第 30 條、藥害救濟法第 22 條、第 23 條、食品衛生管理
法第 32 條第 1 項、第 2 項、第 4 項、健康食品管理法第 24
條第 1 項、第 2 項、第 4 項、助產人員法第 33 條、第 34 條
第 2 項、護理人員法第 38 條、農業科技園區設置管理條例
第 34 條第 1 項、肥料法第 29 條第 2 項、動物保護法第 31
條第 2 項、大量解僱勞工保護法第 19 條、海洋污染防治法
第 45 條第 2 項、廣播電視法第 44 條第 2 項、有線廣播電
視法第 65 條、第 67 條第 1 項、第 68 條第 1 項、第 70 條、
衛星廣播電視法第 37 條、第 38 條、第 40 條、臺灣地區與

■ 註釋 ■

❶ 另外，各自治條例還有相關的規定，這裏就不一一列舉。

❷ 另外，各自治條例還有相關的規定，這裏就不一一列舉。

第26條

一行為同時觸犯刑事法律及違反行政法上義務規定者，依刑事法律處罰之。但其行為應處以其他種類行政罰或得沒入之物而未經法院宣告沒收者，亦得裁處之。

前項行為如經不起訴處分或為無罪、免訴、不受理、不付審理之裁判確定者，得依違反行政法上義務規定裁處之。

◆ 釋義 ◆

§2601　　(1)本條規定刑事責任和行政責任想像競合時，刑事責任優先；限制或禁止行為、剝奪或消滅資格、權利、影響名譽或警告性處罰等「其他種類行政罰」和刑事罰「想像競合」時的另行處罰、刑事責任和行政責任想像競合犯，刑事責任不成立或未受罰時，行政責任的裁處。

§2602　　(2)本條第1項規定刑事責任和行政責任想像競合時，刑事責任優先，換句話說，只就刑事責任去追究。但是如果行政責任內容屬於「限制或者禁止從事一定的行為」、「剝奪或者消滅受罰人的資格、權利」、「影響受罰人的名譽」或者是「警告受罰人」的處罰、行政罰上可以被處沒入的物，在刑法上剛好可以被宣告「沒收」，而法院並沒有作沒收的宣告，那麼這些其他種類的行政罰和刑事罰想像競合的時候，仍然要被另行處罰。照這樣看來，行政罰和刑事罰關於「沒收」和「沒入」部分，其實只有備位的想像競合。也就是法院沒有處罰的，行政機關就可以處沒入。基本上，仍然屬於「刑事責任優先原則」的範圍。不過本項的規定，就存在有特別法的規定，例如：廢棄物清理法第64條就規定，依本法處罰鍰的案件，涉及刑事責任的，應該分別處罰。所以就不是只有處刑事罰了！

§2603　　(3)本條第2項規定刑事責任不成立或未受罰時，行政責任的裁處。這個規定是基於「刑事責任優先原則」和「行政責任補充原則」而來，在適用的條件上，是以行為的刑事責任因為受到檢察官不起訴處分，

或者經法院判決無罪、免訴、不受理或者是刑事訴訟法第 258 條之 3 第 2 項的「不交付審理」的裁判確定的，仍然可以依違反行政法上義務的規定，裁處該罰的種類。惟受到緩起訴處分者，是否也有本條第 2 項規定的適用，因為本項並無明文，致學者間意見不一❶。有學者認為，緩起訴處分與不起訴處分、免訴、不受理、不付審理的裁判等，均為不生刑法效果的處分，為避免價值失衡，應有本條第 2 項的適用❷。另有認為，緩起訴處分與不起訴處分，仍屬有異。在緩起訴處分的情形，檢察官得依刑事訴訟法第 253 條之 2 的規定，命被告於一定期間內遵守或履行一定的負擔，亦屬於刑事的處罰❸。反之，單純不起訴處分，則無類此的負擔。抑有進者，根據刑事訴訟法第 253 條之 3，緩起訴處分在一定條件下，檢察官尚得依職權或告訴人之聲請撤銷，與不起訴處分亦有不同。自本法施行以來，因酒駕而觸犯公共危險罪（刑法第 185 條之 3）者，依本法第 26 條須先移送檢察官偵辦❹，不少違規者僅受到檢察官緩起訴處分，導致得不依道路交通管理處罰條例第 35 條規定受罰，即得領回車輛，並免受罰鍰的責任，馴致影響交通違規處罰的成效。在民國 95 年 7 月 1 日道路交通管理處罰條例新修正施行後，緩起訴處分是否有本法第 26 條第 2 項的適用，即為眾所關注。為此，臺北市交通局乃呈請交通部解釋。交通部爰根據法務部 95 年 5 月 26 日法律字第 0950016029 號函,該部行政罰法諮詢小組第 1 次會議紀錄已有明確結論:「緩起訴者乃附帶條件的不起訴處分，亦即是不起訴的一種」，而於民國 95 年 7 月 17 日以交路字第 0950006986 號函轉示有關機關遵照辦理❺。

⑷不過諸如廢棄物清理法第 64 條規定，則採取罰鍰和刑事責任，分別處罰的制度，屬於本法的特別規定，就要優先適用。　§2604

◆ 運用 ◆───────────────────────────

⑴本條第 1 項適用時，要先確認違規行為的個數，是不是屬於一個。如果是數個，除了要適用前（第 25）條的規定以外，如果它又涉及本條第 1 項前段規定的情況，那就會發生刑事罰優先處理的結果。　§2605

但不管是前條規定的情況，還是本條第 1 項規定的 1 個行為的情況，如果它同時有應該處本法第 2 條所規定的任何一種「其他種類行政罰」或者是沒入的時候，那些處罰還是可以另外處罰的。不過要注意的是，其中的沒入，必須等到法院沒有宣告沒收的時候，才能裁處。

§2606　　(2)本條第 2 項規定的「得依違反行政法上義務規定裁處」，併同第 1 項的規定作「體系性解釋」，是指罰鍰和沒入而言。但如果主管機關還沒有行使第 1 項但書規定的權限，那麼就還包括其他種類的行政罰。

§2607　　(3)又社會秩序維護法第 38 條就特別規定：「違反本法之行為，涉嫌違反刑事法律或少年事件處理法者，應移送檢察官或少年法庭依刑事法律或少年事件處理法規定辦理。但其行為應處停止營業、勒令歇業、罰鍰或沒入之部分，仍依本法規定處罰。」就屬於本條第 1 項後段規定的情形。

§2608　　(4)在實務上值得注意的是，有些行政違規初犯的，只處行政罰，但是再犯的，就要處刑事罰了！可是因為只處刑事罰，而不是兼處行政罰，所以就沒有本條規定的適用。屬於這種規定的情況，可以參看就業服務法第 63 條的規定❻。

■ 註釋 ■

❶　另請參見本書旁碼 Q019 的說明及所引文獻。

❷　參見李惠宗，《行政罰法之理論與案例》，初版一刷，頁 127，元照 (2005.6)。

❸　參見蔡震榮、鄭善印，《行政罰法逐條釋義》，一版一刷，頁 383，新學林 (2006. 1)。

❹　關於行政罰法 95 年 2 月 5 日施行後，酒後駕車同時觸犯刑事法律者，是否同時依道路交通管理處罰條例第 35 條規定處罰罰鍰，交通部民國 95 年 6 月 28 日以交路字第 0950006493 號函釋示，關於本(95)年 2 月 5 日施行後，酒後駕車同時觸犯刑事法律者，是否同時依道路交通管理處罰條例第 35 條規定處罰罰鍰乙案，鑑於一行為不二罰及刑事優先原則，為行政罰法第 26 條所明定，且 94 年 12 月 28 日總統公布修正道路交通管理處罰條例部分條文案，其中第 10 條業已配合行政罰法第 26 條規定修正，基於符合比例原則、正當法律程序等憲法及行政法一般法律原則，本(95)

年 2 月 5 日行政罰法施行後但道路交通管理處罰條例新修正條文 7 月 1 日施行前，有關汽車駕駛人酒精濃度超過規定標準並同時移送依刑事法律論處之違反道路交通管理事件，仍有行政罰法第 26 條規定之適用。惟前揭該等違反道路交通管理事件，自本⒂年 7 月 1 日起新修正道路交通管理處罰條例部分條文施行後，應依新修正條文規定辦理。

❺ 有關新修正道路交通管理處罰條例部分條文與行政罰法間之法理及意見案，民國 95 年 7 月 17 日交通部交路字第 0950006986 號函，謂：「本案有關汽車駕駛人違反道路交通管理處罰條例（以下簡稱處罰條例）第 35 條規定，並同時觸犯刑法第 185 條之 3 規定，經檢察官依刑事訴訟法第 253 條之 1 緩起訴處分，得否就該違反行政法上義務行為再處以行政罰乙節，查法務部行政罰法諮詢小組第 1 次會議紀錄既已明確結論略以：『緩起訴者乃附帶條件的不起訴處分，亦即是不起訴的一種』在案，當依該部上開函釋結論及行政罰法第 26 條第 2 項規定辦理；至於如遇有來函檢附法院所為不同見解裁定之個案，處罰機關當可引據上開法務部函釋結論為抗告之處理。關於本⒂年 2 月 5 日行政罰法施行後及本年 7 月 1 日新修正處罰條例第 10 條修正條文施行前之期間，有關處罰條例第 10 條與行政罰法第 26 條適用疑義乙節，本部業以 95 年 6 月 28 日交路字第 0950006493 號函釋在案，請依上開函釋規定辦理。另有關所提『易科罰金』之情形，是否有新修正處罰條例第 35 條第 8 項規定之適用乙節，事涉刑法規定釋疑，本部另案洽徵法務部意見後，再行釋復。」

❻ 就業服務法第 63 條第 1 項規定：「違反第四十四條或第五十七條第一款、第二款規定者，處新臺幣十五萬元以上七十五萬元以下罰鍰。五年內再違反者，處三年以下有期徒刑、拘役或科或併科新臺幣一百二十萬元以下罰金。」

第 **6** 章

時　效

▌釋義

　　本章共二個條文，分別規定行政罰裁處權行使的期限、期限起算點（第 27 條）、行政罰裁處權開始期限的停止進行和回復進行後期限的計算方法（第 28 條）。

　　本法對於裁處權的消滅時效，和其他公法上時效制度，都同採絕對消滅的制度和停止進行或者開始，對於法秩序的早日歸於安定和行為人責任的早日塵埃落定，以及裁罰機關權力的合理行使，都具有相當的幫助。

　　時效消滅 (Prescription; Verjährung) 的制度，並不是僅以一定時間的經過作為判斷的標準，而是同時要顧及「應為一定行為者」，「在一定期間內」，「得為該一定內容的行為」，而「事實上不為該一定內容的行為」為完整的條件。這也是本法第 27 條和第 28 條規定的主要意義所在。

第27條

行政罰之裁處權，因三年期間之經過而消滅。

前項期間，自違反行政法上義務之行為終了時起算。但行為之結果發生在後者，自該結果發生時起算。

前條第二項之情形，第一項期間自不起訴處分或無罪、免訴、不受理、不付審理之裁判確定日起算。

行政罰之裁處因訴願、行政訴訟或其他救濟程序經撤銷而須另為裁處者，第一項期間自原裁處被撤銷確定之日起算。

◆ 釋義 ◆

(1)本條規定行政罰裁處權＊（不含執行權問題）行使的期限、期限 §2701
起算點。由於我國過去僅有少數行
政法規有裁處期限（消滅時效）的
規定，如社會秩序維護法第 31 條、
道路交通管理處罰條例第 90 條、
稅捐稽徵法第 49 條準用同法第
21 條等。因此，本條的規定可以解
決過去為行政制裁到底有沒有期
限或者時效消滅，而存在的爭議❶。

> ＊裁處權的性質，屬於「下命權」，因此，我國行政程序法第 131 條規定的「公法上請求權」並沒有辦法套用到類似行政罰的裁處事件上。

(2)本條第 1 項規定行政罰裁處權行使的期限，採取因三年期間的 §2702
經過而消滅。值得注意的是，在公法上，時效消滅的效果是絕對消滅，
而不像民法上請求權消滅時效，只發生債務人取得拒絕履行債務的「抗
辯權」(Verweigerungseinrederecht)。行政裁罰的效果，也屬於下命，而
不是請求。所以，沒有行政程序法第 131 條的適用❷。

(3)本條第 1 項規定，對於行政罰不分種類和法定的裁罰上下限，一 §2703
律採取相同的裁處權消滅時效，這一點和刑事罰的追訴權時效不同。這
雖可避免一行為可能要受到不同的行政罰種類，而裁處權時效在不同
時間點消滅的困難，但也可能導致刑事的處罰時效已經消滅，而行政罰

的時效還沒有消滅的情況。反過來，也不無可能存在行政罰的裁處權時效已經消滅，而刑事罰追訴權時效還沒有消滅的情況。這些情況，都有可能造成本法第 26 條和本條第 3 項規定適用上的複雜和糾葛。

§2704　　(4)本條第 2 項規定行政罰裁處權行使的期限起算點的基準，是採取「從違反行政法上義務的行為終了的時候開始計算。但是如果行為的結果發生在後的，則從該結果發生（不是結果消失）的時點開始計算。」本項規定雖然只是關於裁處權消滅期間的起算規定，但是跟本法第 4 條規定的行為是不是違法，要受罰，以及本法第 5 條規定的裁處法規變更基準時，也是有關的。試問：如果行為時不處罰，而行為終了時要處罰，那到底處不處罰？裁處權時效如何和從何時起開始計算？行為後法律或自治條例變更，還沒等結果發生就加以裁處，等到結果發生後，法律或自治條例變更了，那到底有沒有影響？本書認為，第一個問題的答案，應該是否定的。所以第二個問題也就可以不論了！就第三個問題來說，既然已經依照本法第 5 條規定裁處，就不必再論結果的發生的問題。因為第 5 條的規定是以行為作為準據，而不是結果。

§2705　　(5)本條第 3 項規定刑事責任不成立或未受罰時，行政責任的裁處期限起算基準點，是「從刑事責任因為受到檢察官不起訴處分，或者經法院判決無罪、免訴、不受理或者是刑事訴訟法第 258 條之 3 第 2 項的『不交付審理』的裁判確定的開始日期起算。」本項規定的用意，一方面在於配合本法第 26 條規定的「刑事罰優先於行政罰」的原則，另一方面，則在於避免因刑事程序的冗長，可能在刑事程序作成不處罰的決定時，行政罰的裁處權時效老早就已經消滅的情況發生。可是通常刑事的追訴權時效比較長，會不會發生行政裁罰權時效都過了，刑事追訴權還沒消滅，而才開始進行偵辦或審理的情況？如果根據本項規定，好像行政裁罰期限還沒有開始的矛盾情況？反過來，行政罰的進行裁處，有沒有停止刑事追訴時效的進行？這些都是法制上應該考慮的。本書認為，依據本法第 26 條及第 27 條第 2 項，甚至是第 32 條的規定，似乎認為應依「刑先行後」的原則，行政罰的裁處權時效尚未消滅，但是如果依據本法第 27 條第 1 項的立法目的，以及保障受

罰者的權益，甚至是本法第 28 條第 1 項規定，如果並沒有裁處權無法開始的情況，則似乎該管機關即不得再為裁處，而僅能將刑事部分依據本法第 32 條移送司法機關處理。再者，根據刑事訴訟法有關規定和本法第 28 條第 1 項的反面解釋，單純的行政罰裁罰程序的進行，似乎也沒有停止刑事罰追訴期限的進行的效力。至於本項應否將緩起訴期間屆滿，亦列為行政罰的裁處權時效起算點，則端視本法第 26 條第 2 項是否包含緩起訴處分而定（詳另參見本書旁碼 §2603）。

(6)本條第 4 項規定行政罰裁處權行使的期限，對於因為訴願、行 §2706
政訴訟或者是其他救濟程序經撤銷而必須另外重新裁處時的起算基準點，是從原裁處被撤銷確定的日期起算。這一個規定表面上很清楚，可是它存在二個重大的原則性問題，第一個是：行政罰的處分被撤銷後，原處分機關能不能不服，而向行政法院起訴❸？如果不可以，那麼在訴願之後，為什麼還要列上行政訴訟？我們或許可以說，是因為訴願駁回，經行政訴訟程序才撤銷裁罰處分的，所以要在訴願後列上行政訴訟。可是如果是這樣，那麼為什麼還要在「原裁處被撤銷」之後，加上「確定」二字呢？答案應該是原處分機關不服高等行政法院的裁判，而上訴於最高行政法院的緣故。第二個是：行政罰的處分，除了可以透過訴願和行政訴訟程序加以撤銷以外，還有那一種「其他救濟程序」可以利用？如果有，那會不會違反「行政處分的排他性管轄制度」？這些恐怕是本項規定時所沒有考慮到的吧！另外附帶一提的是，本項所稱的被撤銷，並不包括因已罹於時效消滅而被撤銷的情形。因為如果是這種情況，並不會發生必須另為裁處的情況。

(7)最後，應該注意的是，如果不屬於裁處權的，就沒有本條的適 §2707
用。所以，本法第 20 條規定的不當得利追繳，應無時效消滅的適用❹，但是本法第 22 條及第 23 條規定的擴大沒入和追徵沒入，屬於行政罰的裁處權範圍，應該有本條的適用❺。

◆ 運用 ◆

⑴本條規定的是違反行政罰法規的「裁處時效」，也就是可以處分 §2708

的期限，這和行政執行法第 7 條所規定的「執行時效」是不一樣的。所以，如果裁處已經過了法定的裁處時效，則縱使從處分確定之日起算，還沒有超過行政執行法第 7 條的規定，因為該處分根據行政程序法第 111 條第 7 款的規定，屬於無效，再根據同法第 110 條第 4 項規定，根本沒有效力（含執行力），所以不可以再據以強制執行。如果裁處時，雖然還在行政罰法第 27 條或者是其他法律規定的裁罰時效內，但是處分後卻一直沒有辦理強制執行，而已經超過行政執行法第 7 條的規定時效，那麼這屬於純粹的喪失執行力的問題，和裁處時效的問題無關。

§2709　(2)本條第 1 項規定的裁處權消滅時效，在適用時，除了要注意本法生效後，有沒有其他特別法有較短或者是較長的規定，還要注意本法生效以前是不是已經有法律加以規定了，例如：社會秩序維護法第 31 條第 1 項、道路交通管理處罰條例第 90 條、稅捐稽徵法第 21 條、第 23 條等，同時還要注意這些規定和本法第 45 條第 2 項規定之間的關係。

§2710　(3)本條第 2 項規定在適用上，除了要注意行為的終了時點和結果的發生時點以外，仍然要注意有沒有相關的特別規定，例如：社會秩序維護法第 31 條規定：「違反本法行為，逾二個月者，警察機關不得訊問、處罰，並不得移送法院。　前項期間，自違反本法行為成立之日起算。但其行為有連續或繼續之狀態者，自行為終了之日起算。」道路交通管理處罰條例第 90 條規定：「違反本條例之行為，自行為成立之日起；行為有連續或繼續之狀態者，自行為終了之日起，逾三個月不得舉發。但汽車肇事致人受傷或死亡案件，因肇事責任不明，已送鑑定者，其期間自鑑定終結之日起算。」

§2711　(4)在稅務的核課和徵收時效起算點，稅捐稽徵法第 22 條及第 23 條有特別的規定❻，在稅務的處理上，應特別注意。

§2712　(5)本條第 4 項規定中的「原裁處被撤銷確定」，要特別注意它是經由何種行政救濟程序而被撤銷，才能確定它應該在何時確定，而開始起算裁處權時效的開始計算。因為在行政處分和訴願的決定，何時發

生確定力或存續力，學理上存有「絕對性」和「相對性」的問題❼。

(6)本條第 4 項規定的適用，和本法第 5 條規定的裁處準據法規的 §2713
基準時，是沒有關係的，不可以混淆在一起。

■ 註釋 ■

❶ 關於這一方面的探討，可以參考洪家殷，《行政秩序罰論》，初版，頁 175
以下，五南 (1998.2)；王珍珠，〈淺說行政秩序罰上時之效力與時效〉，收
於廖義男主持，《行政不法行為制裁規定之研究》，頁 88，行政院經濟建
設委員會委託，國立臺灣大學法律研究所執行 (1990)；張國清，〈從稅捐
之核課期間與徵收期間談到罰鍰的送罰時效〉，《稅務》，第 953 期，頁 11
以下；弼臣，〈沒收、追徵、追繳時效的商榷〉，《法律世界》，第 17 卷，
頁 50 以下。

❷ 相同見解，請參見林錫堯，《行政罰法》，初版，頁 128，元照 (2005.6)。

❸ 關於這個問題的討論，請參見蔡志方，〈臺北高等行政法院 91 年訴字第
3174 號判決評析〉（《全國律師》，2005 年 6 月號）和〈論訴願相對機關
對違法訴願決定之救濟途徑〉，後篇收於蔡志方，《行政救濟與行政法學
㈤》，一版，頁 295 以下，正典 (2004.9)；劉建宏，〈地方自治團體之原處
分機關不服自治監督機關訴願決定時之行政救濟途徑〉，《國立中正大學
法學集刊》，第 10 期，頁 149～176 (2003.1)；陳愛娥，〈應否及如何對公
法人及行政機關開放行政救濟管道?〉，《月旦法學雜誌》，第 77 期，頁
24～36 以下。

❹ 相近的見解，請參見林錫堯，《行政罰法》，初版，頁 112, 115，元照
(2005.6)。

❺ 不過我國學者林錫堯氏前後說法則不盡一致，請參見氏著，《行政罰法》，
初版，頁 121, 127, 128，元照 (2005.6)。

❻ 稅捐稽徵法第 22 條規定：「前條第一項核課期間之起算，依左列規定：
一 依法應由納稅義務人申報繳納之稅捐，已在規定期間內申報者，自
申報日起算。二 依法應由納稅義務人申報繳納之稅捐，未在規定期間
內申報繳納者，自規定申報期間屆滿之翌日起算。三 印花稅自依法應
貼用印花稅票日起算。四 由稅捐稽徵機關按稅籍底冊或查得資料核定
徵收之稅捐，自該稅捐所屬徵期屆滿之翌日起算。」第 23 條規定：「稅捐
之徵收期間為五年，自繳納期間屆滿之翌日起算；應徵之稅捐未於徵收
期間徵起者，不得再行徵收。但於徵收期間屆滿前，已移送法院強制執

行，或已依強制執行法規定聲明參與分配，或已依破產法規定申報債權尚未結案者，不在此限。　應徵之稅捐，有第十條、第二十五條、第二十六條或第二十七條規定情事者，前項徵收期間，自各該變更繳納期間屆滿之翌日起算。　依第三十九條暫緩移送法院強制執行或其他法律規定停止稅捐之執行者，第一項徵收期間之計算，應扣除暫緩執行或停止執行之期間。」

❼ 有關的探討和介紹，請參看蔡志方，〈論行政處分存續力之相對性與絕對性〉和〈論訴願決定確定力之相對性〉，收入《行政救濟與行政法學㈤》，一版，頁 105 以下，267 以下，正典 (2004.9)。

第28條

裁處權時效，因天災、事變或依法律規定不能開始
或進行裁處時，停止其進行。
前項時效停止，自停止原因消滅之翌日起，與停止
前已經過之期間一併計算。

◆ 釋義 ◆

⑴本條規定行政罰裁處權開始期限的停止進行和回復進行後期限 §2801
的計算方法。

⑵本條第 1 項規定行政罰裁處權開始期限的停止進行，原因包括： §2802
天然災害（如地震、洪水、海嘯等）、事變（如暴動、戰爭），或者依
據法律的規定不能開始或者進行裁處（如刑事程序尚未終了確定）。應
該注意的是，不管是天災或是事變，都必須是足以導致裁處程序沒有
辦法進行才可以發生停止進行的效果。其次，本法和其他公法一樣，
對於處罰的裁處時效都採「停止的制度」，而不採「中斷的制度」。至
於所謂的「依據法律的規定不能開始或者進行裁處」，指的是違規人已
知悉、行為事實和必要證據等都已經齊備，可是因為法律規定的其他
原因，導致該管機關不能對於行為人進行裁處程序，才是這裏所規定
的情況。例如：有本法第 26 條第 1 項前段規定的情況，而依法沒有辦
法對行為人進行行政罰的裁處、依同條第 2 項規定，在有關的不起訴
處分、無罪判決、免訴判決、不受理的判決、不付審理的裁定確定以
前，依法沒有辦法對行為人進行行政罰的裁處等。

⑶本條第 2 項規定行政罰裁處權行使期限的回復進行後期限的計 §2803
算方法。本項規定，是指：「裁處權的時效，因為天災、事變或者是依
據法律的規定不能開始或者進行裁處時停止其進行，但是從停止的原
因消滅的隔天開始，要和停止前已經過的期間一併計算。」而不是重新
計算，這對會被處罰的人比較有利。

◆ 運用 ◆

§2804　(1)本條第 2 項規定的情況，和每一場比賽有一定時間限制的籃球賽類似，如果中間發生比賽暫停的情況，那麼在暫停的原因（如教練要求換球員或者對於裁判執法不公提出抗議）消失後，就要繼續比賽，而時間要前後合併計算。

§2805　(2)本條第 1 項規定的天災、事變和依法律規定不能開始或進行裁處的原因的存續期間，都沒有最長期間的限制，所以要注意的是它們究竟在什麼時候發生（停止時效進行的開始）和消滅（停止時效進行的結束或恢復進行的開始）。

§2806　(3)值得注意的是，本條第 1 項不僅規定行政罰裁處權期限的停止進行，而且包括不能開始進行裁處。因此，如果構成行政罰的原因行為，並沒有存在本條第 1 項規定的裁處權不能開始的原因，而已逾本法第 27 條或其他特別法規定的消滅時效時，那麼即使該違規行為同時構成刑事罰，而且尚未逾刑事罰的追訴時效，仍然要論以行政罰的裁罰權時效已經消滅。即使嗣後刑事罰進行追訴，並作成不處罰的決定，仍然不能再依本法第 27 條第 2 項規定，起算行政罰的裁處權（並請參見本書前面旁碼 §2705 的解說）。反過來，如果行政罰的裁處存在本條第 1 項規定的原因，而沒有辦法開始進行，除非同時也構成刑事罰的追訴時效，否則，即使刑事罰的追訴權已經超過刑法規定的時效，仍然不能因為本法第 26 條的規定，而認為行政罰的裁罰權已經因為時效經過而消滅。因為，本法第 26 條雖然確立刑事罰優先於行政罰，但是它的真正目的是在於一事不二罰，而不是刑事罰時效消滅，當然也構成行政罰裁罰權亦一併消滅的結果。

§2807　(4)根據上面的分析，本書認為本法第 26 條～第 28 條的規定，從體系上的正義解析，它的論證結果是：①行政罰和刑事罰的消滅，原則上各自進行，二者之中任何一個因時效經過而消滅，並不當然構成另一裁罰權消滅。具體來說，行政罰因為時效消滅，刑事罰如果還在時效內，依然可以進行追訴。反過來，刑事罰因為時效消滅，而行政罰如果還在時效內，依然可以進行裁處。②本法第 26 條第 1 項前段規定，在行政罰裁罰權依法尚在時效內（包括原本時效和因為本法第 28

條第 1 項規定，而事實上拉長的情況），而刑事罰的追訴權已經消滅的情況，則例外不適用「刑事罰優先於行政罰」的原則，否則，將徒然增加不必要的程序和延緩行政罰裁處權程序的早點進行。③本法第 26 條第 2 項規定，對於行政罰已經超過裁罰時效的情況，並不適用。④本法第 27 條第 3 項規定，必須限縮解釋，限於行政罰的裁處權還沒有罹於時效消滅的情況。⑤如果行政罰的裁處權，因為本法第 28 條第 1 項規定的原因，而不能開始或者進行裁處，它就不開始計算消滅時效或者在已經開始的情況，就停止計算時效，直到原因消滅後，才開始計算或恢復繼續計算。不過，構成行政罰裁處權不開始或不繼續時效的進行原因，如果同時構成刑事罰追訴權時效的不能開始或應停止進行，那麼仍然要各自適用它的恢復開始進行或者恢復計算。除非，兩者之間剛好互相存在依存的關係，例如：行政罰在裁處權時效內開始，但因涉及刑事罰要優先，因而移送司法機關處理，而如果因為刑事的追訴發生停止進行的原因，那麼行政罰的裁處，也會因為本法第 26 條第 1 項前段構成本法第 28 條第 1 項的「依法律不能開始」的情況，而同時發生停止時效的進行。⑥處理時效的問題，必須先確定行政罰的行為，是不是同時構成刑事罰，然後依據刑事罰的種類，確定它的追訴權時效消滅期間。

管轄機關

釋義

I001　　本章共四個條文，分別規定決定行政罰管轄機關的因素、在我國領域外的本國船艦和航空器內發生行政罰原因時，決定行政罰管轄機關的因素、在我國領域外的外國船艦和航空器內發生行政罰原因，而依法我國有管轄權時，決定行政罰管轄機關的因素、在我國領域外發生行政罰原因，依法我國有管轄權時，而無法依第 29 條第 1 項～第 3 項決定行政罰管轄機關時，補充的決定因素（第 29 條）、共同實施違反行政法上義務行為的管轄機關決定因素（第 30 條）、競合管轄時的裁處機關的決定基準、分別裁處時的管轄和重複裁處的限制、職務協助（第 31 條）、刑事責任和行政責任想像競合時，刑事案件的移送、司法機關在其決定確定後，應通知原移送的行政機關（第 32 條）。

I002　　管轄制度，具有釐清權責，避免有關機關卸責諉過或者一窩蜂搶功的情況發生。本法第 29 條及第 30 條儘量擴大有管轄權的機關範圍，而第 31 條則基於「單一管轄」原則，建立管轄競合時「積極管轄爭議」的解決機制與有關機關主動協助的制度，至於在申請案較容易發生的「消極權限爭議」，則因為行政罰裁處機制的特性，未加規範。不過，這種情況和本法第 27 條規定的時效消

滅會發生牽連關係，換句話說，如果有關的機關都推說沒有管轄權，那裁罰時效就很可能會消滅，而沒有辦法援用本法第 28 條規定停止開始進行了！

第29條

違反行政法上義務之行為，由行為地、結果地、行為人之住所、居所或營業所、事務所或公務所所在地之主管機關管轄。

在中華民國領域外之中華民國船艦或航空器內違反行政法上義務者，得由船艦本籍地、航空器出發地或行為後在中華民國領域內最初停泊地或降落地之主管機關管轄。

在中華民國領域外之外國船艦或航空器於依法得由中華民國行使管轄權之區域內違反行政法上義務者，得由行為後其船艦或航空器在中華民國領域內最初停泊地或降落地之主管機關管轄。

在中華民國領域外依法得由中華民國行使管轄權之區域內違反行政法上義務者，不能依前三項規定定其管轄機關時，得由行為人所在地之主管機關管轄。

◆ 釋義 ◆

§2901　　(1)本條規定決定行政罰管轄機關的因素、在我國領域外的本國船艦和航空器內發生行政罰原因時，決定行政罰管轄機關的因素、在我國領域外的外國船艦和航空器內發生行政罰原因，而依法我國有管轄權時，決定行政罰管轄機關的因素、在我國領域外發生行政罰原因，依法我國有管轄權，而無法依本條第 1 項～第 3 項決定管轄機關時，補充決定行政罰管轄機關的因素。

§2902　　(2)本條第 1 項規定決定行政罰管轄機關的因素，包括：行為地、結果地、行為人的住所（也就是戶籍登記地）、行為人的居所（也就是不是住所，而實際上居住、落腳的地方）、營業所（針對營業組織）、事務所（針對不是營業性的組織）、公務所（針對公務機關或者是組織）所在地的主管機關。所以本條是採取「土地管轄」來界定主管機關的，這和我國的行政程序法第 12 條的規定，是類似的，而將這七個決定管

轄機關的因素並列，而不分別它的先後優先順序，自然會發生「競合管轄」的問題，而導致為釐清管轄機關時，付出更多的行政成本。在「行政效能」(Verwaltungseffizienz) 的觀點上，並不是好的辦法。所以本書建議，可以將這些決定管轄機關的因素，排定一個優先順序，並且在諸如有二個以上的居所、營業所、事務所或公務所時，再以它的主從順序來排（關於這個，本法第 30 條規定，還是沒有處理到）。如果仍然沒辦法，才容許用競合管轄的機制來處理。

(3)本條第 1 項規定，相較於第 2 項～第 4 項規定，那麼這 7 種決 §2903
定管轄機關的因素，應該都是在本法第 6 條第 1 項規定的「在中華民國領域內」，而不及於該條第 2 項的「擬制本國領域」。本條第 1 項規定中的結果地，還要注意配合同法第 6 條第 3 項的規定，這特別是在網路違規的情況，具有跨越國界的特性，值得注意。

(4)另外，當管轄機關應處理而不處理的時候，其他法律有時則規 §2904
定由上一級機關裁處，例如廢棄物清理法第 63 條規定，本法所規定的行政罰，由執行機關處罰；執行機關應作為而不作為時，可以由上級主管機關為之。地方制度法第 76 條第 1 項也規定，直轄市、縣（市）、鄉（鎮、市）依法應作為而不作為，導致嚴重危害公益或者妨礙地方政務的正常運作，而它適於代行處理的，可以分別由行政院、中央各該主管機關、縣政府命其在一定期限內作為；逾時仍然不作為的，可以代行處理。但情況急迫的時候，可以直接代行處理。

(5)本條第 2 項規定在我國領域外的本國船艦和航空器內發生行政 §2905
罰原因時，決定行政罰管轄機關的因素。本項是針對所謂的我國「浮動領土」上發生行政罰原因事實時的管轄機關決定要素。根據本項規定，在中華民國領域外的中華民國船艦或航空器（指設籍在我國的，所有人不必是具有我國國籍的國民）內違反行政法上的義務的，可以由船艦的本籍地、航空器的出發地或者行為後在中華民國領域內最初（第一個）停泊地（海港或領海所屬行政區）或降落地（機場或迫降地所屬行政區）的主管機關管轄。值得注意的是，這種管轄本項僅規定「得由」，也就是具裁量性的管轄，和本條第 1 項的規定屬於「強制

性管轄」，是不同的。這就會發生這些可能管轄的機關，能不能裁量不為管轄？如果如此，那此時的管轄是不是又要回到第 1 項的規定？由於本條第 1 項規定的管轄，屬於「基本管轄」或「主要管轄」，而本條第 2 項、第 3 項的管轄，則屬於「補充性管轄」。所以答案應該是肯定的。

§2906　(6)本條第 3 項規定在我國領域外的外國船艦和航空器內發生行政罰原因，而依法我國有管轄權時，決定行政罰管轄機關的因素。本項是針對在中華民國領域（固有領域或固定領域）外的外國船艦或者是航空器，在依法（通常是根據國際法、中華民國專屬經濟海域及大陸礁層法、本法第 6 條第 2 項後段、第 3 項、海洋污染防治法等），得由中華民國行使管轄權的區域內違反行政法上的義務的，可以由行為後該船艦在中華民國領域內最初（第一個）停泊地（海港或領海所屬行政區），或者航空器降落地（機場或迫降地所屬行政區）的主管機關管轄。

§2907　(7)值得注意的是，本條第 3 項規定的管轄，僅規定「得由」，也就是具裁量性的管轄，和本條第 1 項的規定屬於「強制性管轄」，是不同的。這就會發生這些可能管轄的機關，能不能裁量不為管轄？如果如此，那此時的管轄是不是又要回到第 1 項的規定？甚至在無法適用第 1 項時，發生無管轄機關的情況？此時，是不是應用「裁量收縮到零」的原則，強制有關的機關管轄？就值得積極考慮。

§2908　(8)本條第 4 項規定在我國領域外發生行政罰原因，依法我國有管轄權，而不能依照本條「前三項」（也就是第 1 項～第 3 項）決定管轄機關的時候，補充決定行政罰管轄機關的因素。所謂「依法我國有管轄權」，是指依據國際法或者是本法第 6 條第 2 項後段、第 3 項、中華民國專屬經濟海域及大陸礁層法、海洋污染防治法等的規定，我國享有管轄權。根據本項規定，在中華民國領域外依法可以由中華民國行使管轄權的區域內違反行政法上的義務，而不能依據前三項的規定來決定它的管轄機關的時候，可以由行為人所在地的主管機關管轄。所謂的「行為人所在地」的可能情況，如果是在國外，則行為人所在地

的主管機關應該是本國駐外的領、使館、辦事處，或者是行為人目前在我國領域內的地點。

(9)必須附帶說明的是，本法的立法總說明十五和本條第 1 項的要旨，標為「共同管轄」，顯然誤解了「共同管轄」的意義，而和「競合管轄」相混淆了。 §2909

◆ 運用 ◆

(1)適用本條第 1 項規定的時候，應注意行為地、結果地、行為人的住所地、居所地、營業所所在地、事務所所在地、公務所所在地，必須都位於我國領域內或可以行使主權的範圍內，才有主管機關的存在。 §2910

(2)適用本條第 2 項規定時，我國領域外的我國船艦內發生的違規行為，該船艦本籍地和行為後第一次停泊在我國領域的所在主管機關有管轄權，而在我國航空器內違規的行為，則以出發地（必須是本法第 6 條第 1 項所規定的我國領域)和行為後第一次降落在我國領域(也必須是本法第 6 條第 1 項所規定的我國領域）的所在主管機關有管轄權，才能行使管轄權。 §2911

(3)本條第 3 項所指的「在中華民國領域外依法得由中華民國行使管轄權之區域內」,是專指例如：中華民國專屬經濟海域及大陸礁層法、海洋污染防治法效力所及的區域和駐外領使館（後者可能性不高）。 §2912

(4)本條第 3 項規定的適用條件，是外國船艦或航空器，在本法第 6 條第 1 項規定的我國領域外，而依法我國可以行使管轄權的區域（專指中華民國專屬經濟海域及大陸礁層法、海洋污染防治法效力所及的區域或者在其上設置的人工島嶼、鑽油平臺等海洋設施和駐外領使館（後者可能性不高)）內違反我國的行政法上義務，而該等船艦或航空器在本法第 6 條第 1 項規定的我國領域，分別作第一次停泊或降落的地方的我國行政機關管轄。 §2913

(5)屬於本條第 4 項規定的情況，例如在我國駐外領、使館違反行政罰規定的行為，就由違規行為人違規時所在的我國駐外領、使館管轄。 §2914

第30條

故意共同實施違反行政法上義務之行為,其行為地、行為人之住所、居所或營業所、事務所或公務所所在地不在同一管轄區內者,各該行為地、住所、居所或所在地之主管機關均有管轄權。

◆ **釋義** ◆

§3001　　(1)本條規定共同實施違反行政法上義務行為的管轄機關決定因素。

§3002　　(2)本條關於「共同實施違反行政法上義務行為」,和本法第14條第1項規定的責任要件,都是要「故意共同實施」(注意! 法律文字雖然是使用「故意共同實施」,而不是「共同故意實施」,但意義是一樣的! 因為過失行為很難「故意共同」為之,也就是在行政罰法上沒有「共同過失實施」的行為。因為,這樣的行為,充其量,只能說是「同時犯」的態樣!)。

§3003　　(3)根據本條的規定,那麼如果故意共同實施違反行政法上義務的行為,它的行為地、行為人的住所、居所或者營業所、事務所或者公務所所在地不在同一個管轄區內的,各該行為地、住所、居所或者所在地的主管機關都有管轄權。所以並沒有採取像本書前面在第29條的解說所建議的那樣,將這七個決定管轄機關的因素排優先順序,而是用「競合管轄」的方法來處理❶。對於諸如有二個以上的居所(就像狡兔三窟一樣)、營業所(有主營業所和次營業所或分營業所)、事務所(有主事務所和次事務所或分事務所)或公務所(有主公務所和分公務所)的時候,也沒有再以它的主從順序來排,這就會造成更多的競合管轄情況。

◆ **運用** ◆

§3004　　(1)故意共同實施違反行政法上義務的行為,必然在一個地方(但可能橫跨了二個,甚至是三個行政區域),但是行為人的住所、居所、

第7章　管轄機關

營業所或公務所的所在地，就不一定都會在同一個管轄區域裏邊。所以，本條就規定各有關的行為地、行為人的住所、居所或營業所或公務所的所在地的主管機關，都有管轄權。

(2)本條這樣的規定，固然會避免沒有機關願意管轄的窘境，但是卻會帶來大家都可以管，甚至是都想管，卻不能共同管的結果。所以，必須再靠本法第 31 條關於「競合管轄」的制度去解決。 §3005

(3)本法的法務部編印的版本，雖然將本條定位為「共同管轄」，其實是對「共同管轄」制度的誤解或忽略。這從本法的重要參與起草者法務部前常務次長林錫堯博士的大著，就不難獲得印證❷。 §3006

(4)值得注意的是，本條不同於第 29 條第 1 項的規定，結果地的主管機關被排除在管轄機關的範圍之外。 §3007

■ 註釋 ■

❶ 本條的立法理由標為「共同管轄」，應該是錯誤的。即使曾負責本法起草重任的法務部前常務次長林錫堯教授，都認為本條是競合管轄的規定。請參見氏著，《行政罰法》，初版，頁 132～134，元照總經銷 (2005.6)。另外，關於「競合管轄」的處理方法，請參看本法第 31 條的規定和本書就該條的解說。

❷ 同上註。

第31條

一行為違反同一行政法上義務，數機關均有管轄權者，由處理在先之機關管轄。不能分別處理之先後者，由各該機關協議定之；不能協議或有統一管轄之必要者，由其共同上級機關指定之。

一行為違反數個行政法上義務而應處罰鍰，數機關均有管轄權者，由法定罰鍰額最高之主管機關管轄。法定罰鍰額相同者，依前項規定定其管轄。

一行為違反數個行政法上義務，應受沒入或其他種類行政罰者，由各該主管機關分別裁處。但其處罰種類相同者，如從一重處罰已足以達成行政目的者，不得重複裁處。

第一項及第二項情形，原有管轄權之其他機關於必要之情形時，應為必要之職務行為，並將有關資料移送為裁處之機關；為裁處之機關應於調查終結前，通知原有管轄權之其他機關。

◆ 釋義 ◆

§3101　　(1)本條規定競合管轄時的裁處機關的決定基準、分別裁處時的管轄和重複裁處的限制、職務協助。本條第 1 項和第 4 項規定，在立法體例和內容上，和我國行政程序法第 13 條的規定雷同。但是前者指「處理」，後者指「受理」，意義不盡相同（詳見下面(2)的說明）。

§3102　　(2)本條第 1 項規定一行為違反同一行政法上義務的競合管轄機關的決定基準。因為適用同一法規，沒有辦法適用本法第 24 條第 1 項，也就沒辦法分應處理的先後，所以是由處理在先的機關管轄。不能分別處理的先後的，就由各該機關協議決定；不能進行或者達成協議的，或者有統一管轄的必要的，就由它們的共同上級機關來指定管轄的機關。值得注意的是，本項規定使用「處理」的字樣，而和我國行政程序法第 13 條使用的「受理」不同。在行政法上，使用「受理」字眼的，

通常是針對「申請案」，也就是「請求乃論」的行政事件，而使用「處理」字眼的，則包括「申請案的處理」和「依職權主動辦理的處理」。不過，在行政罰的程序上，只有「依職權處理」和「受理檢舉」或「受理舉發」之後，根據職權辦理的情況。所以本項規定的「處理」，就包括：「依職權主動處理」和「受理檢舉」或「受理舉發」後的依職權處理。

(3)本條第 2 項規定行政法上想像競合犯的競合管轄，涉及罰鍰時，管轄機關的決定基準。根據本項規定，那麼一個行為違反了數個行政法上的義務，而應該被處「罰鍰」的，而數個機關都有管轄權的時候，就由法定罰鍰額最高的主管機關管轄。法定罰鍰額相同的，就依本條第 1 項的規定來決定它的管轄機關。所以本項前段的規定，和本法第 24 條第 1 項前段的規定，是必須前後呼應，前後一貫的。 §3103

(4)本條第 3 項規定分別裁處時的管轄和重複裁處的限制。根據本項的規定，一個行為違反數個行政法上的義務，應該受到沒入或者其他種類行政罰的（關於其他種類的行政處罰，請參看本法第 2 條的規定），就由各該主管機關分別裁處。但是如果它的處罰種類是相同的，而從一重處罰就已經足以達成行政目的，就不可以重複裁處（這個規定和本法第 24 條第 2 項規定，部分是重複的規定，實在是可以刪除）。由本項的規定，可以知道行政罰的事件，碰到應該處罰鍰以外的處罰的情況，既然採分別裁處，那本來就不屬於真正的「競合管轄」情況，所以也不可以說是「競合管轄的例外」，而頂多只具有澄清「非真正競合」情況的正確處理方法而已。 §3104

(5)本條第 4 項規定職務協助。根據本項規定，本條第 1 項和第 2 項規定的情形，原來有管轄權的其他機關在必要的情形時，應該作必要的職務行為，並且將有關的資料移送給將作裁處的機關；而作裁處的機關應該在調查終結以前，通知原有管轄權的其他機關。這種職務協助，屬於「法定的職務協助」，與我國行政程序法第 13 條第 2 項規定的職務行為類似，而和同法第 19 條規定的「請求協助」，是不一樣的。再說，本項後段的規範目的，是在於防止各自進行處理，而可能 §3105

發生數機關對於同一違規行為作成違反「一行為不二罰的原則」，同時也在於謀求盡可能獲得全部有關的資料，以促進行政目的的達成，並有助於裁處的合法、妥當。

§3106　(6)必須附帶說明的是，本法雖然規定「競合管轄」的處理方法，但是對於不同機關間發生「權限爭議」時究竟要如何處理，並沒有規定。這時就要適用我國行政程序法第 14 條的規定來解決了！而且本法對於行政罰的管轄，似乎也「有意」排除「共同管轄」的制度❶。

◆ 運用 ◆

§3107　(1)本條第 1 項適用的前提，是一個行為違反同一個行政法上的義務，數個機關依法都有管轄權，而不管是不是有多個法規加以規範，也不管應受處罰的種類是不是一樣，既然各該機關都有管轄權，那就看誰「處理」（非受理）在先的，就由它去處理。但是如果沒辦法分別先後，就由已經進行處理，卻沒辦法分別處理時間誰先誰後的有關機關去協議，透過管轄行政契約去解決重複管轄可能發生的重複決定和決定不一致的問題。

§3108　(2)本條第 1 項的規定，基本上是和本法第 29 條第 1 項的規定相聯結的。

§3109　(3)本條第 2 項的規定，在適用上，則必須和本法第 24 條第 1 項規定相聯結，才符合體系的正義。

§3110　(4)本條第 1 項和第 2 項，固然對於競合管轄的管轄權歸屬有所規定，但是如果有關的機關有所違反時，例如：處理在後或者是法定罰鍰額較低的主管機關先作出裁處，而處理在先或者法定罰鍰額較高的主管機關，反而較後又作出裁處。那麼受罰人如果提出救濟，則處理在後，或者法定罰鍰額較低，卻決定在先的機關，應該撤銷自己作成的裁罰，該裁罰機關或它的上級機關，也可以依行政程序法第 117 條規定，本於職權自行撤銷裁處的決定。

§3111　(5)本條第 3 項的規定，在適用上，則必須和本法第 24 條第 2 項規定相聯結，才符合體系的正義。

⑹本條第 4 項的規定，課予原來依本條第 1 項和第 2 項享有管轄　§3112
權的機關，依法應作必要的職務行為，在喪失裁處權之後，將有關資
料移送給進行裁處的機關，以方便該裁處機關進行裁處，而不需要再
依行政程序法第 19 條規定請求協助。至於實際上進行裁處的機關在調
查終結前，也應該通知原先享有管轄權的其他機關，俾其他機關作必
要協助和正式終結有關的程序。

■ 註釋 ■

❶　關於行政法上「共同管轄」制度的探討，詳細請參看蔡志方，〈論共同管
　　轄〉和〈論共同行政處分〉，分別刊載於《萬國法律》，第 132 期，頁
　　84～98 (2003.12)；《萬國法律》，第 135 期，頁 78～97 (2004.6)。

第32條

一行為同時觸犯刑事法律及違反行政法上義務規定者，應將涉及刑事部分移送該管司法機關。

前項移送案件，司法機關就刑事案件為不起訴處分或為無罪、免訴、不受理、不付審理之裁判確定者，應通知原移送之行政機關。

◆ 釋義 ◆

§3201　(1)本條規定刑事責任和行政責任想像競合時，刑事案件的移送、司法機關在其決定不罰確定後，應通知原移送的行政機關。

§3202　(2)本條第 1 項規定，刑事責任和行政責任想像競合時，刑事案件的移送。根據本項規定，一個行為同時觸犯了刑事法律，以及違反行政法上義務規定的，應該將涉及刑事的部分移送該管司法機關。這個規定和本法第 26 條第 1 項前段規定，具有前後呼應的關係。如果對於是否構成刑事責任有疑義，為避免違法裁處仍宜先移送司法機關處理❶。

§3203　(3)本條第 2 項規定，刑事責任和行政責任想像競合時，司法機關在它的決定確定後，應該通知原來移送的行政機關。根據本項規定，依據前項規定移送的案件，司法機關就刑事案件作不起訴處分或者作無罪、免訴、不受理、不交付審理的裁判確定後，應該通知原來移送的行政機關。本項規定的目的，在於讓原來移送的機關，能夠依據本法第 26 條第 2 項規定行使行政罰部分的裁處權，而且不至於喪失裁處權（並請參看本法第 27 條第 3 項規定）。至於本項應否將緩起訴處分，亦列為司法機關應通知原移送行政機關的事由之一，則端視本法第 26 條第 2 項是否包含緩起訴處分而定（詳另參見本書旁碼 §2603 的說明）。

◆ 運用 ◆

§3204　(1)適用本條時，要注意有沒有特別的規定，如果有，就依該規定

辦理，而作移送的行為。例如：社會秩序維護法第 38 條就特別規定：「違反本法之行為，涉嫌違反刑事法律或少年事件處理法者，應移送檢察官或少年法庭依刑事法律或少年事件處理法規定辦理。但其行為應處停止營業、勒令歇業、罰鍰或沒入之部分，仍依本法規定處罰。」

(2)其次，適用本條第 1 項的規定時，應該和本法第 26 條的規定相聯結，才不會出現失誤。換句話說，根據本法第 26 條第 1 項後段規定，其他行政罰的部分，該管機關就可以依法自行同步處理了！　§3205

(3)至於本條第 2 項的規定，在適用時，更必須結合本法第 26 條第 2 項的規定，才能運用得天衣無縫。　§3206

(4)在實務上值得注意的是，有些行政違規初犯的，只處行政罰，但是再犯的，就要處刑事罰了！可是因為只處罰刑事罰，而不是兼處行政罰，所以就沒有本條規定的適用。屬於這種規定的情況，可以參看就業服務法第 63 條的規定❷。　§3207

(5)附帶提出的是，如果行政機關疏於注意，在司法程序還沒有踐行的情況，或者已進行，但尚未結案確定，就進行裁處，是否構成違法應撤銷，或者要看司法程序的結果而定，是值得討論的。本書基於處分存續力的發生，認為應先撤銷，然後在司法程序確定後，再進行或不再進行行政裁處程序。　§3208

■ 註釋 ■

❶　同說，請參見林錫堯，《行政罰法》，初版，頁 137，元照 (2005.6)。

❷　就業服務法第 63 條第 1 項規定：「違反第四十四條或第五十七條第一款、第二款規定者，處新臺幣十五萬元以上七十五萬元以下罰鍰。五年內再違反者，處三年以下有期徒刑、拘役或科或併科新臺幣一百二十萬元以下罰金。」

第 **8** 章

裁處程序

釋義

J001　　　本章共十二個條文，分別規定執行行政罰的行政機關人員表明身分的義務和方法和告知相對人違規的準據法規的義務（第 33 條）、行政機關對於行政罰「現行犯」可以處置的方法、實施強制的必要範圍（第 34 條）、行為人對於強制排除抗拒保全證據或者強制到達指定場所查證身分措施的救濟方法、對於前項救濟方法的處置方法（第 35 條）、得沒入的物或證物的扣留、扣留證物的限制（第 36 條）、應扣留物應配合者的配合措施和拒絕時的強制（第 37 條）、實施扣留應該記錄的事項、收據的給予（第 38 條）、扣留物的加封或加標識與處置、看守或保管、拍賣、變賣、毀棄（第 39 條）、扣留物的發還和代替物的發還方法、扣留物無法發還等的公告、逾期領取的歸屬公庫（第 40 條）、不服扣留的異議、對於異議的處理、對於異議處理不服的救濟、異議和不服異議處理進行救濟的效力（第 41 條）、裁處前的陳述意見和例外（第 42 條）、裁處前本於申請的進行聽證和例外（第 43 條）、行政罰裁處要式主義和裁處書的送達（第 44 條）。此等規定，具有優先於行政程序法的有關規定，而被適用的效力。

J002　　　本法第 34 條規定的強制措施，僅是裁處程序上的措

施，有別於責任已確定後的行政執行法上強制措施。因此，並沒有行政執行法的適用。

　　本法第 41 條第 3 項後段但書規定，屬於行政訴訟法有關「間接訴　J003訟」的例外規定，換句話說，是屬於「直接訴訟」的有關規定。

第 33 條

行政機關執行職務之人員，應向行為人出示有關執行職務之證明文件或顯示足資辨別之標誌，並告知其所違反之法規。

◆ 釋義 ◆

§3301　　(1)本條規定執行行政罰的行政機關人員的表明身分義務與方法和告知相對人違規的準據法規的義務。

§3302　　(2)根據本條規定，行政機關執行職務的人員，也就是執行行政罰的有關人員，應該向行為人出示有關他執行職務的證明文件（如識別證、稽查人員證件、公函）或者顯示足以辨別他的身分的標誌（如警察制服和服務單位標章、環保人員制服和配件、交通管理人員的標誌、衛生稽查人員服裝或標誌、公務車、公務船的標誌），並且要告知行為人他所違反的法規。本條規定，一方面可以彰顯執法的外在形象，減少不必要的紛爭，另一方面也可以保障行為人，免於受騙。至於主動告知行為人所觸犯的法規，一方面可以促使他配合處理，另一方面也可以提供他即時主張救濟（例如本法第 35 條規定的異議）的參考。

◆ 運用 ◆

§3303　　(1)本條的規定，警察職權行使法第 4 條也有類似的規定，對於警察執行勤務的時候來說，雖然會發生「法規競合」，但是警察職權行使法屬於本法的特別規定，雖然內容近似，屬於「平行性規定」，但是在適用上仍然要優先適用。至於其他行政人員，則成為唯一的重要準據。

§3304　　(2)運用本條的時候，有關機關的公務員，必須注意本條是裁處前的必要程序，不可以因為裁處書會依據行政程序法第 96 條的規定記載受罰人違反的法規，也就是裁處的法令依據的記載，而不作裁處前的告知。因為本條後段規定的目的和行政程序法第 96 條第 1 項第 2 款的規範目的，並不盡相同。

§3305　　(3)本條規定的出示執行職務身分證明和告知行為人違規的根據，

屬於應該本於職權主動行使的事項，不必等相對人請求以後才作，這
樣才能表彰執法者的良好形象，提升公權力的威信，贏得全民的尊敬。

第34條

行政機關對現行違反行政法上義務之行為人，得為下列之處置：

一　即時制止其行為。

二　製作書面紀錄。

三　為保全證據之措施。遇有抗拒保全證據之行為且情況急迫者，得使用強制力排除其抗拒。

四　確認其身分。其拒絕或規避身分之查證，經勸導無效，致確實無法辨認其身分且情況急迫者，得令其隨同到指定處所查證身分；其不隨同到指定處所接受身分查證者，得會同警察人員強制為之。

前項強制，不得逾越保全證據或確認身分目的之必要程度。

◆ 釋義 ◆

§3401　　(1)本條規定行政機關對於行政罰「現行犯」可以處置的方法、實施強制的必要範圍。

§3402　　(2)本條第 1 項第 1 款規定，行政機關對於現行違反行政法上義務的行為人（現行犯），可以即時制止他的行為。這一規定的措施，不僅可以適時防止違規行為或持續、有關法益受到侵害或者擴大，同時也可以避免行為人受罰、減免後續可能的爭訟，總體上有助於行政程序的經濟。

§3403　　(3)本條第 1 項第 2 款規定，行政機關對於現行違反行政法上義務的行為的人，可以製作書面的紀錄。這或許是因為沒有辦法從事其他的存證行為，像是照相或錄影，另一方面也是便於將來裁處時作為根據。例如：有人製造惡臭，違反空氣污染防制法第 29 條第 1 項第 3 款規定，而環保單位的「聞臭師」雖然已經確認它屬於違規的「惡臭」，但因為無法用照相、錄影來存證的時候，就要作成書面紀錄，以作為

違規裁罰的根據。不過記錄的對象，並不限於行為人，也可以包括現場的目擊者、共聞的人。

(4)本條第 1 項第 3 款規定，行政機關對於現行違反行政法上義務 §3404
的行為人，可以進行為了保全證據的措施，例如依據本法第 36 條規定，
扣留行為人持有的違禁物品或可以作為證據的物品。當遇到抗拒保全
證據的行為，而且情況急迫的時候，還可以使用強制力去排除有關的
抗拒行為。當然，保全證據也包括詢問現場目擊者在內❶。

(5)本條第 1 項第 4 款規定，行政機關對於現行違反行政法上義務 §3405
的行為人，可以進行確認他的身分的行為，例如命他提示國民身分證、
駕駛執照、行車執照、健保卡、學生證等。如果行為人拒絕接受確認
身分的行為或者規避身分的查證，例如想逃跑、故意裝瘋賣傻、哭泣
喊冤、呼喊執法人員打人等，經過勸導還是沒有效果，導致確實無法
辨認他的身分，而且情況急迫的時候，可以命令他隨執法人員一齊到
達指定的處所查證身分；如果他不隨同到達指定的處所接受身分查證，
就可以會同警察人員用強制的方法去進行。這裏所說的「警察」，如果
依大法官釋字第 588 號解釋，則不限於組織上形式意義的警察，也就
是一般人所理解的在警察局上班的警員，而包括職務機能上的維護社
會秩序、增進公益，而享有公權力的人員❷。

(6)本條第 2 項規定，前項規定的強制措施，不可以超過為保全證 §3406
據或者確認身分的目的所必要的程度。

◆ 運用 ◆

(1)本條是作成違規裁處以前，賦與行政機關可以運用的各項權力， §3407
在性質上，包括：預防違規和避免違規侵害擴大的即時處置、形成證
據和保全證據的處置、確認違規者真正身分的處置等（本條第 1 項）。
但這些權力的行使，都受到「比例原則」的約束（本條第 2 項規定）。

(2)本條第 1 項第 1 款的「即時制止行為」，主要運用於會造成危害， §3408
而且嗣後不容易回復，或者要花費很高的情形。例如：環保處理業者，
為了省下高額的廢毒液處理費，而準備將廢毒液傾倒到河川的行為，

那麼環保稽查人員發現環保處理業者有這種意圖的行為時，就可以，甚至應該加以制止。當然本條第 1 項第 1 款的「即時制止行為」，這一種即時制止措施，同時隱含有警告處分、即時強制（事實行為）的雙重性格，對於其他所有意圖違規的行為，都可以實施。畢竟執法機關並不是專以處罰別人為樂事，而是應該以防範違法作為最高的執法準則才是。

§3409　(3)本條第 1 項第 2 款的「製作書面紀錄」，是屬於「形成證據」的方法，以作為嗣後進行裁處的依據。這和本法第 19 條第 2 項規定的作成紀錄，屬於已經作成「警告性處分」的書面紀錄的情況，甚至是警員對於違反交通法規者加以攔下，並逕行告發的情形，都不一樣。通常會根據本條第 1 項第 2 款製作書面紀錄的，都是屬於沒辦法另外取得證據來佐證違規事實的情況。例如：環保人員對於發出惡臭或者是噪音的人或事業單位，沒有辦法用其他的保存證據方法，例如錄影、照相、錄音，甚至是攔截「臭味」的方法來採證，那就只能用製作書面紀錄，並且命令違規者簽名承認違規的方法了 ❸！

§3410　(4)本條第 1 項第 3 款的「保全證據措施」，是指現場已經存在證據，而為了避免被破壞或滅失，所採取的手段。對於抗拒保全證據措施的人，固然以違規的行為人較多，但是並不限於違規人，而是包括所有採取抗拒保全證據行為的任何人。要運用本款採取強制力排除，必須是遇到抗拒保全證據的行為，而且情況急迫，非採取強制力排除不可時，才可以採取。

§3411　(5)本條第 1 項第 4 款的「確認身分」，是為了避免違規的行為人，為了逃避責任，而冒名頂替或誣陷別人，所採取的必要措施。運用本款的時候，除了違規行為人有拒絕或者規避身分的查證行為以外，必須是經過勸導仍然沒有效果，導致沒有辦法確認行為人的身分，而且情況急迫（例如行為人想逃跑），才可以命令他隨執法人員到指定處所查證（例如：一般人到戶政事務所或警察局、駕駛人到監理站或監理所），只有當行為人仍然不配合的時候，才可以會同警員強制他前往。所以在程序的順序上是：確認身分→拒絕或規避→勸導→無法辨識，

情況急迫→令隨同到指定地點查證→拒絕隨同前往指定地點查證→會同警員強制行為人隨同前往指定地點查證。

(6)本條第 2 項規定，根據本條第 1 項第 3 款進行的強制保全證據措施和依據同條第 1 項第 4 款所進行的強制隨同到指定處所查證身分措施，都必須遵守合目的性原則和必要性原則，也就是行政法上的比例原則（行政程序法第 7 條❹、行政執行法第 3 條、行政執行法施行細則第 3 條❺）等參看。 §3412

■ 註釋 ■

❶ 相近的見解，請參見林錫堯，《行政罰法》，初版，頁 141，元照 (2005.6)。

❷ 請參見林錫堯，《行政罰法》，初版，頁 140 以下，元照 (2005.6)。

❸ 我國有不少法規禁止製造「惡臭」的行為，例如：公寓大廈管理條例第 16 條第 1 項、空氣污染防制法第 31 條第 1 項第 3 款～第 5 款；而對於製造「惡臭」的行為，並且採取制裁措施的法律，例如：道路交通管理處罰條例第 30 條第 1 項第 2 款、第 76 條第 3 款、空氣污染防制法第 60 條。

❹ 行政程序法第 7 條：「行政行為，應依下列原則為之：一 採取之方法應有助於目的之達成。二 有多種同樣能達成目的之方法時，應選擇對人民權益損害最少者。三 採取之方法所造成之損害不得與欲達成目的之利益顯失均衡。」

❺ 行政執行法施行細則第 3 條：「本法第三條所定以適當之方法為之，不得逾達成執行目的之必要限度，指於行政執行時，應依下列原則為之：一 採取之執行方法須有助於執行目的之達成。二 有多種同樣能達成執行目的之執行方法時，應選擇對義務人、應受執行人及公眾損害最少之方法為之。三 採取之執行方法所造成之損害不得與欲達成執行目的之利益顯失均衡。」

第35條

行為人對於行政機關依前條所為之強制排除抗拒保
全證據或強制到指定處所查證身分不服者，得向該
行政機關執行職務之人員,當場陳述理由表示異議。
行政機關執行職務之人員，認前項異議有理由者，
應停止或變更強制排除抗拒保全證據或強制到指定
處所查證身分之處置；認無理由者，得繼續執行。
經行為人請求者,應將其異議要旨製作紀錄交付之。

◆ **釋義** ◆

§3501　　(1)本條規定行為人對於強制排除抗拒保全證據或者強制到達指定
場所查證身分措施的救濟方法、對於前項救濟方法的處置方法。

§3502　　(2)本條第 1 項規定行為人對於強制排除抗拒保全證據或者強制到
達指定場所查證身分措施的救濟方法。根據本項規定，行為人對於行
政機關依據前條所作的強制排除抗拒保全證據或者強制到達指定處所
查證身分不服的，可以向該行政機關執行職務的人員，當場陳述不服
的理由，表示異議。

§3503　　(3)本條第 2 項規定對於前項救濟方法的處置方法。根據本項規定，
行政機關執行職務的人員，認為前項行為人提出的異議有理由的，應
該停止或者變更強制排除抗拒保全證據或者強制到達指定處所查證身
分的處置；認為沒有理由的，就可以繼續執行保全證據或者強制到達
指定處所查證身分的處置。如果經行為人請求的，應該將他的異議要
旨製作成紀錄交付給他,以便他可以在後來的救濟程序(指國家賠償)，
作為證明。

◆ **運用** ◆

§3504　　(1)本條第 1 項規定的運用，限於受到強制措施的行為人，才可以
表示異議，而且必須「當場」向執行強制措施的行政機關人員，用陳
述理由的方式為之❶，至於對於協助的警員，雖也在可以表示異議的

範圍，但只能一併主張，而不宜單獨主張。因為，警員只是協助者，而不是執行強制措施的主要主體。

(2)對於行為人的當場異議行為，執行強制措施的行政機關人員，§3505
應該立刻判斷它的合理性。有理由的，就馬上停止或變更強制措施；沒理由的，例如純屬拖延戰術或搗蛋的，就繼續執行，絕不手軟。這種決定，基本上是屬於「不要式行為」。

(3)如果被強制的行為人「請求」記錄他的異議，才需要將異議的 §3506
要旨（和異議的原因與相關的決定❷）作成書面紀錄交給異議人。

■ 註釋 ■

❶ 相近的見解，請參見林錫堯，《行政罰法》，初版，頁 142，元照 (2005.6)。
❷ 這一部分法律本身沒有規定，但是基於現實的需要和完備性，應該依事物的本質要求，一併記載，否則，就沒辦法彰顯異議的原因、理由和處理，接續的可能救濟，就會發生困難。

第36條

得沒入或可為證據之物，得扣留之。
前項可為證據之物之扣留範圍及期間，以供檢查、
檢驗、鑑定或其他為保全證據之目的所必要者為限。

◆ 釋義 ◆

§3601　　(1)本條規定得沒入的物或證物的扣留、扣留證物的限制。

§3602　　(2)本條第 1 項規定得沒入的物或證物的扣留。根據本項的規定，依法可以加以沒入的物（包括違反行政罰法規的物、用來從事或者預備違規用的物、因為違反行政罰而獲得的物等等）、或者可以用來作為證明有違反行政法上義務證據的物，可以加以扣留。得沒入的物，包括本法第 22 條規定的擴大沒入的物在內。

§3603　　(3)本條第 2 項規定扣留證物的限制。根據本項的規定，前項規定可以用來作為證明有違反行政法上義務證據的物扣留的範圍和期間，以能夠用來供檢查、檢驗、鑑定或者其他為保全證據的目的所必要的為限。換句話說，不可以超出這個目的所需要的範圍。這是基於行政法上「比例原則」所作的規定。

§3604　　(4)至於可扣留的物的權利歸屬者的範圍，必須參照本法第 21 條、第 22 條的規定，而沒有辦法沒入的時候，它的追徵價值，則根據本法第 23 條的規定去辦理。

◆ 運用 ◆

§3605　　(1)本條第 1 項規定的「得沒入」的物，必須要有法律明確的規定，而不是純屬裁量或經驗判斷的範圍。

§3606　　(2)本條第 1 項規定的「可為證據」的物，也就是證物，雖然可以根據經驗來判斷是不是可以充當證據，但是因為本條第 2 項對於它的扣留範圍和時間有所限制。所以，就會屬於「具有判斷餘地」的「適格的證物」，而不是純屬裁量或經驗判斷的範圍。換句話說，要扣留物

來作為證據，必須是該物在合法原因和依法進行的檢查、檢驗、鑑定或為保全證據所必要的範圍，才可以實施扣留行為。至於嗣後進行有關的檢查、檢驗、鑑定程序，應該盡速，而且依比例原則進行，不可以隨意破壞。

第 **37** 條

對於應扣留物之所有人、持有人或保管人，得要求其提出或交付；無正當理由拒絕提出、交付或抗拒扣留者，得用強制力扣留之。

◆ 釋義 ◆

§3701　　(1)本條規定應扣留物應配合者的配合措施和拒絕時的強制。本條規定的目的，在於落實扣留所要追求的目的，詳細一點說，如果是沒入物，目的就在於處罰、維護公眾安全和法律秩序、預防發生因為違規所可能產生的危害。如果是證物，那當然是在保全將來可以用來證明行為人有違規的行為，而確保行為人受到應有的制裁。

§3702　　(2)根據本條的規定，對於應該被扣留的物的所有人、持有人或者保管人，執行行政罰程序的公務員可以要求他們提出或者交付這些物；如果他們沒有正當的理由，而拒絕提出、交付或者抗拒扣留的，就可以用強制的力量去加以扣留。

◆ 運用 ◆

§3703　　(1)本條在運用上，首先要判斷欲進行扣留的物，是不是確實屬於依法可以扣留，而且基於法定原因，應該扣留的物。

§3704　　(2)其次，應該確認該物的所有人、現在的持有人和保管人。

§3705　　(3)再其次，在扣留程序上，要「先禮後兵」，先請求上面(2)所說的該等人員把應扣留的物提出來或者是交付給實施扣留的人員。

§3706　　(4)最後，只有當上面(2)所說的該等人員，沒有正當的理由，而拒絕提出或者交付或者是抗拒實施扣留的行為的時候，才可以用強制力去實施扣留。

§3707　　(5)所以本條在運用上，它的合法步驟是：尋找扣留的法律依據→判斷在法律容許的範圍內，是否應該扣留→如應扣留，再判斷誰是該提出或者是交付該物的人→請求該提出或者是交付該物的人，提出或者是交付該物→該提出或者是交付該物的人，沒有正當理由拒絕提出、

交付或抗拒扣留→以強制力實施扣留（至於扣留後必須踐行的工作，請參考本法第 38 條～第 40 條和其他相關的規定）。

第38條

扣留，應作成紀錄，記載實施之時間、處所、扣留物之名目及其他必要之事項，並由在場之人簽名、蓋章或按指印；其拒絕簽名、蓋章或按指印者，應記明其事由。

扣留物之所有人、持有人或保管人在場或請求時，應製作收據，記載扣留物之名目，交付之。

◆ 釋義 ◆

§3801　　(1)本條規定實施扣留應該記錄的事項、收據的給予。前者，在於存證，而釐清責任，後者，則在於展現光明磊落❶。

§3802　　(2)本條第 1 項規定，實施可加以沒入的物或者可以作為違規證據的物的扣留事實，應該作成紀錄，記載實施扣留的時間、處所、扣留物的名目，以及其他必要的事項（例如物的特徵、是新品或者是舊品，還是不新不舊的中級品、是不是易於腐敗的東西等），並且由在場的人簽名、蓋章或者按指印，以便取信；如果在場的人有拒絕簽名、蓋章或者按指印的，應該記明他拒絕的事由。本項規定的目的，在於明確扣留的時間、原因、名目、數量等，以落實本法第 36 條第 2 項規定的必要性要求，並且減少可能發生的紛爭。

§3803　　(3)本條第 2 項規定，被扣留的物的所有人、持有人或者保管人在扣留時的現場或者他們雖然沒有在現場，但是嗣後提出請求的時候，就應該製作收據，記載被扣留的物的名目（如藍波刀一把），交付給他們。本項規定的目的，一方面可以減少這些人和機關間可能發生的紛爭，並且也可以避免執法人員可能的中飽私囊或者嗣後被誣陷。例如：查扣仿冒勞力士金錶五百只，卻只上報二百五十只。

◆ 運用 ◆

§3804　　(1)首先要體認的是，本條規定的程序，不僅是樹立政府威信的必要手段，同時也是保障被扣留物有關利害關係人的權利，更是避免和

保護執法人員嗣後可能會面臨的爭訟所採取的法律制度。

(2)其次，要注意本條規定的紀錄和製作收據，都屬於依職權要主 §3805
動作成，甚至是交付的事項，不可以怠慢，以免產生不必要的誤會。

(3)適用本條第 1 項的時候，紀錄原則上要用書面，記載的內容： §3806
包括實施扣留的時間（年、月、日、時及星期）、處所（地點：含地址、
樓層等）、扣留物的名稱、項目和數量，甚至是品質（最好先拍照），
然後由在場的人，包括：實施扣留的人員和被扣留物的有關人員，甚
至是見證人，簽名、蓋章或按指印（這些基本上要依民法第 3 條的規
定）。如果在場的人應該簽名、蓋章或按指印，而拒絕的，不管有沒有
理由，都要記明它的原因。

(4)本條第 2 項規定的扣留物收據，只要是被扣留物的所有人、持 §3807
有人或保管人在場，就要主動製作收據，記載扣留物的名稱、數量、
品質等，交給在場的被扣留物的所有人、持有人或保管人。如果這些
人不在場，而嗣後要求發給收據的，也要據實填發。如果是後面的情
況，最好能邀請附近的民眾協助見證，以免嗣後發生爭議或有執法人
員中飽私囊的情況發生。

(5)根據本條第 2 項製作的收據，在名目和數量，必須要和實際扣 §3808
留的，以及第 1 項規定的紀錄所記載的一致，交付的收據務必請收執
人核對後，在扣留紀錄上簽收，並記明「經過核對無誤」的字樣，以
免嗣後發生紛爭。

(6)本條在運用上，必須注意結合本法第 36 條、第 39 條和第 40 條 §3809
的規定。

■ 註釋 ■

❶ 相近的見解，請參見林錫堯，《行政罰法》，初版，頁 144 以下，元照
(2005.6)。

第39條

扣留物，應加封緘或其他標識，並為適當之處置；其不便搬運或保管者，得命人看守或交由所有人或其他適當之人保管。得沒入之物，有毀損之虞或不便保管者，得拍賣或變賣而保管其價金。

易生危險之扣留物，得毀棄之。

◆ 釋義 ◆

§3901　(1)本條規定扣留物的加封或加標識與處置、看守或保管、拍賣、變賣、毀棄。

§3902　(2)本條第 1 項規定，被扣留的物，應該加封緘或者其他標識，並且作適當的處置；如果被扣留的物，不便於搬運或者保管的，可以命人看守或者交由所有人或者其他適當的人保管。可以被沒入的物，有毀損的可能和顧慮或者不便於保管的，可以用拍賣或變賣的方法，來保管它的價金。本項前段規定的目的，在於確保扣留的物不會被動手腳，而保持它被扣留時的原貌，以便落實扣留的目的，減少可能發生的紛爭。除了應該加封緘或者其他標識以外，並且要作適當的處置，以便落實扣留的目的，不至於流於浮濫。

§3903　(3)本條第 2 項規定，易生危險的扣留物，可以加以毀棄。例如扣留物屬於容易爆炸的土製炸彈、爆竹、容易傳染疾病的感染物品，就可以加以毀棄。前二者，如於戶外加以引爆；後者，如送去適當的焚化爐加以燒燬。

◆ 運用 ◆

§3904　(1)適用本條第 1 項規定的時候，封緘或其他標識，要牢固、持久、不容易脫落、更換、褪色的材質，而且要在適當地方黏貼。甚至要標明由何人、在何時、何處所加封、黏貼。

§3905　(2)根據本條第 1 項規定，實施扣留物的封緘或其他標識，要在現場進行，並且最好載明於紀錄，以免發生爭執。

⑶對於實施扣留的機關不便搬運（例如過於笨重或一經搬動就容 §3906
易壞掉的東西）或保管（例如需要特殊設備或專業知識，才能保管的）
的物品，可以命人看守或交由所有人或其他適當的人員保管。交由這
些人員看守或者是保管的，也都要記明於書面紀錄之中。這種保管，
屬於公法上的寄託關係，應該盡到善良管理人的注意義務❶。

⑷經實施扣留的物，有可能毀損的（例如：生鮮魚、肉）或不方 §3907
便保管的（例如：保管費用太高或容易發生價格重大變動的或有保存
期限的物品），就可以拍賣或者是變賣。不過進行拍賣或變賣的時候，
也要依據誠實信用原則（行政程序法第 8 條）處理，不可以隨意或找
熟人串通獲得不當得利。決定拍賣、變賣和處理後，也都要有紀錄。

⑸對於本條第 2 項規定的「易生危險的扣留物」，在進行毀棄前， §3908
除了應該記錄以外，實施毀棄的行為，更應該注意安全措施，而不要
傷到執法人員自己和一般民眾。

⑹運用本條的時候，也要結合本法第 40 條的規定。 §3909

■ 註釋 ■

❶　相同見解，請參見林錫堯，《行政罰法》，初版，頁 145，元照 (2005.6)。

第 40 條

扣留物於案件終結前無留存之必要，或案件為不予處罰或未為沒入之裁處者，應發還之；其經依前條規定拍賣或變賣而保管其價金或毀棄者，發還或償還其價金。但應沒入或為調查他案應留存者，不在此限。

扣留物之應受發還人所在不明，或因其他事故不能發還者，應公告之；自公告之日起滿六個月，無人申請發還者，以其物歸屬公庫。

◆ 釋義 ◆

§4001　　(1)本條規定扣留物的發還和代替物的發還方法、扣留物無法發還等的公告、逾期領取的歸屬公庫。

§4002　　(2)本條第 1 項規定扣留物的發還和代替物的發還方法。根據本項規定，被扣留的物在案件終結前沒有留存的必要，例如經證明該物不屬於違禁物或者不屬於可充為證物的物，或者案件作成不予處罰，例如有本法第 7 條第 1 項、第 9 條第 1 項、第 3 項、第 11 條第 1 項、第 2 項前段、第 12 條前段、第 13 條前段等規定的情況，而不予處罰，或者沒有作成沒入的裁處的，就應該發還；如果它經過依據前條的規定而拍賣或者變賣，而保管它的價金，那就發還；如果被毀棄的，就償還它的價金。但是應該沒入❶或者為了要調查其他案件，而仍應該留存的，就不在這個限制之內。

§4003　　(3)本條第 2 項規定扣留物無法發還等的公告、逾期領取的歸屬公庫。根據本項規定，被扣留物的應該受發還的人所在不明，或者因為其他的事故不能發還給他的，應該用公告的方法，好讓他知道；如果從公告當天起算已經滿六個月，而沒有人申請發還的，就把該物歸屬於公庫。因為扣留物可能是地方行政機關裁處的，也可能是中央行政機關裁處的，所以如果從公告當天起算已經滿六個月，而沒有人申請發還的，就分別把它歸屬給地方政府的公庫（如縣庫、市庫、鄉庫、

第 8 章　裁處程序

155

鎮庫)，中央政府的國庫。

◆ 運用 ◆

(1)適用本條第 1 項規定的時候，要注意階段性的不同措施。首先，§4004
在裁處案終結前，扣留物已經沒有存留的必要，例如：擬作為證物，
而實施扣留的物，因為案情已很清楚或者被扣留物沒有證據價值；原
先認為屬於依法應沒入的物，後來因為法規變更，已不屬於依法應沒
入的物等，就應該立即發還給原被扣留的相對人。其次，第二種情況
或階段，是案件已經終結，而決定不處罰或者雖然要處罰，但是並不
裁處沒入原先為沒入的目的而實施扣留的物，那也該盡速發還給原被
扣留的相對人。

(2)有上面所說的任何一種應該發還被扣留物的情況，而該被扣留 §4005
物已經根據本法第 39 條第 1 項後段變賣、拍賣的，就應該發還該因為
變賣、拍賣而獲得的價金。至於依本法第 39 條第 2 項規定毀棄的「易
生危險的扣留物」，則應該盡速發給適當的補償性價金。

(3)上面所說的發還或償還，也是有例外的。這種例外，限於依法 §4006
應該沒入，而已經被裁處沒入❷（當然解釋，也是本項第 1 段規定的
反面解釋的當然結果），或者另案作成沒入裁處,而已經作或已經進行,
但尚未完成的情況，或者因為他案需要留存等情況，都要排除發還或
償還的動作。

(4)適用本條第 2 項的規定時，應該注意應受發還人或者是可以領 §4007
取償還金的人所在不明，才用公告，否則，就應該踐行一般的送達程
序（行政程序法第 67 條～第 91 條）。至於「因其他事故」，究竟指的
是那種情況，而需要用公告的方式，實在是值得費心思量！或許可以
想像的情況，就是應受發還人成為植物人或禁治產人，而法定代理人
所在不明，或者應受發還的人，數目太多，不便一一送達，才需要用
公告❸，否則，都很難構成不用送達，卻用公告的情況。

(5)不過值得注意的，如果從公告當天算起滿六個月，沒有人申請 §4008
發還的，那該物（含已經變價的金額）就歸屬於公庫。

(6)最後，還應該注意的有二點：第一點是本條第 2 項規定從公告之日起算六個月，雖然和行政程序法第 110 條第 2 項和第 131 條的規定，不盡一致。但因為本法相對於行政程序法，屬於特別法，所以應依本法的規定處理。第二點是：如果原本有權申請發還的人，因為成為植物人或者是過世，而沒有繼承人，以至於逾期無人申請發還，那是否仍有本條第 2 項後段的適用？前者，是不是應該適用民法有關禁治產宣告的有關規定（民法第 14 條以下、非訟事件法第 75 條等）？後者，是不是應該依民法第 1177 條以下的規定辦理，特別是第 1185 條的規定歸屬於國庫，而不一定是其他公庫？當然，如果本法屬於民法的特別法，就依本法的規定處理。

■ 註釋 ■

❶ 既然是應該沒入，案件終結處理時卻沒有作成沒入的裁處，那能不能在嗣後又作成沒入的決定，恐怕是有疑義的。所以本條第 1 項後段但書前句，是值得探討的。

❷ 請參見林錫堯，《行政罰法》，初版，頁 146，元照 (2005.6)。

❸ 這涉及到除了一般處分以外（行政程序法第 110 條第 2 項），我國在大量程序或大眾程序上，是不是允許採取用公告代替逐一送達的問題。關於大量程序和大眾程序的相關問題，詳細可以參見蔡志方〈論大量行政處分與大眾程序〉，載於《成大法學》，第 7 期，頁 1～43 (2004.6)。

第41條

物之所有人、持有人、保管人或利害關係人對扣留
不服者，得向扣留機關聲明異議。

前項聲明異議，扣留機關認有理由者，應發還扣留
物或變更扣留行為；認無理由者，應加具意見，送
直接上級機關決定之。

對於直接上級機關之決定不服者，僅得於對裁處案
件之實體決定聲明不服時一併聲明之。但第一項之
人依法不得對裁處案件之實體決定聲明不服時，得
單獨對第一項之扣留，逕行提起行政訴訟。

第一項及前項但書情形，不影響扣留或裁處程序之
進行。

◆ 釋義 ◆

⑴本條規定不服扣留的異議、對於異議的處理、對於異議處理不 §4101
服的救濟、異議和不服異議處理進行救濟的效力。

⑵本條第 1 項規定不服扣留的異議。根據本項規定，被扣留之物 §4102
的所有人、持有人、保管人或者利害關係人對於扣留的決定不服的，
可以向為扣留決定的機關聲明異議。這是本法對於扣留的決定不服的
特別救濟方法（中間決定）（Zwischenentscheidung od.-bescheid）的名
稱規定，根據本條第 3 項的規定，它分別屬於訴願的先行程序和行政
訴訟的先行程序（詳細請參看後面⑷的說明）。

⑶本條第 2 項規定對於異議的處理。根據本項規定，根據前項提 §4103
出的聲明異議，扣留機關認為有理由的，應該發還扣留物或者變更扣
留行為（例如減少扣留物的量或者扣留的期間）；認為沒有理由的，應
該加具意見，送到直接的上級機關去決定。兩級機關依據事物的本質，
都應立即處理❶，而沒有類似行政執行法第 9 條第 2 項規定的十日和
三十日的處理期間。

⑷本條第 3 項規定對於異議處理不服的救濟方法。根據本項規定， §4104

對於直接上級機關的決定不服的，僅可以在對於裁處案件的實體決定聲明不服的時候一併聲明不服。但是本條第 1 項規定的人，如果依法不可以對裁處案件的實體決定聲明不服的時候，就可以單獨對於第 1 項的扣留決定，直接提起行政訴訟法第 8 條第 1 項規定的返還扣留物的給付訴訟。這個規定，一方面是基於程序的經濟，另外一方面，則在於兼顧利害關係人的權益。類似的規定，可以參考我國的行政程序法第 174 條、訴願法第 76 條的規定。

§4105　　(5)本條第 4 項規定異議和不服異議處理進行救濟的效力。根據本項規定，依照本條第 1 項提起的聲明異議和依據本條第 3 項但書規定提起行政訴訟的情形，不影響扣留或者行政罰裁處程序的進行。

◆ 運用 ◆

§4106　　(1)根據本條第 1 項規定，具有聲明異議權的人，包括：扣留物的所有人、持有人、保管人或利害關係人(前面三種以外的其他權利人)。換句話說，屬於具有第三人效力處分的扣留處分的該第三人。

§4107　　(2)根據本條第 1 項規定聲明異議，必須向作成扣留決定的機關提出，但聲明的方式，本法沒有特別的規定，那行政程序法第 35 條就有補充適用的空間❷。不過，從本條第 2 項規定的「加具意見」，似乎可以推知該項聲明異議，應該用書面，也就是聲明異議書❸，才方便加具意見。

§4108　　(3)本條第 2 項前段在適用上，應該容許簡式或者是不要式的決定方法，以符合程序經濟的原則。但對於認為聲明異議無理由的，就必須採取要式的或書面的決定方式，而有行政程序法第 96 條規定的適用❹。

§4109　　(4)由於本條第 3 項的規定，因此，扣留機關的上級機關在決定時，特別要清楚地告知聲明異議人接下去可以進行的救濟種類、期間和管轄法院，才不至於發生行政程序法第 98 條規定或者行政訴訟法第 91 條或第 92 條規定的適用情況❺。

■ 註釋 ■

❶ 相近的見解，請參見林錫堯，《行政罰法》，初版，頁 147～148，元照 (2005.6)。

❷ 行政程序法第 35 條：「當事人依法向行政機關提出申請者，除法規另有規定外，得以書面或言詞為之。以言詞為申請者，受理之行政機關應作成紀錄，經向申請人朗讀或使閱覽，確認其內容無誤後由其簽名或蓋章。」

❸ 不同見解，請參見林錫堯，《行政罰法》，初版，頁 147，元照 (2005.6)。

❹ 不宜類推適用訴願法第 89 條的規定。但有學者認為應類推適用行政程序法第 95 條的規定，請參見林錫堯，《行政罰法》，初版，頁 148，元照 (2005.6)。

❺ 如果從直接訴訟的特質來看，應該類推適用訴願法第 91 條或第 92 條的規定。

第42條

行政機關於裁處前，應給予受處罰者陳述意見之機會。但有下列情形之一者，不在此限：

一 已依行政程序法第三十九條規定，通知受處罰者陳述意見。

二 已依職權或依第四十三條規定，舉行聽證。

三 大量作成同種類之裁處。

四 情況急迫，如給予陳述意見之機會，顯然違背公益。

五 受法定期間之限制，如給予陳述意見之機會，顯然不能遵行。

六 裁處所根據之事實，客觀上明白足以確認。

七 法律有特別規定。

◆ 釋義 ◆

§4201　(1)本條規定行政罰裁處以前行為人的陳述意見機會和例外。

§4202　(2)本條第 1 款規定行政罰裁處以前，已經根據行政程序法第 39 條的規定，通知有關係的人陳述意見的，就不必再給與受罰的人陳述意見的機會。這是基於必要性原則，所作的規定。這裏所說的「已……通知受處罰者陳述意見」，重點應不在於已通知，而是受罰者已陳述意見。如果已經通知，但還沒經他陳述意見，則仍然要給他陳述意見的機會❶。

§4203　(3)本條第 2 款規定，行政罰裁處以前，已經依據職權舉行聽證，或者已經本法第 43 條的規定舉行聽證的（詳細請參看後面的說明），就不必再給與受罰的人陳述意見的機會。這也是基於必要性原則，所作的規定。因為聽證的程序不僅已經有當事人陳述的機會和功能，甚至有過之而無不及，所以就不必重複。

§4204　(4)本條第 3 款規定行政罰的裁罰，是要作成大量相同種類的裁處的，就不必再給與受罰的人陳述意見的機會。這是基於程序的經濟、

迅速和實際的必要性而來。可是什麼是「大量」，本法並沒有規定，這需要進一步具體化❷。

(5)本條第 4 款規定行政罰的裁罰，如果情況急迫（如行為人有好幾個人，而有一部分正要逃跑），那麼給與違規的（一部分人）陳述意見的機會，顯然會和公益違背的，就不必再給與受罰的人陳述意見的機會。 §4205

(6)本條第 5 款規定行政罰的裁罰，受到法定期限的限制，如果給與違規的人陳述意見的機會，顯然就沒辦法遵行該項期限的規定，那就不必再給與受罰的人陳述意見的機會。不過這種規定，除非涉及到「即時強制處分」，否則，是很少會有這種情況的。 §4206

(7)本條第 6 款規定行政罰的裁罰，如果所可以作為根據的事實，客觀上已經很明白可以確認，那就不必再給與受罰的人陳述意見的機會。這也是基於必要性原則，所作的規定。 §4207

(8)本條第 7 款規定行政罰的裁罰，如果法律已經有特別的規定不必給與違規者表示意見的機會，就不必再給與受罰的人陳述意見的機會。本款這種規定，是基於「特別法優先於普通法」的原則，所作的規定，所以並不包括行政程序法，例如第 103 條第 6 款。不過事實上，這種情況實在並不多見。諸如商業登記法第 30 條規定，在撤銷登記前的通知「申辯」，應該等價為陳述意見，而成為本款所指的「特別規定」。又例如社會秩序維護法第 44 條規定：「警察機關對於情節輕微而事實明確之違反本法案件，得不經通知、訊問逕行處分。但其處罰以新臺幣一千五百元以下罰鍰或申誡為限。」也是本款所指的「特別規定」。 §4208

◆ 運用 ◆

(1)陳述意見和聽證具有互補性和可替代性，不過本條的陳述意見屬於須依職權提供，而後一條規定的聽證，屬於本於行為人申請才許可進行的，並不一樣。 §4209

(2)適用本條第 2 款的時候，要注意受罰人是否已經申請進行聽證，如果還沒有，或者已經被依法駁回的，那就應該主動給他陳述意見的 §4210

機會，除非有本條第 1 款、第 3 款～第 7 款規定的情況。

§4211　　⑶適用本條第 5 款規定的情況，要注意內部是不是有規定處埋期限，否則，也要「類推適用」行政程序法第 51 條的規定，而不可隨意剝奪受罰者的意見陳述機會。

§4212　　⑷適用本條第 7 款的規定時，要注意其他法律❸是不是屬於本條規定的特別規定。而且所謂的「其他法律」，並不包括行政程序法。因為行政程序法相對於本法，僅屬於普通法，普通法沒辦法優先於特別法而被適用。

■ 註釋 ■

❶ 相近的見解，請參見林錫堯，《行政罰法》，初版，頁 150，元照 (2005.6)。

❷ 關於行政法上的「大量行政處分」，可以參考蔡志方，〈論大量行政處分與大眾程序〉，刊載於《成大法學》，第 7 期，頁 1～43 (2004.6)。

❸ 是否及於自治條例及本於法律授權而制頒的法規命令，值得討論。如果執著於本法的明文和人民權利的保障，則應排除，但是如果基於現實的需要，則不應該排除。

第43條

行政機關為第二條第一款及第二款之裁處前，應依受處罰者之申請，舉行聽證。但有下列情形之一者，不在此限：

一　有前條但書各款情形之一。

二　影響自由或權利之內容及程度顯屬輕微。

三　經依行政程序法第一百零四條規定，通知受處罰者陳述意見，而未於期限內陳述意見。

◆ 釋義 ◆

(1)本條規定行政機關根據本法第 2 條第 1 款和第 2 款的規定，裁 §4301
處行為人限制或者禁止他從事一定行為、剝奪或者消滅行為人的資格、權利以前，應該本於行為人的申請進行聽證和例外。本條規定的聽證，屬於請求乃論，不同於前條的意見陳述，屬於應依職權主動提供的。不過，如果有法律另外規定應該主動舉行聽證，或者主管機關認為有必要舉行聽證，那自然應該依照行政程序法第 107 條的規定，舉行聽證，就沒有本條的限制。

(2)本條第 1 款規定行政機關根據本法第 2 條第 1 款和第 2 款的規 §4302
定，裁處行為人限制或者禁止他從事一定行為、剝奪或者消滅行為人的資格、權利以前，行為人申請進行聽證，但是已經根據前條各款給他陳述意見機會，不必給與陳述意見的機會、已經依據職權決定進行聽證程序的，就不必再給他進行聽證的機會。其實，這一款的規定過於擴張，會造成和本法第 42 條第 2 款後段規定互相矛盾。因為，根據本法第 42 條第 2 款規定，是已經進行聽證的，就不必再給他陳述意見的機會，可是本條第 1 款卻又把前條各款，特別是第 2 款後段規定已經給行為人陳述意見機會的，就排除給他申請進行聽證的機會。顯然會給人發生陳述意見和聽證是等價的錯覺，而且也會發生「法規適用的反致」情況，也就是二個規定都以「有你，就可以沒有我」的互推結果。那最終到底要用那一個規定呢？特別是第 1 款和前條第 2 款後

段規定，在立法技術運用上，有矛盾的地方，值得注意。

§4303　　(3)本條第 2 款規定行政機關根據本法第 2 條第 1 款和第 2 款的規定，裁處行為人限制或者禁止他從事一定行為、剝奪或者消滅行為人的資格、權利以前，應該本於行為人的申請進行聽證，但是，如果裁處影響行為人的自由或者權利的內容和程度顯然輕微的，就不必再給他進行聽證的機會。

§4304　　(4)本條第 3 款規定行政機關根據本法第 2 條第 1 款和第 2 款的規定，裁處行為人限制或者禁止他從事一定行為、剝奪或者消滅行為人的資格、權利以前，應該本於行為人的申請進行聽證，但是，如果裁處機關在裁處以前，已經依據行政程序法第 104 條的規定，通知受罰者陳述意見，而他並沒有在期限內陳述意見的，就不必再給他進行聽證的機會。

§4305　　(5)至於受到罰鍰、沒入或者是本法第 2 條第 3 款及第 4 款處分的，能不能請求進行聽證? 根據本條的文義及基於「明示其一，排除其他」的法理，甚至是行政程序法第 102 條的規定，似乎不可以。然而，本書認為會受到罰鍰、沒入的裁處，如果金額或價額不低的或者是本法第 2 條第 3 款影響名譽甚重的，似乎仍應「裁量」容許。

◆ 運用 ◆

§4306　　(1)適用本條第 1 款的時候，要將前條但書中的第 2 款後段排除，否則，會發生法規反致，而不合理限制人民權利的違反體系正義，或者發生體系矛盾的結果。除非是指受罰人，一再申請舉行聽證的情況。

§4307　　(2)適用本條第 2 款規定的時候，雖然可以拒絕舉行聽證，但是應否主動給受罰者陳述意見的機會，從本法第 42 條的規定，似乎應該容許，但是如果依行政程序法第 103 條第 6 款的規定，則行政機關仍可裁量不給予陳述意見的機會。

第 44 條

行政機關裁處行政罰時，應作成裁處書，並為送達。

◆ 釋義 ◆

(1)本條規定行政罰裁處要式主義和裁處書的送達。根據本條規定，§4401
行政機關作成裁處行政罰的決定，應該作成書面，也就是裁處書，並
且送達相對人。

(2)本條的規定，就屬於行政程序法第 95 條第 1 項規定所說的「行 §4402
政處分法規另有要式的規定」的情形。

(3)由於裁處行政罰的處分，對於相對人來說，屬於「課予義務」 §4403
的「不利處分」，相對人依法可以進行行政救濟（包括提起訴願、行政
訴訟等）。為了使相對人容易知道被處分的原因和處分根據，並可以判
斷處分的妥適性和合法性，所以如果沒有一份書面的處分，根本很難
達成。所以本法才會有本條的規定。

(4)另外，為了使處分相對人知道處分的內容，以便自行繳納罰鍰 §4404
或履行其他義務，在行政效能和可行性等的控制上，當然要有一份書
面的處分書來作根據，這也是本條規定的原因之一。

(5)既然裁處行政罰的處分是書面行政處分，那麼它應該記載的事 §4405
項本法又沒有規定，就必須適用行政程序法第 96 條的規定了！當然如
果其他法律有特別的規定，那根據行政程序法第 3 條第 1 項的規定，
又要優先適用該特別的法律規定了！

(6)行政處分要對外發生效力，那麼依據行政程序法第 110 條第 1 §4406
項前段的規定，送達相對人及已經知道的利害關係人。通常裁處行政
罰的處分很少可能屬於「一般處分」*，所以有關它的送達就不太可能
適用行政程序法第 110 條第 2 項
的規定，用公告、刊登政府公報或
新聞紙的方式了！

*一般處分，是相對於「個別處分」
的概念，而並沒有所謂的「特別

處分」來作為它的對稱概念。在我國行政法制上的「 般處分」，指的就是訴願法第 3 條第 2 項所稱的行政處分。根據訴願法第 3 條第 1 項規定：「本法所稱行政處分，係指中央或地方機關就公法上具體事件所為之決定或其他公權力措施而對外直接發生法律效果之單方行政行為。」而同條第 2 項規定：「前項決定或措施之相對人雖非特定，而依一般性特徵可得確定其範圍者，亦為行政處分。有關公物之設定、變更、廢止或一般使用者，亦同。」指的就是「一般處分」。關於「一般處分」，我國行政程序法第 92 條第 2 項，也有類似的規定。該條的規定內容是「本法所稱行政處分，係指行政機關就公法上具體事件所為之決定或其他公權力措施而對外直接發生法律效果之單方行政行為。 前項決定或措施之相對人雖非特定，而依一般性特徵可得確定其範圍者，為一般處分，適用本法有關行政處分之規定。有關公物之設定、變更、廢止或其一般使用者，亦同。」

§4407　　(7)由於關於書面行政處分如何送達，本法並沒有規定，所以根據本法第 1 條和行政程序法第 3 條第 1 項的規定，那就要看據以處罰的法律或者是自治條例有沒有特別規定，如果有，就依據它的規定。如果沒有，那麼就要適用行政程序法第 1 章第 11 節，也就是第 67 條～第 91 條的規定了！

◆ 運用 ◆

§4408　　⑴本條屬於行政程序法第 95 條第 1 項所稱的「法規另有要式的規定」，所以，依法作成裁罰的處分，都必須作成裁處書，並依法送達。

§4409　　⑵由於本法對於裁處書的內容或格式，沒有明文規定，所以就要適用行政程序法第 96 條的規定，而關於送達就要適用行政程序法第 67 條～第 91 條的規定了！

§4410　　⑶裁處書的記載，特別要注意記載如不服裁處時的救濟方法、管轄機關和救濟期間，以免發生行政程序法第 98 條第 3 項規定延長有效救濟期限到一年的情況。

第9章

附 則

釋義

　　本章共二個條文，分別規定過渡時期裁罰事件的準據及時效的計算（第 45 條）、本法的施行日期（第 46 條）。

第**45**條

本法施行前違反行政法上義務之行為應受處罰而未經裁處，於本法施行後裁處者，除第十五條、第十六條、第十八條第二項、第二十條及第二十二條規定外，均適用之。

前項行政罰之裁處權時效，自本法施行之日起算。

◆ **釋義** ◆

(1)本條規定過渡時期裁罰事件的準據及時效的計算。基本上是基於法安定性原則 (Rechtssicherheitsprinzip)、法律不溯及既往原則 (Prinzip der Nichtsrückwirkung) 及實體從舊、程序從新原則，而作的規定❶。

§4501

(2)本條第 1 項規定本法施行前，也就是在民國 95 年 2 月 5 日以前，違反行政法上義務的行為，依法應該要受到處罰，而還沒有被裁處，在本法施行以後，也就是在民國 95 年 2 月 5 日以後才受到裁處的，那麼本法除了第 15 條(關於私法人法律上的行為人和事實上的行為人的兩罰)、第 16 條（關於設有代表人或管理人的非法人團體，法律上的行為人和事實上的行為人的兩罰)、第 18 條第 2 項（關於違規獲得超過處罰最高額時的加重裁罰)、第 20 條（關於為利他而從事違反行政法上義務，導致他人受罰，而行為人沒有被處罰，並獲得好處的，以及行為人受處罰，而他人未受罰，並獲得好處的，都在獲得財產利益價值內追徵）和第 22 條（所有人因為故意或者是重大過失，而使所有物成為從事違規行為受罰者的行為工具，或者明知物可以被沒入，為了規避該物被沒入，而取得該物的所有權的，都可以裁處沒入等規定）以外，都對於這些裁處案件有適用。

§4502

(3)在民國 95 年 2 月 5 日以前，違反行政法上義務的行為，應該要受到處罰，而還沒有被裁處，而在本法施行後，也就是在民國 95 年 2 月 5 日以後才受到裁處的，那麼不可以對它裁處的三年時效（本法第 27 條），就從本法開始施行，也就是民國 95 年 2 月 5 日開始計算。

§4503

§4504　　(4)如果其他法律已有特別的規定，依據本法第 1 條後段但書規定，當然適用其他法律的規定❷，包括：時效規定比較長或比較短。至於本法生效前就已經施行，而且對於裁處有時效規定的，那就更沒有本條第 2 項的適用了！

◆ 運用 ◆

§4505　　(1)雖然本條第 1 項後段規定，(本法施行前違反行政法上義務之行為應受處罰而未經裁處，於本法施行後裁處者)除第 15 條、第 16 條、第 18 條第 2 項、第 20 條及第 22 條規定外，均適用之，但是在適用時，仍然要注意本法第 5 條的規定。換句話說，還是有可能因為存在本法第 5 條規定「從新從輕」原則的適用情況，而應該適用較有利的行為時法，而不是本法的規定。不過，這仍然是適用本法的結果，而不是直接不適用本法所發生的結果。

§4506　　(2)適用本條第 2 項規定的時候，要注意在本法施行前，有關的行政違規行為，是不是已有法律規定裁罰的時效（例如：社會秩序維護法第 31 條第 1 項、道路交通管理處罰條例第 90 條、稅捐稽徵法第 21 條、第 23 條），而老早就已經開始生效，那麼相關的裁罰案件，就不受本條第 2 項的規範了！

■ 註釋 ■

❶　請參見林錫堯，《行政罰法》，初版，頁 153，元照 (2005.6)。
❷　相近的見解，請參見林錫堯，《行政罰法》，初版，頁 154，元照 (2005.6)。

第46條

本法自公布後一年施行。

◆ 釋義 ◆

(1)本條規定本法開始施行的日期，為本法公布後一年。　　　　　§4601

(2)根據中央法規標準法第14條規定，法規特定有施行日期，或者 §4602
以命令特定施行日期的，就從該特定的日期開始發生效力。有疑問的
是，本條規定的一年固應算足一年，但公布的當日到底要不要算入？
關於這個問題，中央法規標準法本身並沒有規定，而同法第13條的規
定也沒有適用，所以應該從一般的算法，它的公布日當天不算，本法
既然經總統於民國94年2月5日公布，那麼就應該從民國95年2月
5日凌晨起開始生效。

◆ 運用 ◆

(1)本法從公布後算足一年，才開始生效，所以從民國95年2月5 §4603
日起才開始施行。

(2)本法的規定，基本上不容許發生「先發效力」。但是，如果目前 §4604
的行政罰法規缺乏明文，而本法若干規定屬於不成文法原則的明文化
的，還是可以當作不成文法原則來適用。

(3)本法雖然自民國95年2月5日起開始施行，可是如果有第45 §4605
條第1項規定的過渡時期案件，那麼在本法施行後，還是有部分條文
規定，會因不溯及既往，而對於該等案件不適用。甚至因為有本法第
5條規定「從新從輕」的適用情況，而不適用本法的規定。

附　論──行政罰法的體系與基本問題

一　行政罰法在行政法中的地位

⑴法的體系概念

L001　　任何法律的正確掌握（解釋與適用），都必須從「體系的適當性」（或稱為「體系正義」）(Systemgerechtigkeit) 著手❶，而實證的法律體系，則必須從該國的當代法律最高價值觀（例如：人性尊嚴、國民主權、民主原則、法治原則、權力分立原則等）所形成的脈絡出發，迤邐而下，再根據實證法的位階秩序，也就是上自憲法、法律，下至法規命令，甚至行政規則等，逐一確立其價值的連鎖關係 (Wertjunktim)，從抽象到具體，從普通到特別，從基準到技術等關係，以確立「道一以貫之」的法價值體系❷。不僅實證法的形成，及其有關的詮釋，也都應循此一價值體系的指導與規範下為之，不可以有逸脫的情形。唯有如此，才可以確保法秩序的安定和妥當。

⑵行政罰法在行政法上的體系地位

L002　　形式意義的行政罰法，屬於一個年輕的法律，它和其他法律之間的關係，就必須先從法體系的關係中去確立它的地位，在解釋上與適用上，才不至於發生違反體系適當性 (Systemgerechtigkeitswidrigkeit) 或者唐突的結果。就像一個新生兒一般，必須靠家族的輩分與倫理關係，來確立他（她）和別人間的關係，才能使他（她）的舉止、行為，獲得倫常上的正當評價。雖然，行政罰法所規範的行政罰，屬於公權力的行使，具有干預行政或侵害性行政 (Eingriffsverwaltung) 的特質，自應適用諸如法律保留與自治條例保留、比例原則等屬於侵益行政應適用的法則。但如果從行政罰法的規定內容而言，其涵蓋範圍則很廣，而及於古典行政法的諸多基礎理論（如處罰法定主義、比例原則、從

新從輕、一事不多罰等原則），而且旁及作用法，亦即行為法中的程序方面，特別是即時處置、扣留、陳述意見、聽證等。此外，對於裁罰權限歸屬 (Zuständigkeitszurechnung) 也有部分的特別規定❸。

(3)行政罰法在法規範體系上的地位

行政罰法在我國法律上的地位，屬於憲法第 170 條及中央法規標 L003 準法第 2 條所稱的「法律」，依據憲法第 171 條第 1 項及中央法規標準法第 11 條規定，其規範地位低於憲法，而高於法規命令、行政規則，但它與其他法律之間的效力地位為何？則有進一步探討的餘地。

(4)行政罰法的規範事項與規範競合效力

就行政罰法與其他法律間的關係或地位而言，必須從其規範事項 L004 與其他法律的規範事項相同者，而根據中央法規標準法第 16 條關於「特別法優先於普通法」的規範，加以論究。就適用範圍或規範事項而言，行政罰法第 1 條前段已將之定位在「違反行政法上義務而受罰鍰、沒入或其他種類行政罰之處罰」。所以，其規範事項可以說相當的廣泛，與之會形成規範競合的法律❹，必然為數不少❺。雖然，行政罰法第 1 條後段但書規定：「但其他法律有特別規定者，從其規定」，行政罰法儼然被定位為普通法無疑。可是，對於涉及行政罰事項的其他法律，也可能被定位為普通法時，則這種「普通法反致」究應如何處理？就值得探討。

(5)行政罰法與行政程序法在規範上的地位關係

就上述問題，讓我們就自身也標榜屬於普通法的行政程序法，來 L005 說明它和行政罰法的地位關係。首先，行政程序法第 3 條第 1 項規定：「行政機關為行政行為時，除法律另有規定外，應依本法規定為之」。顯然，行政程序法就同法第 2 條所規定的「作成行政處分」、「締結行政契約」、「訂定法規命令」、「訂定行政規則」、「確立行政計畫」、「實施行政指導」及「處理陳情」等七大類型行政行為的程序，除其他法律另有規定以外，應依行政程序法的規定。由於行政罰不僅屬於行政處分的一種，而且為不利行政處分，甚至是制裁性的不利行政處分。如果依中央法規標準法第 16 條的規定，那麼行政罰法的有關規定，無

疑的，又屬於行政程序法的規定。準此，行政罰法第1條後段但書的規定，在此時並沒有辦法使它退讓至行政罰法之後。換句話說，行政罰法的規定原則上，就屬於行政程序法的特別法❻。

(6)普通法優先於特別法適用的例外

L006　　不過，儘管行政程序法相對於行政罰法，屬於普通法，行政罰法的規定應該優先適用。但是因為行政罰法本身的規定，行政程序法若干規定，反而應該優先於行政罰法而被適用的。例如關於陳述意見與聽證，因為行政罰法第42條第1款及第2款、第43條第3款的規定，而使得行政程序法第39條、第43條及第104條的規定，得以優先適用。再者，根據行政程序法第54條規定，如根據行政罰法第43條規定決定舉行聽證時，其有關程序，還是必須根據行政程序法第一章第十節的規定（第54條～第66條）。

(7)行政罰法應定位為基準法，而非普通法

L007　　最後，如果從立法論 (Gesetzgebungslehre)❼來看，行政罰法相對於既有的相關法規而言，不僅具有統一體系的目的（故以總則的地位出現），而且相關規定的價值取捨，也比較符合時代潮流，實在應該以「基準法」的地位出現才對❽。然而，行政罰法第1條但書規定，卻將其矮化為普通法，誠屬令人遺憾❾！在補救之道上，將來可以考慮重新逐一檢討相關法規「特別規定」的必要性和妥適性，然後予以必要的修正或刪除，以免減損行政罰法的規範機能。

二　行政罰的形成、審酌、加減與程序

(一)行政罰的形成

(1)形成行政罰的七要素

M001　　行政罰的形成，包括：①處罰依據的存在（處罰法定主義）❿（行政罰法第4條、第5條）；②處罰構成要件的該當性，亦即行為或不行為等狀態，該當於處罰法規的既有規定（行政罰法第1條、第2條、第10條、第15條～第17條）；③行為人具備責任能力（行政罰法第

9 條）；④行為人對於行為具有可歸責性，亦即故意或過失（行政罰法第 7 條）；⑤無阻卻違法事由的存在（行政罰法第 11 條～第 13 條）；⑥違規行為尚未逾處罰時效（行政罰法第 27 條、第 28 條）；⑦我國具有處罰管轄權（行政罰法第 6 條）。

⑵行政罰的概念與違反行政罰行為的概念

行政罰法上所謂「行政罰」的形成，其首要的要件，為存在「違反行政法上義務」的行為，而依法應受到「罰鍰」、「沒入」或「其他種類行政罰的處罰」。所以，「無行為，即無處罰」，而且縱有行為，但該行為並不違反行政法上的義務，也不構成行政罰的原因。不過，所謂「行為」，並不限於積極性作為，如果依法有作為的義務，而不為一定的作為，亦即消極地不為作為，恰好足以侵害原來法律課予行政法上作為義務所要保護的法益，那麼此種消極不作為，也等價於積極性作為。行政罰法第 10 條規定，對於違反行政法上義務事實的發生，依據法律負有防止的義務，能夠防止而不加以防止，那就和因為積極從事違反行政法上義務的行為，是一樣的❶。再者，因為自己的行為有導致發生違反行政法上義務事實的可能性，就負有防止它發生的義務。

M002

⑶行政罰與行政秩序罰的關係

就上述構成行政罰的原因行為而言，基於行政罰法的普通法地位，以及尊重其他法律的規範機能，基本上，行政罰法雖然不採取「行政秩序罰法」的稱呼，但是它的規制對象，基本上，仍然是以「違反行政秩序」的行為，作為其形成行政罰的原因。準此，行政罰法的規制對象，基本上限於行政秩序罰行為，如一行為同時構成秩序罰和特別刑罰，則依行政罰法第 26 條規定的「刑罰優先」原則處理。至於公務人員（不含自由專門職業從業人員）所受到的懲戒、懲處或懲罰行為，以及人民依據行政執行法所受到的執行罰，則不在行政罰法的規制範圍。

M003

⑷創設行政罰的準據法規

所謂「違反行政法上義務」，該義務的課予，參照我國法制（含憲法第 19 條～第 21 條、第 23 條、中央法規標準法第 5 條、地方制度法

M004

相關規定及行政罰法第 4 條等規定），限於以法律或自治條例為之者。

⑸行政罰的處分屬性

M005　　行政罰的構成，除了有關的行為必須是屬於違反行政法上義務的行為以外，該行為受到的相應處置，必須是屬於「裁罰性」的不利處分。所以，如果是為了命令除去違法狀態（如命令將違規停放的車輛開走）或停止違法行為（如命令在深夜不得再喧囂）、預防性的、保全性的措施（如限制出境措施），甚至是採取行政執行的方法（特別是即時強制措施），均不屬於構成行政罰的裁罰性不利處分 ❿。

⑹行政罰與裁罰性不利處分間的關係

M006　　從上述的說明，可以知道，一個違反行政法上義務的行為，而依法要受到「裁罰性的不利處分」，便成為一項行政罰法的核心概念。因此，如何界定一個處分是屬於行政罰法第 2 條所稱的「裁罰性之不利處分」，就具有舉足輕重的重要性。究竟什麼是針對違反行政法上義務所為的「裁罰性的不利處分」，範圍有廣有狹 ⓭。基本上，所謂「裁罰性的不利處分」，必須是處分機關對於違反行政法上義務(含作為義務、不作為義務與忍受義務）的行為主體或義務主體 ⓮，於具備責任要件 ⓯，且不存在免責事由的情況下 ⓰，為懲罰其違反行政法義務，乃課予對受處分人而言，屬於不利益的處分，而其種類除罰鍰、沒入以外，還包括：限制或禁止為一定行為、剝奪或消滅資格或權利、影響名譽、警告不為違規行為或教導其為正確的行為。

⑺行政罰的義務主體、責任主體

M007　　通常在行政法上的義務主體，即同時也屬於責任主體。但是，有時候基於法律的特殊政策考量，義務主體卻和責任主體加以分別。例如：電子遊戲場業管理條例第 20 條第 1 項規定，將電子遊戲場業負責人、營業場所管理人及從業人員規定為應接受檢查的義務人，但因規避、妨礙或拒絕接受檢查時，同法第 34 條卻規定以負責人為責任主體。又我國道路交通管理處罰條例第 85 條之 4 規定，未滿十四歲的人違反本條例的規定的，處罰他的法定代理人或監護人，也是將義務主體和責任主體切割。

(8)行政罰的法基礎與自治條例

　　構成行政罰的義務基礎和責任基礎，原則上必須是法律或自治條　　M008
例❶，而自治條例依地方制度法第 26 條第 2 項及第 3 項規定，其處罰
的罰鍰以新臺幣 100,000 元為上限，就其他種類的行政罰中，並限於
勒令停工、停止營業、吊扣執照或其他一定期限內限制或禁止為一定
行為的不利處分為限。惟依釋字第 313 號、第 390 號、第 394 號及第
402 號等解釋，法律得就處罰的構成要件或法律效果授權用法規命令
訂定，但對於授權目的、內容及範圍要具體明確。

(9)行政罰的準據法與法規判斷基準時

　　得據以裁處行政罰的法律或自治條例，依行政罰法第 4 條的規定，　　M009
必須是行為時已存在，而且在法理上，在裁罰時仍然有效存在。至於
如果在裁處時，原法律或自治條例已變更時，依同法第 5 條規定，則
適用行政機關最初裁處時的規定，亦宜採從新主義。但是如果裁處前
的法律或自治條例有利於受處罰者，則適用最有利於受處罰者的規定，
亦即從輕主義。所謂「最有利」，包括處罰較輕或不處罰兩種情形在內。
不過，除了變更後的規定是不再處罰以外，如何辨別處罰的輕重？依
本書所見，如果處罰種類都一樣時，屬於罰鍰的，就以何者的最高法
定罰鍰額較低為準。如果是屬於同法第 2 條各款的其他種類行政罰，
基本上，係以第 2 款處罰較重，第 4 款最輕。至於第 1 款與第 3 款規
定的處罰孰重，則可能因人而異，而不易論斷。不過，就第 3 款規定
的處罰原因行為而言，似乎較為嚴重，特別是就重視名譽的人而言，
更是如此❶。至於同屬沒入的，基本上，即無可比較的餘地。

(10)行政罰準據法規競合及變更時的準據基準

　　其次，如果處罰規定同時有數種，而各種均有變更時，基本上，　　M010
仍依上述主要標準項目的變更為準❶。

(11)行政罰與刑事罰競合，準據法規變更時之法規判斷基準

　　最後，如果處罰準據法規含有刑事罰與行政罰者，則以刑事罰的　　M011
變更為準。即使存在罰金與罰鍰的比較時，亦同。甚至在關於時效的
變更上，即使對於個案而言，尚未罹於時效消滅的情況，消滅時效變

更為較短者，應認為是對受罰人較為有利。

⑿行政罰的責任要件

M012　　就責任要件而言，行政罰法第 7 條規定，採取故意、過失責任主義❷。換句話說，行為人對於自己的行為會構成行政罰法上的處罰，至少要具有過失，也就是依法應該注意，依通常情況也能夠注意，但事實上卻未能注意，才具備了行為應該受罰的責任要件。至於故意，則比過失更嚴重。過失行為既然要罰，基於舉輕以明重 (argumentum a minore ad maius) 的法理，故意行為當然更要處罰。所以行政罰法第 7 條第 1 項規定，將故意和過失併列，只是基於法的明確性要求而已。即使只明文規定過失行為要罰，故意行為當然更要處罰。所謂的「故意」，包括有意違規的故意和有意為一定行為的故意。前者，是指行為人對於行為會構成行政罰有認識，亦即具有違法性認識，明知並有意使其如此❷。如果行為人誤以為其行為為法律所容許，而事實上並非如此 (禁止錯誤或禁止認知錯誤)，則依行政罰法第 8 條規定處理。後者，是指行為人對於客觀上會構成違規的事實(主觀上可能並無認識)，明知不可以使其發生，而仍然有意使它發生或容認它發生。通常論及行為人的行為有無故意、過失或無過失，指的都是後者，而不是違法性的認識。所以，行為人在客觀上須有預見可能性，而主觀上則必須具有可非難性和可歸責性才可以被追究違規責任。如果行為人的行為存有阻卻違法事由或無責任能力，那就無法被論以相關的責任。

⒀行政罰責任要件的判斷基準

M013　　法不外人情，法也是實踐的理性。行為是否應該被處罰，也要顧及行為人的責任能力。責任能力的界定，應恰如其分，不宜過寬或過嚴。行政罰的責任能力，基本上和民事上的侵權行為能力與刑法上的犯罪能力近似，是以普遍的行為人的是非辨識與決斷能力來作為判準。因此，年齡、精神狀態與意思是否自由，即成為重要的決定基準。當然，以年齡為基準，客觀而易於認定，而以精神狀態為基準，則須借助精神醫學鑑定。至於行為人於行為時的意思是否處於自由、可自主支配的狀態，則不僅要個案判斷，而且在行為後事過境遷，難免難以

舉證或易流於各說各話。

⒁年齡與責任能力的關係

依行政罰法第 9 條第 1 項規定,行為人在行為時如果未滿十四歲, M014
則其行為不予處罰, 諒以未滿十四歲的少年, 生理與心理發育尚未臻
成熟健全, 是非善惡的辨別能力尚有未足（至於若干法規特別規定處
罰其法定代理人或監護人, 目的則在於嚴求其法定代理人或監護人負
起防免的責任❷）, 而同條第 2 項規定十四歲以上未滿十八歲的青少
年, 其行為得減輕處罰, 其原因在於該等年齡之人, 涉世未深, 辨識
行為是否違法的能力較低, 思慮有欠周延之故❸。不過, 由於當代教
育普及, 資訊發達, 十四歲以上未滿十八歲的青少年, 並不見得都是
如此,特別是城市中人。所以, 行政罰法第 9 條第 2 項只將它列為「得」
減輕處罰的原因之一❹。該管機關在裁處時, 仍應依職權作必要的裁
量。根據年齡或後述的精神狀態來定的責任能力, 依事物的本質, 僅
適用於自然人, 而不及於法人、非法人的團體與機關, 對於此等責任
主體, 只有責任條件的問題, 附此說明❺。

⒂精神狀態與行政罰責任能力的關係

行政罰法第 9 條第 3 項及第 4 項, 為了克服使用「心神喪失」與 M015
「精神耗弱」, 以描述欠缺或減弱判斷或辨識事理的精神狀態時存在的
過於抽象, 乃分別使用「行為時因精神障礙或其他心智缺陷, 致不能
辨識其行為違法或欠缺依其辨識而行為」及「行為時因前項之原因,
致其辨識行為違法或依其辨識而行為之能力, 顯著減低」, 並分別列為
行為不處罰及「得」減輕處罰的原因。

⒃行為不自由的責任與原因自由行為理論

值得注意的是, 行政罰法第 9 條第 5 項採取了學理上的「原因自 M016
由行為」理論, 規定如果行為人在行為時精神有障礙❻, 是因為行為
人故意或因為過失而惹起的, 則縱然行為人在行為時有同條第 3 項或
第 4 項規定的因精神障礙等, 致不能辨識其行為違法或欠缺依其辨識
而為行為的能力或此等能力顯著減低, 仍然沒有同條第 3 項與第 4 項
規定的適用。換句話說, 就不能據以免除受罰或減輕處罰。在此必須

強調的是，行政罰法雖然沒有規定「行為（意思）不自由」，例如行為人被持槍脅迫作違規的行為，致失意思自律性（如以生命相逼），也屬於行為不處罰的原因，顯然就存有漏洞，應該類推適用精神障礙或根據舉輕以明重 (argumentum a minore ad maius) 的法理，認為此時行為人的行為也不應處罰。

⒄阻卻責任事由：依法令行為不罰

M017　　行政罰法第 11 條第 1 項規定，將「依法令的行為」，列為行為不處罰的事由（立法以免責事由稱之）。學說將其與正當防衛及緊急避難，共稱為「阻卻違法事由」。其實若從規範衝突的理論來看，只能說是行政罰法或其他相關的特別法規對於與之具有衝突或競合的相關法令規定，容認其優先效力或合法效力，以排除該行為的義務違反性格，並避免行為人無所適從的情況而已。

⒅有條件的阻卻責任事由之一：依職務命令行為不罰

M018　　行政罰法第 11 條第 2 項規定，將「依所屬上級公務員職務命令的行為」，列為免責的事由。但是排除明知職務命令違法，而未依諸如公務員服務法第 2 條及公務人員保障法第 17 條規定的程序向該上級公務員陳述意見的情形。本項但書適用的前提，似乎必須是公務員基於上級公務員職務上的命令而為行為，而且「明知」該職務命令違法的情況。然而，如果參以公務員服務法第 2 條及公務人員保障法第 17 條規定，似乎該等陳述意見或報告的時機，並不以其明知或確知該職務命令違法為必要，而是只要有所意見或懷疑時即可。因此，本書認為本項但書中的「明知」，似乎應修正為「懷疑」較妥。

⒆有條件的阻卻責任事由之二：正當防衛行為

M019　　行政罰法第 12 條規定，對於現在不法的侵害，而出於防衛自己或他人權利的行為，不予以處罰。但是防衛行為不可以超過正當、必要的程度，否則，僅能夠依具體的情節，也就是在他人的不法侵害的種類和程度與行為人防衛行為的方法和程度之間，去裁量究竟是要免除其處罰或僅減輕其處罰。第 12 條及第 13 條與第 18 條及第 19 條等規定，均構成裁罰機關的裁量權（義務）基礎。在此附帶一提的是，如

果防衛過當的程度已經達到惡性攻擊或者報復的程度，則不能再論以正當防衛，而邀寬貸，否則，難免發生以暴制暴的情況。

⑳有條件的阻卻責任事由之三：緊急避難行為

　　行政罰法第 13 條規定，因為要避免自己或者他人生命、身體、自　M020
由、名譽或者財產上的緊急危難，而出於不得已的行為，不予處罰。
但是避難行為還是不可以超過正當、必要的程度，否則，僅能夠依具
體的情節，也就是在緊急危難可能造成的結果與行為人避難行為之間，
去裁量究竟是要免除其處罰或僅減輕其處罰。第 13 條及第 12 條與第
18 條及第 19 條等規定，均構成裁罰機關的裁量權（義務）基礎。在
此也需要附帶一提的是，如果避難行為過當的程度已經達到惡意嫁禍
的程度，則不能再論以正當的緊急避難行為，而邀寬貸。

㉑共同違規的分別處罰與身分犯

　　行政罰法第 14 條第 1 項規定，行政罰上的故意共同實施者（可稱　M021
為共犯），除法律另有規定者外（如遺產及贈與稅法第 47 條規定），其
處罰採個別責任，依各自的行為情節，依有關的裁處規定（如同法第
18 條、第 19 條、第 12 條及第 13 條等），分別處罰。並不採民事侵權
行為責任的共同連帶，而類似於刑事上共犯的個別負責制度❷❼。第 14
條第 1 項的處罰，不僅限於故意共同實施者，而不及於過失犯與單純
的同時犯，同時也不及於同一義務主體的多數內部成員關係❷❽（此部
分應依同法第 15 條～第 17 條等論處）。同條第 2 項對於具備特殊身分
或特定關係，而成立行政罰行為者，除具備該等身分或特定關係的人，
依各該法規規定處罰以外，對於無該等身分或特殊關係的行為人，特
別規定仍予以處罰，以免發生疑義，並杜僥倖。同條第 3 項對於因身
分或特定關係，導致處罰有重輕或免除的時候，沒有這種身分或特定
關係的行為人，則處以通常的處罰。

㉒併同處罰之一：私法人有代表權之人

　　私法人得為行政罰的責任主體，其責任要件的成立復以其代表人、　M022
管理人、其他有代表權之人或實際行為之職員、受僱人或從業人員的
故意或過失來論斷，已分別見於行政罰法第 3 條及第 7 條規定。對於

私法人違反行政法上的義務，除有關的法律或自治條例，已採取併罰私法人與實際行為人的規定以外，行政罰法第 15 條第 1 項特別作一般性的規定，以私法人的董事或其他有代表權的人執行職務或為私法人的利益而為行為，致使私法人違反行政法上義務應受處罰，當此等行為人具有故意或重大過失時，採取並受同一罰鍰之處罰的制度，以加重此等行為人的社會倫理意識。第 15 條第 1 項後段雖採取「除法律或自治條例另有規定外」的立法體例，似乎欲將該等法律或自治條例定位為同法第 1 條後段但書規定的特別法❷。其實，本項規定的作用或功能，應該是在於填補過去僅限於法律有明文採取併罰時，始能對法人及行為人併罰所存在的罅隙。因此，在解讀本項規定時，不能將「法律或自治條例另有規定」，解為不適用併罰的根據❸。至於同條第 2 項規定，則在於落實私法人之董事或其他有代表權之人對其職員、受僱人或從業人員的法定監督職責，並以其故意或重大過失，應防止違規而未防止，作為應並受同一規定罰鍰處罰的要件。由於當前的法律或自治條例，尚未見有類此的規定或有無過失責任的規定。因此，本項規定中的「除法律或自治條例另有規定外」，僅能視為是一種預備性立法或超前性立法，而不能解為是免責的根據。又同條第 3 項規定罰鍰額度，除考量受併罰者的資力，限制同一罰鍰最高額度以外，並從不當利得的觀點，再予以放寬。惟本項規定，與同法第 20 條第 1 項與第 2 項規定，並不相同。前者，屬於並受罰鍰的處罰，而後者，則屬於不當利得的追繳，但因對於主體有特別限定，在故意、重大過失的範圍內，應解為是後者的特別規定，而且不是補充或擇一適用的關係（其間的關係，另詳本書旁碼 M029）。

⒇併同處罰之二：非法人團體或其他私法組織有代表權之人

M023　　行政罰法第 16 條規定前條關於並受處罰鍰的規定與限制，對於設有代表人或管理人的非法人團體，或法人以外的其他私法組織，違反行政法上義務，而應受到行政罰的，也準用之。由於同法第 3 條業已將設有代表人或管理人的非法団體，規定也具有行政罰的責任能力，而成為行政罰的責任主體，而其代表人或管理人的地位與私法人的董

事或其他有代表權之人相當，自然也應該負起相同的併同受罰鍰的責任，是以有此明文。

⑵⑷機關或公法組織的處罰

中央或地方機關或其他公法組織依行政罰法第 3 條規定，亦具有 M024
行政罰的責任主體性，但必須法律或自治條例有所規定時，方有適用，
這也是同法第 4 條和第 17 條規定的意旨。此外，同法第 7 條規定並以
其實際行為人的故意或過失，來認定該等機關或組織的責任要件，已
見前述，在此不贅述。至於此等組織或機關如與其他責任主體故意共
同實施違規行為的，除仍有同法第 14 條規定的適用以外，是不是也有
同法第 15 條及第 16 條規定的適用，難免有所疑義。因此，同法第 17
條特別明文依各該法律或自治條例的規定。

㈡行政罰的審酌加減及擴張

⑴裁處行政罰時的應審酌事項

行為或不行為該當於行政罰法規的構成要件時，裁處行政罰時的 M025
應審酌事項，包括：⑴行為應受責難的程度（行政罰法第 18 條第 1 項）；
⑵行為所產生的影響（行政罰法第 18 條第 1 項、第 19 條）；⑶行為或
不行為者因違規所得的利益（行政罰法第 18 條第 1 項）；⑷受罰者的
資力（行政罰法第 18 條第 1 項）；⑸裁罰準據法規的選取（行政罰法
第 24 條、第 26 條）。

⑵裁處罰鍰的審酌事項

裁量的制度功能，在於追求個案的正義或具體的妥當性。裁量權 M026
的行使，不僅應注意法規賦與裁量的目的，同時也應該注意裁量應斟
酌因素的完整與界限。行政罰法第 18 條第 1 項規定，裁處罰鍰時，其
應斟酌的裁量因素，包括：⑴行為應受責難的程度、⑵行為所產生的
影響、⑶行為或不行為者因違規所得的利益、⑷受罰者的資力。其中
⑴～⑶屬於應斟酌事項，而⑷則屬於得斟酌的事項。

⑶裁處的加減

行為人因違反行政法上義務所得的利益，除了在處罰鍰（含行政 M027

罰法第 15 條第 1 項規定的並受同一規定罰鍰的處罰）時應該予以考量，以決定具體的罰鍰額以外，行政罰法第 18 條第 2 項規定，如果行為人因違反行政法上義務所得的利益超過法定罰鍰最高額的，還可以在所得利益的範圍內加重，不受法定罰鍰額的限制。此一規定，一般性地擴張裁量的界限，值得注意。又同條第 3 項規定：「依本法規定減輕處罰時，裁處之罰鍰不得逾法定罰鍰最高額之二分之一，亦不得低於法定罰鍰最低額之二分之一；同時有免除處罰之規定者，不得逾法定罰鍰最高額之三分之一，亦不得低於法定罰鍰最低額之三分之一。但法律或自治條例另有規定者，不在此限。」顯然在法律或自治條例無特別規定時，對於既有裁量權又有一般性的額外限制，屬於法定的裁量基準規定，同樣值得特別注意。又同條第 4 項對於課處罰鍰的裁量規定，於其他種類定有期間的行政罰，如限制或禁止行為的處分有一定期間者，亦準用之。

⑷沒入的主體對象原則與擴大沒入

M028　　關於得沒入的主體對象或範圍，行政罰法第 21 條：「沒入之物，除本法或其他法律另有規定者外，以屬於受處罰者所有為限。」可以稱為是沒入的基本原則。同法第 22 條則擴大了得被課予沒入處分的主體範圍，其規定內容為：「不屬於受處罰者所有之物，因所有人之故意或重大過失，致使該物成為違反行政法上義務行為之工具者，仍得裁處沒入。　物之所有人明知該物得沒入，為規避沒入之裁處而取得所有權者，亦同。」第 1 項規定類似於對幫助犯的處罰，而第 2 項的規定，則類似對於收受贓物犯的處罰。

⑸沒入的原則與追徵沒入

M029　　行政罰法第 21 條規定：「沒入之物，除本法或其他法律另有規定者外，以屬於受處罰者所有為限。」就被沒入的客體言，樹立了「原物主義」原則。但為落實沒入的制度，同法第 23 條乃創設了「價額主義」或「代償價額主義」。其規定內容為：「得沒入之物，受處罰者或前條物之所有人於受裁處沒入前，予以處分、使用或以他法致不能裁處沒入者，得裁處沒入其物之價額；其致物之價值減損者，得裁處沒入其

物及減損之差額。　得沒入之物，受處罰者或前條物之所有人於受裁處沒入後，予以處分、使用或以他法致不能執行沒入者，得追徵其物之價額；其致物之價值減損者，得另追徵其減損之差額。　前項追徵，由為裁處之主管機關以行政處分為之。」不過適用第 23 條時，將遇到的難題，就在於價額計算的時點基準為何的問題。詳言之，在第 23 條第 1 項與第 2 項規定的情況，是否以裁處沒入時或義務人處分、使用、以他法致不能裁處沒入或執行沒入時為鑑價基準時，即值得討論。為統一及求客觀計，本書採裁處時說。故裁處的主管機關依同條第 3 項為處分時，其價額與差額的計算基準，即應採沒入處分時的沒入物價額為基準。

⑹不當利得的追繳

　　行政罰法為防止脫法及填補制裁漏洞，以追求公平正義，對於因 　M030
違反行政法上義務行為，而獲得不法利益（非屬於行政法上一般所稱的公法上不當得利，亦不屬於民法上的不當得利），特於第 20 條規定：「為他人利益而實施行為，致使他人違反行政法上義務應受處罰者，該行為人因其行為受有財產上利益而未受處罰時，得於其所受財產上利益價值範圍內，酌予追繳。　行為人違反行政法上義務應受處罰，他人因該行為受有財產上利益而未受處罰時，得於其所受財產上利益價值範圍內，酌予追繳。　前二項追繳，由為裁處之主管機關以行政處分為之。」本條規定與私法人有代表權人及非法人團體或其他私法組織有代表權之人的並受處罰鏠責任規定，如前所述（本書旁碼 M021），在故意或重大過失的情況，屬於普通的規定，既無法優先適用，也無擇一適用的關係。因為該等人員在非屬故意或重大過失的場合，既無行政罰法第 15 條第 1 項的適用，即仍有同法第 20 條規定適用的可能。詳細來說，私法人的董事或其他有代表權之人或非法人團體或其他私法組織有代表權人或管理人，因執行職務或為私法人、非法人團體或其他私法組織之利益為行為，致使私法人、非法人團體或其他私法組織違反行政法上義務應受處罰，但其於行為時並無故意或重大過失，其即無法依同法第 15 條第 1 項被課予並受同一規定罰鏠的處罰，如其

因該行為而受有財產上利益，自仍應依同法第 20 條第 1 項規定，在其所受財產上利益價值範圍內酌予追繳。至於私法人、非法人團體或其他私法組織的職員、受僱人或從業人員，因執行其職務或為私法人、非法人團體或其他私法組織的利益而為違反行政法上義務行為，根據同法第 3 條規定，其亦屬於行為人，如依法律或自治條例應受處罰，而該等私法人、非法人組織或其他私法組織未受處罰，如其受有財產上的利益，自應依同法第 20 條第 2 項規定，在其價值範圍內，酌予追繳。

(三)行政罰的程序

(1)行政罰的裁罰前提

M031　　行政罰的裁罰程序❸，首須判斷有無裁罰權及管轄權（行政罰法第 6 條、第 29 條～第 32 條）及行為或不行為是否該當於處罰法規規定的構成要件及行政罰法規定的責任要件。其次，應認定是否已罹於時效（行政罰法第 27 條、第 28 條）。最後，應對於該當於處罰法規的行為進行採證與保留證據、提供行為人陳述意見或聽證、作成裁決書。

(2)行政罰的裁罰程序

M032　　行政罰法本身對於行政裁罰有關的程序，並無完整的規範，依行政程序法第 3 條第 1 項規定，行政程序法的相關規定，特別是第 1 章第 6 節調查事實及證據、第 10 節聽證、第 11 節送達、第 2 章行政處分，自應適用❸。

(3)行政罰法規定的裁處程序

M033　　行政罰法第 8 章規定的裁處程序（含救濟程序），包括：出示證明文件及告知違反的法規義務（第 33 條）、即時處置與限制（第 34 條）、即時處置的救濟與處理（第 35 條）、物的扣留與限制（第 36 條）、強制扣留（第 37 條）、扣留紀錄與收據（第 38 條）、扣留物的處理（第 39 條）、扣留物的發還（第 40 條）、扣留的救濟與處理（第 41 條）、陳述意見與例外（第 42 條）、聽證及例外（第 43 條）、裁處書的製作與送達（第 44 條）。值得注意的是，行政罰法第 42 條及第 43 條規定，

似乎將行政程序法有關陳述意見及聽證的規定，列為得與行政罰法擇一適用或具備等價關係的程序。

三　重複處罰的禁止

⑴一行為不二罰

違規責任的追究，不僅在責任法規的制定時，要符合「比例原則」　N001
或「相當性原則」，在實際究責時，更應要根據依法行政原則，作正確的事實認定與適當的效果裁量。重複處罰的禁止或是一事（行為）不二罰原則，為現代法治國家的重要原則之一。行政罰法第 24 條及第 26 條，即屬於此等原則的具體化規定，而大法官多號解釋與司法機關的多號判解，亦涉及此等原則。不過，在法學的探究與司法實務上，其核心概念在於何謂「一行為」與何謂「數行為」的判斷基準為何的問題❸❸。

⑵一行為的概念與種類

向來在制裁法規上，對於違規行為的單一性，有「自然的一行為」　N002
和「法律上的一行為」之分。行為，係一種有意識或價值取向的綜合性動作組合。基於一般人的普遍概念，自然的一行為固然與法律上的一行為無太大的分野，但是法律亦常基於特殊政策的考量，而有不同的認知基礎，導致二者間發生歧異。

⑶判斷行為數的基準

對於行政罰的行為個數，通常固然採取「同一違法意思說」❸❹，　N003
亦即以行為人於行為前與行為中的主觀決意違反特定行為義務數來決定，但是在實證法律上，基於特殊的價值考量、公平正義或避免爭議的產生，乃有以一定時間的經過為行為數判斷基準者，例如以日為單位的按日連續處罰❸❺、以每二小時為違規行為數單位❸❻；或以空間（距離）單位計算行為個數❸❼；或以違規行為外觀的次數為單位計算行為數❸❽。

⑷自然的一行為

自然的一行為，必須從自然生活或經驗來觀察，凡是一個行為可　N004

以被分割為數個動作，但該等動作僅能構成一個有意義的生活事件，則行為人的行為若係本於單一與同種類的意思決定（決意），而數個可分割的部分行動在時空上具有緊密相鄰接的關係，從旁觀者的立場觀之，得以被視為是單一的綜合行為，而無法作分割者，即屬於自然意義上的一行為❸。

(5)法律上的一行為

N005

多數自然的一行為，基於法的情感或法律政策，在立法技術上經由法律構成要件的結合，評價為單一的行為。因此，學說乃將法律構成要件上的一行為、繼續性，而無偶發不同要件行為發生或法定時空間隔、連續的違法行為狀態，論以「法律上的一行為」❹。

(6)屬於法律上的數行為之自然的一行為

N006

若從自然意義上的行為概念來看，不僅單一的自然上一行為（例如：於自用住宅違規經營特種行業），在法律上因追求不同行政目的，而可能被評價為數行為（例如：營工商業，而未辦理商業與稅籍登記，致亦漏報營業稅，甚至違反消防與建築法規等）。換言之，在自然外觀上毫無行為存在的「不作為」狀態，在法律上因為違反數個被課予的義務，而被評價為「數行為」❹。究竟作為或不作為應屬於單一行為或數行為，不能只純為行為人開脫法律責任，而從法規競合觀點❷，論以一個行為，而應從立法目的與相關法益的保障，兼及行為人的行為動機、目的、態樣、處罰種類等，去判斷與評價行為的個數，再據以論罰。過去實務界與學術界，對於自然意義上的一行為，在法律上是否應該或可以被評價為包括行為罰與漏稅罰在內的數行為，而應予以併罰，或者僅應被評價為實質上僅為一行為的競合關係，而採取吸收論責的問題，曾有不同的見解與爭論❸，迄今似仍無定論。

(7)一行為違反數罰鍰競合法規時的一行為不二罰

N007

對於一行為違反數個行政法上義務，而應受到罰鍰的處罰，行政罰法採取法定罰鍰額較高法規優先適用及裁罰額相對較高主義、罰鍰與沒入及其他種類處罰得併罰主義、拘留優先於罰鍰原則，而於第24條規定：「一行為違反數個行政法上義務規定而應處罰鍰者，依法定罰

鍰額最高之規定裁處。但裁處之額度，不得低於各該規定之罰鍰最低額。　前項違反行政法上義務行為，除應處罰鍰外，另有沒入或其他種類行政罰之處罰者，得依該規定併為裁處。但其處罰種類相同，如從一重處罰已足以達成行政目的者，不得重複裁處。　一行為違反社會秩序維護法及其他行政法上義務規定而應受處罰,如已裁處拘留者,不再受罰鍰之處罰。」

(8)一行為違反刑罰法規與罰鍰行政法規時的一事不二罰

　　對於一行為同時構成應處以罰鍰與刑事罰，行政罰法採取刑罰優先原則，而於第 26 條規定：「一行為同時觸犯刑事法律及違反行政法上義務規定者，依刑事法律處罰之。但其行為應處以其他種類行政罰或得沒入之物而未經法院宣告沒收者，亦得裁處之。　前項行為如經不起訴處分或為無罪、免訴、不受理、不付審理之裁判確定者，得依違反行政法上義務規定裁處之。」 N008

四　連續處罰的認定與問題

(1)連續處罰與重複處罰概念上的區別

　　連續處罰和前述的重複處罰，雖然在法的概念上並不相同，但在一般人的認知上，則很容易形成混淆，甚至在立法上是否有必要採取連續處罰的制度，也頗有爭論。連續處罰又有行政秩序罰上的連續處罰與行政執行罰上的連續處罰（怠金）。前者，散見於工業安全法規、環保法規❹、航業管理法規❺、建築安全法規❻。後者，則規定於行政執行法第 31 條❼。其實，前述的重複處罰的禁止，不管是從自然意義的單一行為或法律意義上的單一行為，凡是被定位為單一行為者，都不可以處罰二次以上。否則，就會違反一行為不二罰的原則。但是在連續處罰的情況，其重點則是不管是按日、按次或按時，基本上，係對於自然意義上的一行為，透過立法的方法，以特定單位來計算行為數，而使其成為法律上的數行為，並就該等行為的持續狀態，按該等計算單位予以處罰❽。所以，它並不構成一行為重複處罰的問題，而應該在於法律上如此規定的必要性與正當性是否存在的問題❾。 O001

(2)按時間計次處罰與連續處罰的關係

O002　　對於長時間違規停車，依道路交通管理處罰條例第 85 條之 1 第 2 項第 2 款規定，在違規車輛移置前，每二小時即得予以開單處罰一次，實質上與按每二小時連續處罰無異。其差別，則僅在於具舉發權者是否準時前往開立舉發單而已！其實，不管是在按日連續處罰、按二小時處罰或按次連續處罰，該等得據以處罰的基準單位，均係在建立法律意義上的行為數，而讓裁罰機關得以依行為數裁罰，而不致違反「一行為重複處罰」的原則而已，而不是說可以在裁罰時一次算總帳，將裁罰前已累計的行為數，一次處以數個行為數的處罰總額方式加以裁罰。

(3)連續處罰的必要性與妥當性

O003　　基於上述的提綱挈領式說明，剩餘下來的問題關鍵，則僅在於立法將自然意義上的一行為，評價為法律意義上的數行為，而責成或容許裁罰機關依數行為數處罰或分別裁罰的要求予以處罰，並形成連續處罰的現象而已！在立法政策上是否有必要如此，涉及到憲法第 23 條等所揭櫫的比例原則問題。詳言之，如果連續處罰有助於目的的達成，而連續處罰的間隔單位也符合必要性與相當性原則，即具有妥當性，而可以容許。以釋字第 604 號解釋的解釋客體而言，道路交通管理處罰條例第 85 條之 1 規定的連續舉發，就當前的交通容量能力、需求、拖吊人力與容納場所能力等特性，加上國人的守法習慣，即時強制或執行拖吊，僅能說是一種與連續舉發處罰相併行的方法，而不能謂有強制拖吊的制度，即不得再透過立法方式，將自然意義上的一個違規行為，評價為法律意義上的數行為，而連續加以舉發與處罰。

五　行政罰與地方自治立法

(1)自治條例的有限度行政罰規制權

P001　　雖然行政罰法是由中央立法的法律,而且根據地方制度法第 30 條第 1 項的規定，地方自治立法和法律牴觸的，無效。但是，不僅由於地方制度法第 26 條第 2 項規定「直轄市法規、縣（市）規章就違反地方自治事項之行政業務者，得規定處以罰鍰或其他種類之行政罰。但

法律另有規定者，不在此限。其為罰鍰之處罰，逾期不繳納者，得依相關法律移送強制執行。」第 3 項規定「前項罰鍰之處罰，最高以新臺幣十萬元為限；並得規定連續處罰之。其他行政罰之種類限於勒令停工、停止營業、吊扣執照或其他一定期限內限制或禁止為一定行為之不利處分。」授權地方自治團體有限度的行政罰規制權，抑且行政罰法第 4 條及第 5 條規定，也再次承認地方自治團體對於行政罰的立法規制權。不過，在此就會發生行政罰法第 1 條前段所稱「行政法」是否包括地方自治法規及後段所稱「其他法律」是否專指形式意義的法律，亦即中央制定的法律之問題。

(2)自治條例與行政罰法效力上的關係

針對上述問題的前一問題，論者持肯定見解，而對於後一問題，   P002
則持否定的見解❺。對於前一問題，根據地方制度法第 26 條第 2 項及第 3 項的規定及行政罰法作為行政罰的普通法，以及建立行政罰規範體系的完整性，基本上也持肯定的見解，但是對於後一問題，則無法無條件同樣完全持否定的看法。因為行政罰法固然是屬於位階高於自治條例的中央制定的法律，但是地方制度法及行政罰法本身均仍有限度的容許地方自治條例就行政罰另為規範，例如關於連續處罰的規定，基於地方制度法第 26 條第 3 項規定，如地方自治條例對於違規行為作成連續處罰的規定，則不能因為行政罰法並無連續處罰鍰的規定，而否認地方自治條例根據地方制度法第 26 條第 3 項規定所為的連續處罰規定，不屬於行政罰法的特別規定，其理甚明，無庸贅述。

(3)自治條例的優先適用與其法的屬性關係

再者，如果因為行政罰法本身的規定，而使得自治條例優先適用，   P003
則即使不把它論以「其他法律另有規定」，其結果似乎也無何差異。例如：基於行政罰法第 4 條、第 5 條、第 15 條第 1 項、第 2 項、第 17 條、第 18 條第 3 項的規定，而自治條例有不同於行政罰法的規定時，在法的適用上，地方自治條例的適用效力，顯然優先於行政罰法。

(4)管轄先後與一行為不二罰的關係

至於論者指出行政罰法第 7 章關於管轄機關的程序設計，並不當   P004

然以中央機關享有優先管轄權，馴致基於「處理在先的機關管轄」，而處理在後的機關，將受到一行為不二罰原則的約束❺，係基於行政罰法本身的規定使然，似乎和地方自治條例在例外情況下，優先於行政罰法被適用無涉。再者，關於行政罰鍰收入的歸屬，行政罰法並無明文，通常有關的地方自治條例也是一樣，而根據財政收支劃分法第23條、第4條之附表，則視裁罰管轄機關而定其歸屬，和行政罰法及地方自治條例規範效力孰為優先並無關係，併此說明。

六 本法爭議問題分析

(1)行政罰法究應定位為基準法或總則法或普通法的爭議

Q001　　行政罰法從它的規定內容來看，屬於行政罰的總則性規定，對於行政罰的共通原則，包括實體的與程序的原則與制度，都有所規定❺。但純從第1條規定來看，當它相對於其他行政罰的法規規定，則屬於普通法❺。對於將行政罰法定位為行政罰的普通法，學者間頗有異見❺。有認為將行政罰法定位為普通法不僅無法解決現存的各項問題，且與行政院法規委員會所確立的原始立法目的不合，而認有將其制定為總則性規定的必要❺。有則認為，將行政罰法定位為普通法，即喪失了統一且重新規範行政罰新秩序的任務❺。本書認為，行政罰法不僅從其立法目的或應有的功能取向來看，應該被定位為關於行政罰的總則法與基準法或基本法，即從立法的時序與法的純粹理性思維上來看，通常先制定的（舊）法規應屬於普通法，而其後因特別需要而制定的（新）法規，才屬於特別法，殊少特別法出現在先，而普通法出現在後者。即使在先的眾多法規有統一的必要，而於其後另制定一統一性的總則性規定，也應以基本法或基準法的地位出現，方屬正常現象❺。

(2)行政罰法應否對於自治條例讓步的爭議

Q002　　行政罰法第1條但書中所稱的「其他法律」，是否包括自治條例，學者有持否定看法的❺，基本上此種見解應該可以被接受。因為自治條例的位階依地方制度法第30條第1項規定，低於法律。所以除非行

政罰法，例如第 15 條第 1 項但書、第 2 項但書、第 17 條、第 18 條第 3 項但書❺❾或其他法律❻⓿容許它作特別的規定，否則，不能排除行政罰法的適用。既然是行政罰法本身或其他法律容許自治條例作不同於行政罰法的規定，自亦無所謂行政罰法向自治條例讓步的問題。

⑶同一公法人之機關間，能否互為行政罰裁處機關與受罰機關的爭議

　　同屬於一公法人的數機關間，能否基於行政罰法第 3 條將機關列為行政罰的責任主體，而對於另一機關的違反行政罰行為裁處，學者間有不同的意見。有認為，既然機關若立於人民同一地位而受處分時，亦可提起爭訟，間接肯認機關亦得為處分的相對人，行政罰作為行政處分的一種，中央或地方機關成為行政罰的對象並無問題❻❶。惟另有學者從行政處分的法效性要件出發，認為同一公法人的機關對另一機關處罰，而其法效果由同一公法人承受，並不符合行政處分的要件。再者，若兩機關間具有監督服從關係，亦不應捨監督的手段，而改以行政罰的制裁手段，並指出廣泛承認中央或地方機關得為行政罰對象的作法，非屬適切的立法❻❷。本書認為，是否承認機關對於他機關對其所為的處分得以進行行政爭訟（例如我國訴願法第 18 條），與同一法人的一機關能否對於他機關為處分無必然關係，蓋制度的功能設定不同也。至於同屬於一公法人的數機關間，能否基於行政罰法第 3 條將機關列為行政罰的責任主體，而對於另一機關的違反行政罰行為裁處問題，本書則採肯定說。其理由，一方面在於避免官官相護或只許州官放火，不許百姓點燈的傳統習性，另一方面則在於落實行政法制分官設職與權限尊重原則。再者，即使是同屬於一公法人的情形，不僅機關各擁有其預算，即使在追求安全等公益上，而課處限制或禁止行為的裁罰性處分，並無何不當之處。

⑷我國駐外領使館內違反行政秩序罰與外國駐我國之領使館內違反行政秩序罰的管轄權歸屬爭議

　　學者間有對於在我國駐外領使館內有違序行為，可否視為於我國領域內有違序行為，有肯定說與否定說的不同見解。前者，係基於國際法上的領土延伸原則及行政罰法第 6 條第 2 項的規定。後者，則以

尊重外國主權、內外國法律平等及基本人權為考量依據❸。本書認為，除非相關國家對此已有特別的條約或協定，否則，基於國際法的領土延伸原則與主權的尊重，應採取肯定見解較妥。

(5)行政罰法第 7 條第 2 項之「推定故意、過失」，是否為錯誤規定的爭議

Q005　　行政罰法第 7 條第 2 項規定，在法務部草案採取「擬制故意、過失」，直到立法院因立法委員質疑對人民權益影響太大，應容許業主有反證推翻的機會，而改採「推定故意、過失」的制度❻。學者普遍基於法人實在說，而主張此一修改，在立法技術上，應屬於錯誤的立法❻❻。惟學者間，似亦有不認其屬於錯誤之規定者❻。本書認為，不僅在法人的情形，基於法人實在說的觀點，應採取擬制故意或過失，即在於設有代表人或管理人的非法人團體、中央或地方機關或其他組織的情形，亦應類推適用同一理論，採取擬制說，而非推定說。此外，基於本條和第 15 條～第 17 條規定間的體系諧和關係，以及實際行為人僅屬於該等組織的手腳（工具說），故亦應全面採取擬制說。

(6)行為違法性、責任能力與責任要件三者論斷順序的爭議

Q006　　學者間有提出行為人無責任能力，同時亦不具備故意或過失的責任要件時，在理論上應無何解釋兩者的分割問題❻。本書認為，在行政罰法的適用上，與其他制裁法規同，行為須先具備違法性後，始有必要探究行為人是否具有責任能力，而唯有當行為人具備責任能力以後，始應就其行為時是否亦具備責任要件再加以論究。

(7)原因自由行為的獨立處罰能否排除行政罰法第 9 條第 5 項適用的爭議

Q007　　學者間對於行政罰法第 9 條第 5 項採取原因自由行為理論，以排除因故意或過失自行招致精神障礙者，亦得以援引同條第 3 項或第 4 項規定，以為寬免責任的情況，認為在諸如道路交通管理處罰條例第 35 條對於酒駕已有處罰規定的情況，行政罰法再度引進原因自由行為並無必要❻。本書認為，此說部分言之成理，但在仍然缺乏獨立處罰的明文規定時，則仍有存在的必要。至於另學者舉參加喜宴喝酒過量，

附論——行政罰法的體系與基本問題

致亂吐穢物於道路，依廢棄物清理法規定，仍可予以處罰之例，以說明其亦屬於「原因自由行為」❼，而不能適用行政罰法第 9 條第 3 項或第 4 項的規定。惟此種因飲酒過量所致之「生理控制失調」情形，是否亦屬於行政罰法第 9 條第 3 項、第 4 項規定的「精神控制能力」層面問題，則不無疑義。

⑻下級公務員對於上級公務員職務命令的實質合法性有無審查義務的爭議

行政罰法第 11 條第 2 項但書規定，將下級公務員明知上級公務員命令違法，而未依法定程序向該上級公務員陳述意見者，排除於依所屬上級公務員職務命令的行為不予處罰的範圍，致衍生出下級公務員對於上級公務員命令有無審查權或義務，特別是實質合法性審查權的疑義，而基於下級公務員審查能力的限制、避免妨礙行政效率、紊亂行政體系，並使權責混淆等，主張僅有形式合法性的審查義務❼。本書以為，此一見解固言之成理，在大部分行政領域亦屬如此，但在法制專業的下級公務員相對於非法制專業的上級公務員，甚至在常務文官相對於經由選舉而擔任公職的政務官而言，似乎就不一定具有妥當性。 Q008

⑼行政罰是否容許「超法規的阻卻違法事由」的爭議

違反行政法上義務的行為，其阻卻違法事由，除行政罰法第 11 條規定的「依法令及依職務命令的行為」、第 12 條規定的「正當防衛」與第 13 條規定的「緊急避難」等實證法規以外，是否仍存在其他「超法規的阻卻違法事由」，學者間見解不一。學者有舉「被害人同意或承諾」、「自損行為」、「可容許的行為」、「非真正行政不法行為」及「義務衝突」，作為超法規的阻卻違法事由❼。對於此等超法規的「阻卻違法事由」，除了本書有部分不同見解以外❼，學者間除亦肯認義務衝突及社會秩序維護法領域外，則從其所涉的法益屬性非屬行政罰法保護的公益，而持懷疑態度者❼。對於此等問題，本書基本上仍持前述的見解。 Q009

⑽正當防衛公益可否的爭議

Q010　　　行政罰法第 12 條規定的正當防衛，其防衛客體範圍僅及於自己或他人的權利，但是否及於公益，學者提出質疑，並基於公益的維護屬於國家機關的專責職務，而採取否定的見解❼。本書對於此一論點，基本上亦予以認同，對於其所舉之「保守派的激進人士以愛國為名，毆打當街批評政府的民主運動人士」的例子，亦深表贊同。蓋在一個民主法治國家，應採取寬容的態度，容許不同意見者依法行使其言論與意見自由，而不容許價值一元論的極端作法。至於其他例子，本書以為在採取正常的舉發以維護公益無效後，似非不得以之為正當防衛的原因，否則，公益將淪喪，正常的價值秩序將失蚌幪。

⑾出於迷惑、恐懼或驚駭而防衛過當的正當防衛是否不罰的爭議

Q011　　　論者執德國違反秩序罰法 (Gesetz über Ordnungswidrigkeiten) 第 15 條第 3 項規定，行為人出於迷惑、恐懼或驚駭而防衛過當者不罰的規定，而認為顧及正當防衛者於事出突然時的反擊動作，常非出於正常情形，事起倉促，解釋上可以參酌德國該條項規定，依個案裁量是否處罰❼。本書認為，即使在行政罰法無相關明文下，亦非不可以依第 7 條第 1 項規定，以其行為非屬故意或過失，而不予處罰或者援引同法第 9 條第 3 項或第 4 項規定，不予處罰或減輕處罰，甚至於前述各項規定無法適用時，則依同法第 18 條第 1 項規定，以其情節輕微，免予處罰。

⑿自惹的緊急危難，能否主張緊急避難的爭議

Q012　　　學者援引刑法上危難若係自己故意招致者，因無緊急避難的情狀，故無主張緊急避難的餘地，在行政法的領域，雖較無倫理道德色彩，且最後所損害法益多為超個人的公法益，復基於國人一般習性，認亦不得主張成立緊急避難❼。對於此一見解，本書基本上亦認同。在此要指出者，是在行政罰的原因行為態樣，足以構成自惹的緊急狀況，常常已屬於要被處罰的原因，例如：虐待動物，致受動物反擊，行為人欲避難，而復為虐待行為或其他避難行為。又如無視可能發生危險的警告，而從事危險行為（如於險降坡不減速，而為免墜入深谷，致追撞前車，釀成車禍），自然都不得主張緊急避難。

⒀負有特別義務者能否主張緊急避難的爭議

　　學者指出，刑法對於負有特別義務者，基於該等人員或在公務或業務上或因其他特定關係，排除於得主張緊急避難的範圍之外。在行政罰的領域，基於專業能力及專業道德上，亦不得主張緊急避難較妥❼。此一見解，亦可贊同。本書必須指出者，乃外觀上類似緊急避難的行為，如果係屬於法令上容許的行為，例如救護車超速、逆向行駛等，則依行政罰法第 11 條第 1 項規定，本屬不罰的範圍，應無需再訴諸同法第 13 條的緊急避難，於屬於正當防衛的情形，例如警察對於持槍反抗的歹徒，依警械使用條例規定用槍反擊者，亦同。

Q013

⒁緊急避難是否屬於正對正之關係的爭議

　　正當防衛的行為，在外觀上，似為「以暴制暴」，但論其原因基礎，則屬於以「正對不正」❼。然而，在得以主張緊急避難的情形，是否即全屬於「正對正」的關係❽，不無疑問。本書以為，形成緊急避難的原因，不一定是人的行為。因此，尚難一概以所謂的「正」或「不正」去加以評價，毋寧只能說是事出緊急、情非得已。

Q014

⒂事業職員與事業職員間違反行政法上義務行為是否成立行政罰上共犯的爭議

　　學者提出，事業職員與事業職員間之違反行政法上義務的行為，是否屬於共同違序行為，換言之，是否成立行政罰上共犯？基於行政罰法第 14 條的立法理由二❽，則事業間的聯合行為，若僅由事業職員相互間為之，則因事業僅負監督過失責任，不能將職員行為直接歸屬為事業故意行為，而事業可能因無故意共同違序行為而免於處罰，而擔心產生規範漏洞❽。本書以為，公平交易法所規範的禁止聯合行為，其規範責任主體為事業，而非職員。因此，個別的事業職員間基本上既無法從事公平交易法所禁止的聯合行為，即無需再論以共犯，而依行政罰法第 14 條第 1 項論處。由於並非甲事業與乙事業的職員為聯合行為，故對於乙事業職員，亦無需援引行政罰法第 14 條第 2 項論處。然而，如各該職員係為事業而為之，則應依行政罰法第 7 條及第 14 條第 1 項規定，論以事業共同犯禁止聯合的責任，而非純屬監督有過失

Q015

的情形。

⒃有代表權之人故意與被監督人共同違規時，究應適用行政罰法第 7 條、第 10 條或第 15 條第 2 項規定及有無違反一事不二罰原則的爭議

Q016　　論者提出，有代表權之人基於故意而違反監督義務時，究應如何解釋法人的責任，基於「法人推定過失說」，而主張有代表權之人知情而不阻止或代表人與從業人員共同違法時，其故意行為可以用「不作為犯」的概念來解釋，認定代表人為「不純粹不作為的違序行為」，因代表人的行為視為法人的行為，此時法人的責任係直接違反行政法上義務的責任；反之，如僅從業人員違法，則有代表權之人係過失未履行監督責任，此時法人的責任即屬於「過失未履行監督義務的責任」，亦即回復行政罰法第 7 條第 2 項的「推定過失責任」**❽❸**。本書以為，行政罰法第 7 條第 2 項規定，不只建立法人等責任主體之責任要件，同時亦建立法人等的行為與違法性，此若結合同法第 15 條第 1 項或第 2 項規定，更可肯定。至於同法第 10 條第 1 項規定，則僅規範不作為是否構成違規行為，亦即「不純粹不作為的違規行為」而已，至於法人等責任主體之行為是否具備責任要件，則仍應依同法第 7 條第 2 項規定判斷之。至於同法第 15 條第 2 項規定，亦係以私法人等責任主體已成立違規行為應受罰為前提，而該等有監督權人應受同一規定罰鍰的責任要件。準此，有代表權人故意違反監督義務時，行政罰法第 15 條第 2 項、第 7 條第 2 項與第 10 條第 1 項，均足以使法人等責任主體成立一般違規行為或不純粹不作為的違規行為，而此種法規的不真正競合具有擇一的關係，而有代表權人則依同法第 15 條第 2 項規定，應並受同一規定罰鍰的處罰，並無違反一事不二罰之問題。反之，有代表權人故意與被監督人共同違規，則依行政罰法第 7 條第 2 項與第 14 條規定，並不成立法人等責任主體與受監督人間的共同違反義務行為責任問題。

⒄職權不處罰是否符合國情的爭議

Q017　　論者有謂行政罰法第 19 條的規定，立法意旨固佳，但若同時考量

我國的民風國情，則屬不宜。其立論根據在於民眾普遍守法意識薄弱，而其原因則又在於執法不嚴、公權力不貫徹、民代關說等所致❽。此一說法證諸吾人多年來的觀察，殆非虛言。然而，何以行政罰法第19條有此規定，難道立法者無此認知？抑或對於我國的法制條件深具信心？本書以為，純從比例原則觀之，本條規定並無不當，然而若細察大部分的行政裁罰法規，其法定最高罰鍰額在新臺幣3,000元以下者，並不在少數。因此，如何避免鄉愿或不作為，並提升法律倫理，確為當前的要務❽。

⒅沒入物屬於違規人與他人共有之物時如何沒入之爭議

論者提出，行政罰法第21條規定，要求行政機關對特定物處以沒 Q018
入時，原則上應屬於受處罰人所有，但若物為數人共有，而僅其中一人屬於違規人時，該共有物得否沒入，即成問題。刑法對於得沒收之物，不問其為單獨所有或共有，均得加以沒收，但行政罰與刑罰畢竟不同，似以不得沒入為妥，除非有行政罰法第22條規定的情形❽。上述見解，基本上應予以贊同。不過本書在此必須補充者，乃在於得為行政違規行為的工具或違禁的物，基於事物的本質，應不含不動產，而在屬於動產的情況，大部分也屬於公同共有的情況，除違禁物不問是否為單獨所有或共有，而共有亦不分公同共有或分別共有，均得加以沒入。至於屬於違規行為使用的工具，如屬於公同共有，不論為分別共有或公同共有，通常均會有同法第22條第1項的適用。如果得沒入物，縱然是屬於分別共有的動產，於其得分割而成為單獨所有物，亦非不可本於比例原則，加以分割後沒入。

⒆緩起訴或緩刑宣告後是否應再移送行政機關裁處的爭議

行政罰法第32條第2項規定，司法機關就刑事案件為不起訴處分 Q019
或為無罪、免訴、不受理、不付審理的裁判確定者，應該通知原移送的行政機關，其目的在於使移送的行政機關能依同法第26條第2項及第27條第3項規定處理。惟緩刑宣告後是否應再移送行政機關裁處，學者間的見解不一。有認為緩起訴與緩刑宣告與不起訴處分或為無罪、免訴、不受理、不付審理的裁判等，均為不生刑法效果的訴訟上處分，

基於避免價值失衡，從而有罪判決的緩刑宣告，亦應通知移送行政機關加以裁罰，始稱妥適[87]。然而，亦有學者主張，此舉恐有違一行為不二罰的原則。蓋受緩刑宣告屬於有罪的判決，與受無罪判決者有異，如於緩刑期間再犯有期徒刑以上之罪，其宣告就會被撤銷；即使緩刑期滿未被撤銷，其行為仍屬已經受國家處罰，如再通知行政機關處罰，則有違一行為不二罰的原則[88]。就緩起訴處分言，其與不起訴處分仍屬有異，在不起訴處分的情形，檢察官得依刑事訴訟法第 253 條之 2 規定，命被告於一定期間內遵守或履行一定的負擔，亦屬於刑事的處罰[89]。本書認為，應以後說為是，其理由亦可資贊同，甚至於緩起訴處分之情形，亦同。

⒇行政罰裁罰程序有無緘默權的適用之爭議

Q020 論者指出，行政罰法第 33 條後段規定，行政機關執行職務的人員應告知行為人所違反的法規，但是否及於類似刑事訴訟法第 95 條規定的緘默權，認為基於法治國家中的人民不應自證其違法行為，而行政機關有用其他方法證明行為人違規的義務。再者，對於罰鍰額較高的違規事件，亦宜告知行為人有保持緘默的權利[90]。本書認為，行政罰法本身並無規定執行裁罰機關應告知行為人有保持緘默權的義務，即從同法第 42 條規定意旨觀之，是否亦寓有行為人得保持緘默的權利，仍不無疑問。甚至從同法第 34 條第 1 項第 2 款規定的有效執行，似乎不易推知行為人有緘默的權利。但從現代法治國家不要求人民違背其自由，而自證其罪或違失的原則，則應採肯認的見解。

㉑對於無人住居或看守之住宅或處所進行扣留程序應否通知關係人的爭議

Q021 論者提出，在沒有人住居或看守之住宅或其他處所進行扣留時，應否通知關係人到場製作筆錄，認為仍應通知，但無法通知或經通知後仍不到場，仍可依行政罰法第 38 條第 1 項規定製作筆錄，但無需製作收據[91]。此一論點，本書完全贊同。甚至，如果實施扣留的目的是在於取證或調查事實，則非不得適用或類推適用行政程序法第 39 條規定，通知當事人到場。

⑵對於有人住居或看守之住宅或處所進行扣留程序時，應否命相關人員在場的爭議

論者指出，行政罰法對於有人住居或看守之住宅或處所進行扣留程序時，應否命相關人員在場，並無類似刑事訴訟法第 148 條的規定，將來應修法增訂，而於修法前，則希望行政機關亦能本此意旨為之，以符合人民權利保障及避免事後發生與執行扣留程序有關的爭執❷。對此，本書認為，論者的用意與觀點甚可理解，而且在修法之前，依行政罰法第 38 條規定的意旨，似亦從同。甚至如果實施扣留的目的是在於取證或調查事實，則非不得適用或類推適用行政程序法第 39 條規定，通知當事人到場。

⑶經扣留物，其所有人能否加以處分的爭議

論者指出，依行政罰法規定扣留之物，有時並不由行政機關實施占有，而係交由所有人或其他適當人員實施占有，但該物品的所有權仍屬行為人，則行為人仍得予以自由處分。如扣留物係得沒入物，則該處分行為不得對抗實施扣留的行政機關，受讓的第三人亦同。如扣留物係不得沒入物，則其處分行為得對抗實施扣留的行政機關❸。本書認為，依行政罰法第 39 條第 1 項中段，扣留物唯有不便搬運或保管者，始得交由所有人或其他適當的人保管。此等保管關係，成立公法上的寄存或保管關係，不得有所違反。所有權人即或予以處分（動產以移轉占有為必要），在得沒入物的情況，對於第三人得依同法第 22 條第 2 項規定裁處沒入，而對於所有人而言，則得依同法第 23 條規定，追徵其價額。至於不得沒入之物，其扣留目的僅在於取證，所有人的處分雖然有效，但對於動產而言，其交付行為將影響採證，原為扣留的行政機關，則仍得依行政程序法第 40 條規定，命該受讓的第三人提供該物品。

⑷違規行為於行政罰法施行前已歷三年以上者，是否仍宜適用第 45 條第 2 項規定的爭議

論者指出，行政罰法第 45 條第 2 項的規定，並未規定究竟違規行為發生多久後始有適用，如果一違規事件的發生已歷三年，則形同其

裁處權時效為六年，對於一輕微違規事件是否適當，即有探討的必要❹。本書以為，行政罰法施行前的違規行為，如依有關的法規業已有裁處權時效的規定，依行政罰法第 1 條但書，在同法施行後，亦不受影響。反之，如有關的法規並無裁處權時效的規定，依以往實務見解，認為並無時效消滅的適用，依行政罰法第 45 條第 2 項規定，則自同法施行之日起算同法第 27 條第 1 項規定的時效，並不生更不利的影響，甚至依同法第 5 條前段規定，其結果亦與同法第 45 條第 2 項規定同，更何況如其行為該當於同法第 19 條規定的情況，即得裁處免罰，對行為人即屬較有利。當然，對於歷時已久的違規事件，除非仍在繼續狀態中或屬於嚴重的違規事件，否則，該管機關想要掌握違規事證，恐亦屬不易，其結果似亦僅有不了了之一途了！附帶一提的是，行政罰法第 45 條第 1 項規定，採取部分溯及既往原則，而第 2 項則採取完全不溯及既往，而非本條均採溯及既往❺。

■ 註釋 ■

❶ 關於「體系正義」的概念，中文文獻請參見李惠宗，〈體系正義作為違憲審查基準之探討——以釋字第二二八號解釋為素材〉，《憲政時代》，第 16 卷第 2 期，頁 26 以下；Franz-Joseph Peine, *Systemgerechtigkeit, Die Selbstbindung des Gesetzgebers als Maßstab der Normenkontrolle*, 1. Aufl., Nomos Verlag, Baden-Baden, 1985.

❷ 關於法的體系建構，可參見 Karl Larenz 著，陳愛娥譯，《法學方法論》，初版一刷，頁 46〜54, 355〜404，五南 (1996.12)。

❸ 就此部分，有學者將其納入行政組織的問題範疇。請參見黃俊杰，《行政罰法》，初版，頁 14，自刊 (2006.3)。

❹ 至於行政法規發生競合時，究應如何處理，詳可參見蔡志方，〈論行政法上之法規競合及其處理〉，收於《行政救濟與行政法學㈤》，一版，頁 37〜60，正典 (2004.9)。

❺ 當前我國眾多行政法規與行政罰法有關者，請參見本書附錄二「本法和其他法規關係法條表」。

❻ 同樣見解，請參見林錫堯，《行政罰法》，初版，頁 9〜10，元照 (2005.6)。

❼ 關於立法論的相關問題，較深入的探討，文獻可見 Günther Winkler/Bernd

Schilcher (Gesamtredaktion), Gesetzgebungo-oKritische Überlegungen zur Gesetzgebungslehre und zur Gesetzgebungstechnik, Springer-Verlag, Wien u.a. 1981; Hans Schneider, Gesetzgebung Ein Lehrbuch, C. F. Müller Verlag, Heidelberg 1982; Vladimír Kubeš, Theorie der Gesetzgebung-Materiale und formale Bestimmungsgründe der Gesetzgebung in Geschichte und Gegenwart, Springer-Verlag, Wien u.a. 1987; Theo Öhlinger (Gesamtredaktion), Methodik der Gesetzgebung Legistische Richtlinien in Theorie und Praxis, Springer-Verlag, Wien u.a. 1982.

⑧ 類似見解，請參見蔡震榮、鄭善印，《行政罰法逐條釋義》，一版一刷，頁 120 以下，新學林 (2006.1)。

⑨ 進一步的探討，請參見本書旁碼 Q001 的說明。

⑩ 此尚包括處罰準據法究屬於普通法或特別法、中央法或地方法、新法或舊法、實體法或程序法，以及由該等不同法規屬性所交織而成的複雜問題。

⑪ 此在學理上，該義務人負有擔保結果的不發生或防止結果發生的義務，被稱為「擔保者地位」。請參見林錫堯，《行政罰法》，初版一刷，頁 14，元照 (2005.6)。

⑫ 參見黃俊杰，《行政罰法》，初版，頁 26，自刊 (2006.3)。

⑬ 請參見黃俊杰，《行政罰法》，初版，頁 29～30，自刊 (2006.3)。

⑭ 詳參見行政罰法第 3 條、第 14 條～第 17 條規定。

⑮ 包括構成責任的意思要件與責任能力要件，詳參見行政罰法第 7 條～第 9 條。

⑯ 行政罰法規定的免責事由，包括：⑴依法令及依職務命令的行為；⑵正當防衛行為；⑶緊急避難行為。詳參見行政罰法第 11 條～第 13 條規定。

⑰ 行政罰法第 4 條參照。

⑱ 不完全一樣的見解，請參見黃俊杰，《行政罰法》，初版，頁 38 以下，自刊 (2006.3)；李惠宗，《行政罰法之理論與案例》，初版，頁 54，元照總經銷 (2005.6)。

⑲ 類似見解，請參見李惠宗，《行政罰法之理論與案例》，初版，頁 54，元照總經銷 (2005.6)。

⑳ 行政罰法不僅已不再採取釋字第 49 號解釋的「無過失責任」，也已經放棄釋字第 275 號的「過失推定原則」。

㉑ 行政罰法第 8 條基於法律的落實，對於違法性認識，採取無過失責任或無認識責任。

㉒ 例如：道路交通管理處罰條例第 85 條之 4。

㉓ 參見本書附錄四「行政罰法暨立法理由對照表」第 9 條的立法理由說明。

㉔ 其他裁量原因，請參見同法第 18 條、第 19 條。

㉕ 同說，請參見李惠宗，《行政罰法之理論與案例》，初版，頁 60，元照總經銷 (2005.6)。

㉖ 在實踐上，應該不含需經長期始會導致或形成的心智缺陷。

㉗ 惟行政罰法並不採取共同正犯、教唆犯及幫助犯的概念與制度，而全部採取「獨立正犯化」理論。請參見李惠宗，《行政罰法之理論與案例》，初版一刷，頁 78 以下，元照 (2005.6)。

㉘ 請參見黃俊杰，《行政罰法》，初版，頁 50，自刊 (2006.3)。

㉙ 請參見本書附錄四「行政罰法暨立法理由對照表」第 15 條部分之二。

㉚ 「行政罰法暨立法理由對照表」第 15 條部分之二，亦同此意旨。當然，如有關的法律或自治條例採取「一般過失即負責」的規定時，該等法律或自治條例始成為行政罰法的特別規定。

㉛ 詳並請參見本書附錄六、七之「行政處罰標準化作業流程說明」與「行政處罰標準化作業流程圖」。

㉜ 行政程序法有關不利處分的規定，並非行政罰法第 1 條但書所稱的特別規定。

㉝ 學者亦有認為其係屬於認定最為困難及最值得研究之處。請參見蔡震榮、鄭善印，《行政罰法逐條釋義》，一版一刷，頁 332，新學林 (2006.1)。

㉞ 關於「同一違法意思說」的要旨，詳可參見黃俊杰，《行政罰法》，初版，頁 107～108，自刊 (2006.3)。

㉟ 如空氣污染防制法第 51 條、第 54 條、第 56 條、第 58 條～第 60 條、第 62 條、第 64 條、第 70 條、第 71 條、第 82 條；水污染防治法第 43 條、第 46 條、第 48 條、第 49 條、第 52 條～第 54 條、第 56 條、第 57 條、第 73 條；海洋污染防治法第 42 條、第 43 條、第 47 條、第 49 條、第 50 條、第 53 條、第 54 條；噪音管制法第 15 條、第 20 條之 1；廢棄物清理法第 50 條、第 51 條～第 53 條、第 55 條、第 61 條。

㊱ 例如道路交通管理處罰條例第 85 條之 1 第 2 項第 2 款。

㊲ 例如道路交通管理處罰條例第 85 條之 1 第 2 項第 1 款。

㊳ 例如水污染防治法第 45 條、第 47 條、第 50 條、第 63 條；海洋污染防治法第 45 條；噪音管制法第 16 條、第 19 條之 1、第 20 條之 1 等，以違規外觀次數，按次處罰，而諸如航業法第 57 條、第 59 條規定，則採按次連續處罰。

㊴ 詳可參見蔡震榮、鄭善印,《行政罰法逐條釋義》, 一版一刷, 頁 54 以下, 新學林 (2006.1)。

㊵ 詳可參見蔡震榮、鄭善印,《行政罰法逐條釋義》, 一版一刷, 頁 55 以下, 新學林 (2006.1)。

㊶ 相關解釋, 請參見釋字第 356 號、第 503 號解釋。

㊷ 法規競合, 指行為人的同一行為, 同時該當於數個構成要件, 而該當的數個構成要件之間存在著最妥適與次妥適間的重疊關係, 在適用上僅能選擇其最妥適者, 否則, 即構成一行為雙重評價與二罰的不妥結果。法規競合在學理上, 有特別關係說、補充關係說及吸收關係說的不同理論。

㊸ 詳可參見黃俊杰,《行政罰法》, 初版, 頁 98 以下, 自刊 (2006.3)。

㊹ 參見如空氣污染防制法第 51 條、第 54 條、第 56 條、第 58 條～第 60 條、第 62 條、第 64 條、第 70 條、第 71 條、第 82 條; 水污染防治法第 43 條、第 46 條、第 48 條、第 49 條、第 52 條～第 54 條、第 56 條、第 57 條、第 73 條; 海洋污染防治法第 42 條、第 43 條、第 47 條、第 49 條、第 50 條、第 53 條、第 54 條; 噪音管制法第 15 條、第 20 條之 1; 廢棄物清理法第 50 條～第 53 條、第 55 條、第 61 條。

㊺ 參見航業法第 57 條、第 59 條。

㊻ 參見建築法第 91 條、第 95 條之 1、第 95 條之 2、第 95 條之 3 等規定。

㊼ 行政執行法第 31 條規定:「經依前條規定處以怠金, 仍不履行其義務者, 執行機關得連續處以怠金。 依前項規定, 連續處以怠金前, 仍應依第二十七條規定以書面限期履行。但法律另定有特別規定者, 不在此限。」

㊽ 許玉秀大法官於釋字第 604 號解釋所提的不同意見書, 則從秩序罰與執行罰的不同、繼續犯與狀態犯的差別、連續舉發不同於多次處罰或違規次數的計算標準、違規時間的久暫, 僅屬違規情節輕重的問題, 而連續舉發係針對一個違規行為, 依舉發次數, 認定違規情節的嚴重性, 並用以酌量加重罰鍰的額度、連續舉發的次數, 僅代表違規時間的長短和違規情節的嚴重程度, 與本書的看法有根本立場與方法的不同。

㊾ 重要解釋, 請參考釋字第 604 號解釋及不同意見書。另相關的評析, 請參見黃俊杰,《行政罰法》, 初版, 頁 152 以下及所引文獻, 自刊 (2006.3)。

㊿ 請參見黃俊杰,《行政罰法》, 初版, 頁 89～90, 自刊 (2006.3)。

(51) 請參見黃俊杰,《行政罰法》, 初版, 頁 91, 自刊 (2006.3)。

(52) 參見林錫堯,《行政罰法》, 初版一刷, 頁 7, 元照 (2005.6)。

(53) 參見林錫堯,《行政罰法》, 初版一刷, 頁 9, 元照 (2005.6)。

(54) 最早提出質疑者, 似為臺大法律學院的林明鏘教授。請參見《行政罰法

草案初稿各界意見及處理情形彙編》，頁 46，法務部 (2003.3)。

(55) 參見蔡震榮、鄭善印，《行政罰法逐條釋義》，一版一刷，頁 119 以下，新學林 (2006.1)。

(56) 見陳新民撰，〈試論行政罰法草案的立法問題〉，《國家政策論壇季刊》，頁 3 (2003.7)。

(57) 過去的教師法、環境基本法及仍屬草案階段的公務員基準法，即屬於適當的例子。

(58) 參見蔡震榮、鄭善印，《行政罰法逐條釋義》，一版一刷，頁 122 以下，新學林 (2006.1)。

(59) 參見林錫堯，《行政罰法》，初版一刷，頁 9，元照 (2005.6)。

(60) 例如地方制度法第 26 條第 3 項規定容許自治條例規定連續處罰鍰，而行政罰法本身則無此規定。

(61) 參見蔡震榮、鄭善印，《行政罰法逐條釋義》，一版一刷，頁 149，263 以下，新學林 (2006.1)。

(62) 參見陳愛娥，〈行政院版「行政罰法草案」關於處罰對象之規定方式的檢討〉，《月旦法學雜誌》，第 111 期，頁 35。

(63) 參見蔡震榮、鄭善印，《行政罰法逐條釋義》，一版一刷，頁 166，新學林 (2006.1)。

(64) 參見林錫堯，《行政罰法》，初版一刷，頁 89～90，元照 (2005.6)。

(65) 請參見李惠宗，《行政罰法之理論與案例》，初版一刷，頁 68，元照 (2005.6)。

(66) 參見蔡震榮、鄭善印，《行政罰法逐條釋義》，一版一刷，頁 183 以下，新學林 (2006.1)。

(67) 請參見黃俊杰，《行政罰法》，初版，頁 41～42，自刊 (2006.3)。

(68) 參見蔡震榮、鄭善印，《行政罰法逐條釋義》，一版一刷，頁 199 以下，新學林 (2006.1)。

(69) 參見蔡震榮、鄭善印，《行政罰法逐條釋義》，一版一刷，頁 201，新學林 (2006.1)。

(70) 請參見李惠宗，《行政罰法之理論與案例》，初版一刷，頁 59，元照 (2005.6)。

(71) 參見蔡震榮、鄭善印，《行政罰法逐條釋義》，一版一刷，頁 214 以下，新學林 (2006.1)。

(72) 請參見李惠宗，《行政罰法之理論與案例》，初版一刷，頁 88，元照 (2005.6)。

(73) 詳見本書旁碼 §1102。

(74) 參見蔡震榮、鄭善印，《行政罰法逐條釋義》，一版一刷，頁 215 以下，新學林 (2006.1)。

(75) 參見蔡震榮、鄭善印，《行政罰法逐條釋義》，一版一刷，頁 220 以下，新學林 (2006.1)。

(76) 參見蔡震榮、鄭善印，《行政罰法逐條釋義》，一版一刷，頁 223 以下，新學林 (2006.1)。

(77) 參見蔡震榮、鄭善印，《行政罰法逐條釋義》，一版一刷，頁 229 以下，新學林 (2006.1)。

(78) 參見蔡震榮、鄭善印，《行政罰法逐條釋義》，一版一刷，頁 230，新學林 (2006.1)。

(79) 參見蔡震榮、鄭善印，《行政罰法逐條釋義》，一版一刷，頁 224，新學林 (2006.1)。

(80) 參見蔡震榮、鄭善印，《行政罰法逐條釋義》，一版一刷，頁 231，新學林 (2006.1)。

(81) 請參見本書附錄四「行政罰法暨立法理由對照表」第 14 條的立法理由。

(82) 參見蔡震榮、鄭善印，《行政罰法逐條釋義》，一版一刷，頁 240 以下，新學林 (2006.1)。

(83) 參見蔡震榮、鄭善印，《行政罰法逐條釋義》，一版一刷，頁 251，新學林 (2006.1)。

(84) 參見蔡震榮、鄭善印，《行政罰法逐條釋義》，一版一刷，頁 286 以下，新學林 (2006.1)。

(85) 因此，學者乃有建議應適當限制執法人員的裁量權限，並嚴覈其紀律。詳參見蔡震榮、鄭善印，《行政罰法逐條釋義》，一版一刷，頁 287，新學林 (2006.1)。

(86) 參見蔡震榮、鄭善印，《行政罰法逐條釋義》，一版一刷，頁 297 以下，新學林 (2006.1)。

(87) 參見李惠宗，《行政罰法之理論與案例》，初版一刷，頁 127，元照 (2005.6)。

(88) 參見蔡震榮、鄭善印，《行政罰法逐條釋義》，一版一刷，頁 384 以下，新學林 (2006.1)；司法院釋字第 503 號、第 604 號解釋。

(89) 參見蔡震榮、鄭善印，《行政罰法逐條釋義》，一版一刷，頁 383，新學林 (2006.1)。

(90) 參見蔡震榮、鄭善印，《行政罰法逐條釋義》，一版一刷，頁 391 以下，新學林 (2006.1)。

91 參見蔡震榮、鄭善印，《行政罰法逐條釋義》，一版一刷，頁 421 以下，新學林 (2006.1)。

92 參見蔡震榮、鄭善印，《行政罰法逐條釋義》，一版一刷，頁 422，新學林 (2006.1)。

93 參見蔡震榮、鄭善印，《行政罰法逐條釋義》，一版一刷，頁 426 以下，新學林 (2006.1)。

94 參見蔡震榮、鄭善印，《行政罰法逐條釋義》，一版一刷，頁 461 以下，新學林 (2006.1)。

95 有學者提及行政罰法第 45 條溯及適用，似不完全正確。請參見蔡震榮、鄭善印，《行政罰法逐條釋義》，一版一刷，頁 461，新學林 (2006.1)。

附　錄

一　本法關係規定表

本法條號	本法關係條號	關係簡說
1	15, 18, 19, 24, 31	涉及罰鍰的規定
1	21～24, 26, 31, 36, 39, 40	涉及沒入
1	2, 18, 24, 26, 31	涉及其他種類行政罰的規定
1	42	涉及特別規定
2	1, 18, 24, 26, 31	涉及其他種類行政罰的規定
2	34, 35, 37	涉及強制
3	15, 20, 29, 30, 33～35	涉及行為人
3	7, 16	涉及非法人團體
3	7, 17	涉及中央或地方機關
3	7	涉及其他組織
3	7, 16	涉及代表人
3	7, 16	涉及管理人
4	9	涉及行為時
5	29	涉及行為後
5	28	涉及裁處時
6	29	涉及中華民國領域
6	29	涉及船艦、航空器
7	9, 14, 15, 22, 30	涉及故意
7	9, 15, 22	涉及過失
7	15	涉及其他有代表權之人
7	15	涉及職員
7	15	涉及受僱人
7	15	涉及從業人員
10	15	涉及防止

11	41～43	涉及陳述意見
14	14, 30	涉及共同實施
14	25	涉及分別處罰
15	18	涉及所得利益
24	31	涉及法定罰鍰額最高
26	26, 27, 32	涉及無罪、免訴、不受理、不付審判
26	32	涉及同時觸犯刑事法律
27	28	涉及（裁處權）消滅
28	45	涉及裁處權時效
29	30	涉及行為地
29	30, 31	涉及管轄
34	35, 36	涉及保全證據
34	35	涉及查證身分
35	41	涉及異議
36	37～41	涉及扣留
42	43	涉及聽證

二 本法和其他法規關係法條表

本法條號	其他法規名稱	關係簡說
1	中華民國專屬經濟海域及大陸礁層法等 287 種	涉及罰鍰的規定，為我國行政罰種類中的最大宗
1	社會秩序維護法等 85 種	涉及沒入
1	票券金融管理法等為數眾多的行政法規（詳參見行政罰法第 2 條部分的舉例）	涉及其他種類行政罰的規定
1	道路交通管理處罰條例等對於行政罰法的規定另外作不同規定的法規	涉及特別規定
2	道路交通管理處罰條例等對於行政罰法的規定另外作不同規定的部分	涉及其他種類行政罰的規定
2	殯葬管理條例等 310 種	涉及強制
3	兒童及少年福利法等 105 種	涉及行為人
3	強制汽車責任保險法等 11 種	涉及非法人團體
3	電腦處理個人資料保護法等 10 種	涉及中央或地方機關
3	娛樂稅法等 5 種	涉及其他組織
3	自由貿易港區設置管理條例等 308 種	涉及代表人，在法條上有時只提到「……之代表」、「有代表權之人」
3	戶籍法等 105 種	涉及管理人
4	合作社法等 49 種	涉及行為時
5	社會秩序維護法等 5 種	涉及行為後
5	稅捐稽徵法等 4 種	涉及裁處時
6	國籍法等 22 種	涉及中華民國領域
6	社會秩序維護法等 64 種	涉及船艦、航空器
7	兒童及少年性交易防制條例等 84 種	涉及故意
7	姓名條例等 86 種	涉及過失
7	公民投票法等 185 種	涉及職員

7	性騷擾防治法等 33 種	涉及受僱人
7	建築法等 87 種	涉及從業人員
10	區域計畫法等 94 種	涉及防止
11	合作社法等 33 種	涉及陳述意見
14	信託業法等 13 種	涉及共同實施
14	文化資產保存法等 17 種	涉及分別處罰
15	土石採取法等 17 種	涉及所得利益
24	以相關處罰鍰法規的法定罰鍰額度作比較，最高的法規	涉及法定罰鍰額最高
26	規定在刑事訴訟法等刑事法規	涉及無罪、免訴、不受理、不付審判
26	規定於有處刑罰的行政特別法規，如殯葬管理條例等 181 種	涉及同時觸犯刑事法律
27	合作社法等 73 種	涉及（裁處權）消滅
28	道路交通管理處罰條例等 3 種	涉及裁處權時效
29	社會秩序維護法等 7 種	涉及行為地
29	行政程序法等 532 種（屬於權限法規，都有這種規定）	涉及管轄
34	公民投票法等 4 種	涉及保全證據
34	警察職權行使法等 2 種	涉及查證身分
35	身心障礙者保護法等 87 種	涉及異議
36	自衛槍枝管理條例等 23 種	涉及扣留
42	農村社區土地重劃條例等 16 種（含公聽會、聽證會）	涉及聽證

三 行政罰法總說明

　　對於違法者之處罰，應依法為之，乃現代民主法治國家之基本原則。然由於政府行政事務龐雜，所欲達成之行政目的多元化，致行政法規繁多，對於違反行政法上義務者之處罰規定，散見於各行政法律及自治條例；且依處罰性質，可區分為行政刑罰與行政罰（又稱行政秩序罰），其中屬於行政刑罰者，因其為刑事特別刑法，適用刑法總則有關規定，由司法機關依刑事訴訟程序追訴、審判及處罰，學術界及實務上並無疑義。惟由行政機關裁處之行政罰，其處罰名稱、種類不一，裁處程序及標準互異，且因缺乏共通適用之法律，致得否類推適用刑法總則或其他刑事處罰法律規定，或引用其等之法理，理論不一，見解分歧。目前實務上雖賴司法院解釋、行政法院判例或判決及行政解釋作為依循，惟常因時空變遷或具體個案之考量，亦屢生爭議。因之，行政罰之裁處如無共通適用之統一性、綜合性法律可資遵循，不但嚴重影響行政效能，斷傷政府威信，更有失公平正義，難以保障人民權益，故制定共通適用之行政罰法，以健全行政法體系，誠有迫切需要。政府為建構完備之行政法體系，落實依法行政，勵行行政革新，保障人民權益，除國家賠償法外，近年來復陸續制定或修正行政程序法、訴願法、行政訴訟法及行政執行法，唯獨在行政罰方面尚無共通適用之法律，致行政法體系尚未臻於完備，實為法制之缺憾。爰經參考德國、奧地利等國立法例，並廣徵學者、專家及各界意見，擬具「行政罰法」，計九章，共四十六條，其要點如下：

一、明定本法之適用範圍，限於違反行政法上義務而受罰鍰、沒入或其他種類行政罰之處罰，不包括行政刑罰、懲戒罰及執行罰在內；並將本法定位為普通法，其他法律有特別規定者，應優先適用。（第 1 條）

二、為因應目前實務需要，並基於維護公益之考量，就納入本法規範之「其他種類行政罰」為定義規定，僅指限制或禁止行為、剝奪

或消滅資格或權利、影響名譽或警告性等四大類具有裁罰性之不利處分為限，並以例示及概括方式界定之。又為使本法各條文中「行為人」一詞之涵義明確，以利適用，爰就「行為人」予以定義。（第2條及第3條）

三、依法始得處罰，係民主法治國家之基本原則，行政罰之裁罰涉及人民自由或權利，自應本於處罰法定主義，以行為時法律或依地方制度法規定得為裁罰之自治條例（以下稱自治條例）有明定者為限。並就適用本法有關「時」之效力予以明定，以行政機關最初裁處時之法律或自治條例規定為基準，適用從新從輕之處罰原則。「地」之效力，則規定行為或結果有一在中華民國領域內或領域外之中華民國船艦、航空器及依法得由中華民國行使管轄權之區域，均有本法之適用。（第4條至第6條）

四、基於有責任始有處罰之原則，就違反行政法上義務行為者之責任條件及責任能力加以明定。行為非出於故意或過失者，或未滿十四歲人之行為，或因精神障礙或其他心智缺陷，致不能辨識其行為違法或欠缺依其辨識而行為之能力者，或依法令或依所屬上級公務員職務命令之行為，具有正當防衛或緊急避難阻卻違法事由之行為，不予處罰。如係不了解法規之存在或適用而違法，或十四歲以上未滿十八歲人之行為，或因精神障礙或其他心智缺陷致辨識能力顯著減低者，或為過當之正當防衛或緊急避難行為，均僅得減輕或免除處罰；另規定例外不適用上述不罰或減免處罰者，如原因自由行為、明知職務命令違法而未依法定程序陳述意見者。惟行政罰得減輕者，以其係屬一定金額（罰鍰）或期間等得以量化之裁處方有適用。此外，為提升人權之保障，國家欲處罰行為人者，應由行政機關就行為人之故意、過失負舉證責任，本法不採「推定過失責任」之立法，並就法人、設有代表人或管理人之非法人團體、中央或地方機關或其他組織之故意與過失認定為擬制規定。（第7條至第9條及第11條至第13條）

五、對於依法或因自己行為而負有防止違反行政法上義務事實發生之義務，且能防止，而以消極不作為方式不防止者，與因積極行為違反行政法上義務者同具有可非難性，爰就此類不作為，明定與因積極行為發生事實同其處罰。（第10條）

六、共同實施違反行政法上義務之行為，實務上不易區別其共同違反之態樣，然因其皆具有可非難性，爰就行政義務主體與該義務主體以外之第三人，故意共同實施違反行政法上義務之行為，規定依其行為情節之輕重分別處罰。又如行政法規規定之違反義務行為係以身分或特定關係為構成要件時，其故意共同實施者中無此種身分或特定關係，因其行為具有可非難性，爰規定仍予以處罰。另因身分或特定關係致處罰有重輕或免除時，明定其仍處以通常之處罰。（第14條）

七、為貫徹行政秩序之維護，健全私法人運作，避免利用私法人違法以謀個人利益，明定代表私法人實際實施行為之董事或其他有代表權之人，因執行其職務或為私法人之利益為行為，而致私法人違反行政法上義務應為處罰時，如該行為人有故意或重大過失時，因具有高度之可非難性及可歸責性，爰明定除法律或自治條例另有規定外，其應與私法人並受同一規定罰鍰之處罰。另如私法人之董事或其他有代表權之人對私法人之職員、受僱人或從業人員之違法行為因故意或重大過失時未盡其防止義務，致私法人違反行政法上義務應受處罰者，除法律或自治條例另有規定外，亦應並受同一規定罰鍰之處罰，以促其善盡監督義務。另為求衡平，並受同一規定處罰之罰鍰，不得逾新臺幣100萬元，但其所得利益逾新臺幣100萬元者，仍得於其所得利益範圍內裁處之。又設有代表人或管理人之非法人團體，或法人以外之其他私法組織者，其運作與私法人尚無不同，爰明定準用之。又中央或地方機關或其他公法組織應否受罰，或對該機關或組織之人員併罰，應視各

該法律或自治條例是否將其列為處罰對象而定，爰予規定，以免爭議。（第 15 條至第 17 條）

八、裁處罰鍰時為求公平適當並符合比例原則，除應審酌違反行政法上義務行為應受責難程度及所生影響，並得考量受處罰者之資力等因素外，亦應審酌因違反行政法上義務所得之利益。爰就裁處罰鍰之審酌事由及因所得利益逾法定罰鍰最高額之酌量加重、依本法減輕處罰或同時有免除處罰時其裁處罰鍰之最高額與最低額明定之；並規定於其他種類行政罰定有處罰期間者準用之，以定其得處之最高與最低處罰期間。（第 18 條）

九、情節輕微之違反行政法上義務行為，有以糾正或勸導較之處以罰鍰更具有效果者，是謂便宜主義。故對於違反行政法上義務應受法定最高額新臺幣 3,000 元以下罰鍰之處罰，其情節輕微，認以不處罰為適當者，明定由行政機關按具體情況妥適審酌後，得免予處罰，並得改以糾正或勸導措施，俾發揮導正效果。（第 19 條）

十、為填補制裁漏洞，防止脫法行為，以符合公平正義原則，對行為人為他人利益而實施行為，致他人違反行政法上義務應受處罰，而行為人受有財產上利益但未受處罰，或因行為人違反行政法上義務應受處罰，而他人受有財產上利益但未受處罰時，為避免該行為人或該他人仍保有不當利得，有失公允，爰賦予裁處之主管機關裁量權，得以行政處分就該行為人或該他人所受財產上利益價值範圍內酌予追繳。（第 20 條）

十一、沒入之物，除本法或其他法律另有規定外，原則上以屬於違反行政法上義務而應受處罰者所有為限，始具懲罰作用。惟物之所有人雖未違反行政法上義務，但如因故意或重大過失致該物成為違反行政法上義務之工具，或明知該物得沒入卻為規避裁處而惡意取得該物所有權者，為防杜脫法，均有必要擴大而將之列為得沒入之物，爰予明定。又物之所有人等如於受裁處沒

人前或受裁處沒入後，分別就得沒入之物予以處分、使用或以他法致不能裁處或執行沒入，或致物之價值減損者，為期公平，乃分別規定得裁處沒入其物之價額或差額，或由為裁處之主管機關以行政處分追徵該物之價額或差額。（第 21 條至第 23 條）

十二、單一行為違反數個行政法上義務規定而均應受罰鍰之處罰者，除另有沒入或其他種類行政罰，因其處罰種類不同而得併為裁處外，僅得依法定罰鍰額最高之規定裁處，以保障人權，爰予明定，並就其裁處罰鍰之最低額予以規定，以資限制。又一行為違反社會秩序維護法及其他行政法上義務規定而應受處罰致發生競合疑義時，因由法院裁處拘留者，已涉及人身自由之拘束，基於司法程序優先之原則，爰明定不再受罰鍰之處罰。至數行為違反同一或不同行政法上義務之規定者，應分別處罰，始足以貫徹各別行政法規之制裁目的，為期明確，亦併予明定。（第 24 條及第 25 條）

十三、基於一行為不二罰之原則，一行為同時觸犯刑事法律及違反行政法上義務規定而應受罰鍰之處罰者，因刑罰之懲罰作用較強，依刑事法律處罰，已足資警惕，爰不再為行政罰鍰之處罰；至於應處以其他種類行政罰或得沒入之物而未經法院宣告沒收者，因該等處罰兼具維護公共秩序作用，為達行政目的仍得裁處之。又如其行為經檢察官為不起訴處分或法院為無罪、免訴、不受理、不付審理（少年事件）之裁判確定者，因無一事二罰疑慮，自得再依違反行政法上義務之規定處罰，爰予明定。（第 26 條）

十四、行政罰裁處權之行使不宜久懸，期間亦不宜過短，以免因處罰與否不確定影響人民權益或影響社會秩序之維護，爰明定行政罰之裁處權時效為三年及分別情形計算其起算點、停止事由，以杜爭議。（第 27 條及第 28 條）

十五、為期權責分明，並解決管轄權衝突之爭議，明定行政機關對於違反行政法上義務行為之地域管轄、共同管轄及管轄權競合之處理方式與移送管轄；並規定一行為同時觸犯刑事法律及違反行政法上義務規定時應將涉及刑事部分移送該管司法機關，及司法機關就刑事案件為不起訴之處分或為無罪、免訴、不受理、不付審理（少年事件）之裁判確定時之處理程序。（第 29 條至第 32 條）

十六、為因應現行違反行政法上義務者之實際需要，以免違法行為持續進行造成更嚴重損害，爰賦予行政機關得即時制止其行為，並確認行為人身分之權限，必要時得製作書面紀錄或為保全證據之措施；其為自然人而不能確認身分者，得強制其隨同到指定處所，惟不得逾越確認身分之必要程度，以符比例原則。行為人如有不服應給予當場陳述理由表示異議之機會，並明定行政機關對異議之處理方式。又為使行為人知悉係行政機關人員依法執行職務，明定執行職務之人員應向行為人出示有關執行職務之證明文件或顯示足資辨別之標誌，並告知其所違反之法規。（第 33 條至第 35 條）

十七、為保全證據及沒入之執行，爰明定行政機關對於得沒入或可為證據之物為扣留及強制扣留之要件、扣留範圍及期間，並規定扣留應作成扣留紀錄、製給收據，加封緘或其他標識，及扣留物之處理與發還程序，復明定扣留之救濟程序，以保障人民權益。又對於具有行政程序中間決定或處置性質之扣留行為如有不服者，為免因中間程序而拖延裁處案件之進行，爰採向扣留機關聲明異議及送直接上級機關決定之簡速程序，以資救濟；並明定對直接上級機關之決定不服者，僅得於對裁處案件之實體決定不服時始得一併聲明之原則及例外規定，以免影響行政效能。（第 36 條至第 41 條）

十八、行政罰之裁處，係剝奪、限制人民自由或權利之行政處分，為符合公正、公開與民主之程序，以保障人民權益，自應給予受處罰者陳述意見及聽證之機會，爰參照行政程序法有關規定，就給予陳述意見之原則及例外、受處罰者得申請舉行聽證之要件及例外事由為特別規定，以期明確；並明定行政機關裁處時應作成裁處書及為合法送達，以昭慎重。（第42條至第44條）

十九、本法施行前違反行政法上義務之行為應受處罰而未經裁處者，於本法施行後裁處時，本法規定如有利於行為人者，基於保障人民權益之考量，自應適用本法，而有規定溯及既往之必要，爰予明定，並將本法不利於行為人之有關規定予以列舉排除適用。（第45條）

二十、本法之立法目的主要在於就行政罰之裁處訂定共通適用之統一性、綜合性法典，為免本法之施行對行政機關造成重大衝擊，使各機關執法人員熟悉相關之裁處原則，以兼顧人民權益，並使相關行政法規得以配合檢討修正，故於本法公布後允宜預留約一年之相當期間，以供行政機關為充分之準備，爰明定本法自公布後一年施行。（第46條）

四　行政罰法暨立法理由對照表

條　文	說　明
第一章　法例	**章　名**
第1條（適用範圍） 違反行政法上義務而受罰鍰、沒入或其他種類行政罰之處罰時，適用本法。但其他法律有特別規定者，從其規定。	一、對於違反行政法上義務者，依法處罰，乃現代民主法治國家之基本原則。以往由於政府行政事務繁雜，為達行政目的，採用不同之處罰方法或手段，致行政法規所定之行政罰種類繁多，名稱互異，處罰形式不一，且實務上裁罰時之法律適用與理論見解分歧，常生困擾，不但影響行政效能，且關係人民權益至鉅。 二、本法之立法目的，乃在於制定共通適用於各類行政罰之統一性、綜合性法典，期使行政罰之解釋與適用有一定之原則與準繩。為明確其適用範圍，爰於首條明定，限於違反行政法上義務而受罰鍰、沒入或其他種類行政罰之處罰時，始有本法之適用。依本條規定，本法所稱之行政罰，係指行政秩序罰而言，不包括「行政刑罰」及「執行罰」在內。至「懲戒罰」與「行政罰」之性質有別，懲戒罰著重於某一職業內部秩序之維護，故行政罰之規定非全然適用於懲戒罰，從而行政罰法應無納入懲戒罰之必要。另懲戒內容如兼具行政法上義務違反之制裁與內部秩序之維護目的，則是否具有行政秩序罰性質，而屬本法第2條之範疇，應由其立法目的、淵源等分別考量。又公務員之懲戒與行政罰法規範之性質不同，無法比擬適用，自不待言。 三、又本法乃為各種行政法律中有關行政罰之一般總則性規定，故於其他各該法律中如就行政罰之責任要件、裁處程序及其他適用法則另有特別規定者，自應優先適用各該法律之規定，為期明確，爰於本條但書明定本法與其他法律之適用關係。另本法所規範行政罰之裁處，性

	質上為行政處分之一種，有關裁罰之程序或相關事項，依行政程序法第3條第1項規定，除本法就行政程序事項另有特別規定外，仍應適用行政程序法有關規定，故該法有規定者，除有必要外，本法不再重複規定。
第2條（其他種類行政罰之定義及範圍） 本法所稱其他種類行政罰，指下列裁罰性之不利處分： 一、限制或禁止行為之處分：限制或停止營業、吊扣證照、命令停工或停止使用、禁止行駛、禁止出入港口、機場或特定場所、禁止製造、販賣、輸出入、禁止申請或其他限制或禁止為一定行為之處分。 二、剝奪或消滅資格、權利之處分：命令歇業、命令解散、撤銷或廢止許可或登記、吊銷證照、強制拆除或其他剝奪或消滅一定資格或權利之處分。 三、影響名譽之處分：公布姓名或名稱，公布照片或其他相類似之處分。 四、警告性處分：警告、告誡、記點、記次、講習、輔導教育或其他相類似之處分。	一、為因應我國目前實務上需要，使各種法律有效達成行政目的，並基於維護公益之考量，本法之適用，除因違反行政法上義務應受罰鍰或沒入之裁處外，亦將行政機關所為之不利處分中具有裁罰性者視為行政罰，由於其名稱種類有一百餘種之多，爰概稱為「其他種類行政罰」，並參酌司法院釋字第394號等解釋使用「裁罰性行政處分」之用語，將其適用本法應具備「裁罰性」及「不利處分」之要件予以明定，以界定本法之適用範疇。 二、本法所稱「其他種類行政罰」之界定，攸關有無本法之適用，為期明確，除將其適用本法所須具備之要件，即「裁罰性」及「不利處分」直接明定外，並檢視現行各種法律中具有代表性且常用之裁罰性不利處分之名稱，依其性質分為限制或禁止行為之處分、剝奪或消滅資格、權利之處分、影響名譽之處分及警告性處分四種類型，分四款列舉之，並於每款就各類型之裁罰性不利處分為例示及概括規定，以利適用。 三、本法所稱「其他種類行政罰」，僅限於本條各款所定「裁罰性之不利處分」，並以「違反行政法上之義務」而應受「裁罰性」之「不利處分」為要件，如其處分係命除去違法狀態或停止違法行為者，因與行政罰之裁罰性不符，非屬裁罰性之不利處分，無本法之適用。 此外，行政機關對違法授益行政處分之撤銷及合法授益行政處分之廢止，是否屬本法所規範之「裁罰性之不利處分」，

	而有本法規定之適用，應視其撤銷或廢止之原因及適用之法規而定，未可一概而論。例如證券交易法第59條第1項規定：「證券商自受領證券業務特許證照，或其分支機構經許可並登記後，於三個月內未開始營業，或雖已開業而自行停止營業連續三個月以上時，主管機關得撤銷其特許或許可。」之「撤銷」，即不屬本法所規範的裁罰性之不利處分。又依稅捐稽徵法第24條規定所為限制納稅義務人之財產不得移轉或設定他項權利、限制其減資或註銷登記及限制出境之處分，及依海洋污染防治法第35條規定所為限制船舶及相關船員離境之處分，均屬保全措施，不具裁罰性，亦非屬「裁罰性之不利處分」，無本法規定之適用。
第3條（行為人之定義） 本法所稱行為人，係指實施違反行政法上義務行為之自然人、法人、設有代表人或管理人之非法人團體、中央或地方機關或其他組織。	本法定有行為人規定之條文，如第15條第1項、第20條第1項、第2項、第29條第1項、第4項、第30條、第33條、第34條第1項及第35條，為避免適用疑義，爰於本條明定本法所稱行為人之定義，以資明確。至於所指行為人之範圍，則依各該條文規範性質個別認定之。
第4條（處罰法定原則） 違反行政法上義務之處罰，以行為時之法律或自治條例有明文規定者為限。	一、依法始得處罰，為民主法治國家基本原則之一，對於違反社會性程度輕微之行為，處以罰鍰、沒入或其他種類行政罰，雖較諸對侵害國家、社會法益等科以刑罰之行為情節輕微，惟本質上仍屬對於人民自由或權利之不利處分，其應適用處罰法定主義，仍無不同。為使行為人對其行為有所認識，進而擔負其在法律上應有之責任，自應以其違反行政法上義務行為時之法律有明文規定者為限，爰予明定。 二、地方制度法施行後，鑑於自治條例係經地方立法機關通過，並由各該行政機關公布，且自治條例亦得就違反屬於地方自治事項之行政義務者處以罰鍰或其他

	種類之行政罰（地方制度法第26條第2項、第3項），為確定違反行政法上義務規定之範圍，並解決自治條例中罰則之適用問題，爰將自治條例予以納入，以期周延。
	三、依司法院釋字第313號、第394號及第402號等解釋意旨，對於違反行政法上義務之行為，法律得就其處罰之構成要件或法律效果授權以法規命令訂之。故本條所指之「法律」，解釋上包含經法律就處罰之構成要件或法律效果為具體明確授權訂定之法規命令。
第5條（從新從輕原則） 行為後法律或自治條例有變更者，適用行政機關最初裁處時之法律或自治條例。但裁處前之法律或自治條例有利於受處罰者，適用最有利於受處罰者之規定。	一、明定法律或自治條例變更時之適用，係採「從新從輕」之處罰原則，即於行為後之法律或自治條例有變更者，原則上係「從新」，適用行政機關最初裁處時之法律或自治條例；僅於裁處前之法律或自治條例有利於受處罰者，始例外「從輕」，適用最有利於受處罰者之規定。
	二、參考刑法第2條第1項、社會秩序維護法第3條、德國違反秩序罰法第4條第2項至第4項、奧地利聯邦行政罰法第1條第2項。
第6條（屬地原則） 在中華民國領域內違反行政法上義務應受處罰者，適用本法。 在中華民國領域外之中華民國船艦、航空器或依法得由中華民國行使管轄權之區域內違反行政法上義務者，以在中華民國領域內違反論。 違反行政法上義務之行為或結果，有一在中華民國領域內者，為在中華民國領域內違反行政法上義務。	一、本條規定地之效力，採屬地主義。不論違反行政法上義務之行為人國籍為何，只要是在中華民國領域內違反行政法上義務應受罰鍰、沒入或其他種類行政罰之處罰者，即有本法之適用。
	二、船艦、航空器於該船籍國或航空器國籍登記國領域外或公海、公之空域中，國際公法上向來皆認該船籍國或航空器國籍登記國有管轄權。故如在中華民國船艦或航空器內違反行政法上義務而應受行政罰之處罰者，自應以在中華民國領域內違反論，仍有本法之適用。又我國領域外有依國際公法、國際慣例或有關法律（例如中華民國專屬經濟海域及大陸礁層法、海洋污染防治法），得由我國行使管轄權之區域，如於該區域內違反

<table>
<tr>
<td></td>
<td>行政法上義務而應受行政罰之處罰者，我國自得依法行使管轄權，爰併為第 2 項規定。</td>
</tr>
<tr>
<td></td>
<td>三、又隨著交通發達，國際往來迅速頻繁，國際貿易蓬勃發展及網際網路通訊科技之日新月異，跨國之違法行為益形猖獗，為防杜不法，有必要針對違反行政法上義務而應受行政罰處罰，係採行為地或結果地予以明確規範，爰於第 3 項明定二者兼採之。</td>
</tr>
<tr>
<td></td>
<td>四、參考社會秩序維護法第 4 條、刑法第 3 條、第 4 條。</td>
</tr>
<tr>
<td>第二章　責任</td>
<td>章　名</td>
</tr>
<tr>
<td>第7條（責任要件——故意、過失及其推定）
違反行政法上義務之行為非出於故意或過失者，不予處罰。
法人、設有代表人或管理人之非法人團體、中央或地方機關或其他組織違反行政法上義務者，其代表人、管理人、其他有代表權之人或實際行為之職員、受僱人或從業人員之故意、過失，推定為該等組織之故意、過失。</td>
<td>一、現代國家基於「有責任始有處罰」之原則，對於違反行政法上義務之處罰，應以行為人主觀上有可非難性及可歸責性為前提，如行為人主觀上並非出於故意或過失情形，應無可非難性及可歸責性，故第 1 項明定不予處罰。

二、現行法律規定或實務上常有以法人、設有代表人或管理人之非法人團體、中央或地方機關或其他組織作為處罰對象者，為明其故意、過失責任，爰於第 2 項規定以其代表人、管理人、其他有代表權之人或實際行為之職員、受僱人或從業人員之故意、過失，推定該等組織之故意、過失。

三、現代民主法治國家對於行為人違反行政法上義務欲加以處罰時，應由國家負證明行為人有故意或過失之舉證責任，方為保障人權之進步立法。

四、參考刑法第12條、德國違反秩序罰法第 10 條、第 30 條。</td>
</tr>
<tr>
<td>第 8 條（不知法規之責任及減免）
不得因不知法規而免除行政處罰責任。但按其情節，得減輕或免除其處罰。</td>
<td>一、本條係規定行為人因不瞭解法規之存在或適用，進而不知其行為違反行政法上義務時，仍不得免除行政處罰責任。然其可非難程度較低，故規定得按其情節減輕或免除其處罰。

二、行政罰得予減輕者，於一定金額（罰鍰）</td>
</tr>
</table>

	或期間等得以量化之規定方有其適用，此為事理當然，觀諸本法第 18 條第 3 項、第 4 項之規定亦明，故於無法量化之裁罰類型，行政罰之減輕即無適用餘地；另有關得免除處罰部分，於無法量化之裁罰類型，則仍有適用之餘地。此部分實務上應由行政機關本於職權依具體個案審酌衡量，加以裁斷。
	三、參考刑法第 16 條。
第 9 條（責任能力——年齡及精神狀態） 未滿十四歲人之行為，不予處罰。 十四歲以上未滿十八歲人之行為，得減輕處罰。 行為時因精神障礙或其他心智缺陷，致不能辨識其行為違法或欠缺依其辨識而行為之能力者，不予處罰。 行為時因前項之原因，致其辨識行為違法或依其辨識而行為之能力，顯著減低者，得減輕處罰。 前二項規定，於因故意或過失自行招致者，不適用之。	一、本條係有關行為人受行政處罰之責任能力規定。按未滿十四歲之人，生理及心理發育尚未臻成熟健全，是非善惡之辨別自行招致者，不適用之。能力尚有未足，故第 1 項規定其行為如有違反行政法上義務者，不予處罰。 二、十四歲以上未滿十八歲之人，因涉世未深，辨識其行為違法與否之能力較低，思慮有欠周延，故第 2 項規定其行為如有違反行政法上義務者，得減輕其處罰。 三、現行法規中常用「心神喪失」、「精神耗弱」表示精神狀態並用以作為判斷辨識能力欠缺程度之標準，然因欠缺具體內涵，致適用上常生困擾，故第 3 項、第 4 項以較具體之文字說明行為人如因精神障礙或其他心智缺陷，致不能辨識其行為違法或欠缺依其辨識而行為之能力，以致違反行政法上義務者，因欠缺可歸責性，故不予處罰；如尚未達此一程度，僅因此障礙致辨識其行為違法或依其辨識而行為之能力顯著減低者，行為人雖仍應受處罰，惟因其可歸責之程度較低，故規定得斟酌情形予以減輕處罰。 四、行為人如因自己之故意或過失，自陷於第 3 項、第 4 項情形而違反行政法上義務者，學說上稱為「原因自由行為」，因其仍有可非難性，具可歸責事由，故第 5 項規定於此情形不適用前二項不予處罰或得減輕處罰之規定，以免發生制裁

	上之漏洞。 五、參考刑法第 18 條、第 19 條、德國違反秩序罰法第 12 條。
第 10 條（不作為之責任） 對於違反行政法上義務事實之發生，依法有防止之義務，能防止而不防止者，與因積極行為發生事實者同。 因自己行為致有發生違反行政法上義務事實之危險者，負防止其發生之義務。	一、第 1 項規定對於行為人以消極不作為之方式，達到發生與積極行為相同之結果，科以與積極違反行政法上義務行為相同之處罰責任。例如依動物保護法第 5 條第 2 項規定：「飼主對於所管領之動物，應提供適當之食物、飲水及充足之活動空間，……」（即防止動物致死之義務），第 12 條第 1 項規定：「對於動物不得任意宰殺。……」，違反者依第 31 條第 3 款規定處罰，因此如有飼主以消極不提供食物、飲水予管理之動物（即能防止動物致死而不防止），而達到積極宰殺之目的，自應依該條款處罰。 二、第 1 項所謂依法有防止之義務，不以法律有明文規定之義務為限，凡基於現行法令衍生之防止義務均屬之。又因自己行為致有發生違反行政法上義務事實之危險者，負防止其發生之義務，係防止義務類型之一，爰規定於第 2 項，以為其例。 三、參考刑法第 15 條、德國違反秩序罰法第 8 條。
第 11 條（免責事由 1——依法令及依職務命令之行為） 依法令之行為，不予處罰。 依所屬上級公務員職務命令之行為，不予處罰。但明知職務命令違法，而未依法定程序向該上級公務員陳述意見者，不在此限。	一、行為如依據法令，雖違反行政法上之義務，但具有阻卻違法之正當事由，故第 1 項規定不予處罰。而該項所稱之「法令」，係指法律、法規命令、行政規則等一般性、抽象性之規範，亦即包括內部法、外部法等有法拘束力者。 二、所謂職務命令，係指個別具體之指示而言。如依所屬上級公務員職務命令之行為，係出於依從所屬長官之命令，乃克盡自己之職務，亦具有阻卻違法之正當事由，故第 2 項前段規定不予處罰。 三、公務員服務法第 2 條規定：「長官就其監督範圍以內所發命令，屬官有服從之義務。但屬官對於長官所發命令，如有意

	見，得隨時陳述。」該條但書所謂屬官對於長官命令之意見陳述，係指公務員對於長官所發之命令，如認有違法、不當或其他不同意見時，得有下情上達之管道，避免發生長官命令恣意獨斷之情形，以期判斷周延；故如行為人明知職務命令係違法，卻未依法定程序向其上級公務員陳述意見，而仍罔顧法令之規定逕為違反行政法上義務之行為者，其本身仍有可非難性，即難認有阻卻違法之正當事由，特於本條第 2 項但書規定此種情形不在此限。 四、參考刑法第 21 條。
第 12 條（免責事由 2——正當防衛） 對於現在不法之侵害，而出於防衛自己或他人權利之行為，不予處罰。但防衛行為過當者，得減輕或免除其處罰。	一、正當防衛係阻卻違法之正當事由，故本條前段規定，如因正當防衛之行為而違反行政法上義務者，不予處罰。但如防衛行為過當者，即難認係阻卻違法之正當事由，而不得阻卻違法。惟因情有可原，故但書規定此種情形得減輕或免除其處罰。 二、參考刑法第 23 條、德國違反秩序罰法第 15 條。
第 13 條（免責事由 3——緊急避難） 因避免自己或他人生命、身體、自由、名譽或財產之緊急危難而出於不得已之行為，不予處罰。但避難行為過當者，得減輕或免除其處罰。	一、緊急避難亦係阻卻違法之正當事由，故本條前段規定，如因緊急避難之行為致違反行政法上義務者，不予處罰。但如避難行為未採取適當手段因而過當者，尚不能認係阻卻違法之正當事由，惟其情可憫，故但書規定避難行為過當者得減輕或免除其處罰。 二、本條與刑法上緊急避難之差異，在於將「名譽」亦納入緊急避難之事由中，蓋因名譽有「人之第二生命」之稱，其對人之重要性並不亞於身體、自由及財產，倘為避免自己或他人之名譽遭受緊急危難，而出於不得已之行為且未過當者，如因而違反行政法上之義務，應具有阻卻違法之正當事由，且德國違反秩序罰法中對於構成阻卻違法事由之緊急避難，亦納入「名譽」之概念，更可見其

	一斑。
	三、參考刑法第 24 條、德國違反秩序罰法第 16 條。
第三章 共同違法及併同處罰	章 名
第 14 條（共同違反義務行為之處罰） 故意共同實施違反行政法上義務之行為者，依其行為情節之輕重，分別處罰之。 前項情形，因身分或其他特定關係成立之違反行政法上義務行為，其無此身分或特定關係者，仍處罰之。 因身分或其他特定關係致處罰有重輕或免除時，其無此身分或特定關係者，仍處以通常之處罰。	一、本條係行政法上共同違法之規定，不採刑法有關教唆犯、幫助犯之概念，此因行政罰之不法內涵及非難評價不若刑罰，且為避免實務不易區分導致行政機關裁罰時徒生困擾之故。所謂「故意共同實施」，係指違反行政法上義務構成要件之事實或結果由二以上行為人故意共同完成者而言。又第 1 項所稱「情節之輕重」，係指實施違反行政法上義務行為其介入之程度及其行為可非難性之高低等因素。 二、又本條係規定行為主體外部之共同實施，在二個以上之自然人間，不生解釋疑義，然於以私法人作為處罰對象之情形，係指二以上不同之私法人（處罰主體）共同實施違反行政法上義務之行為，或私法人與該私法人以外之第三人共同實施違反行政法上義務之行為而言。故僅係基於受處罰主體私法人之內部關係者（如私法人之機關或職員），並不在本條所規定之範圍內。亦即本條所稱之「共同實施」，係指義務主體與該義務主體以外之第三人共同違反行政法上之義務，並不包括義務主體與該義務主體內部之成員共同違反行政法上義務之情形。 三、另如個別行政作用法中對於共同違反行政法上義務行為之處罰，係採「由數行為人共同分擔」，而非分別均處罰之規定，則依本法第 1 條但書之規定，即應優先適用，而無須依本條第 1 項之規定分別處罰之。例如遺產及贈與稅法第 47 條規定，對於所處之罰鍰設有上限，足見於遺產稅之納稅義務人有多人共同繼承之場合，如有違反該法所課予之納稅義務而受罰鍰之處罰時，該法應係採「由

	數個納稅義務人共同分擔」之規定，而非對每個繼承人均分別處以漏稅額倍數之罰鍰，否則該法第 47 條之規定將形同具文。 四、因身分或其他特定關係而成立之違反行政法上義務行為，或因身分或其他特定關係致處罰有重輕或免除時，其無此種身分或特定關係者，是否仍應加以處罰或應如何處罰，如無明文規定，實務上易生困擾，故仿刑法第 31 條之立法例，爰為第 2 項及第 3 項規定，以杜爭議。 五、參考刑法第 28 條、第 29 條、第 30 條、第 31 條、德國違反秩序罰法第 14 條。
第 15 條（併同處罰 1——私法人有代表權之人） 私法人之董事或其他有代表權之人，因執行其職務或為私法人之利益為行為，致使私法人違反行政法上義務應受處罰者，該行為人如有故意或重大過失時，除法律或自治條例另有規定外，應並受同一規定罰鍰之處罰。 私法人之職員、受僱人或從業人員，因執行其職務或為私法人之利益為行為，致使私法人違反行政法上義務應受處罰者，私法人之董事或其他有代表權之人，如對該行政法上義務之違反，因故意或重大過失，未盡其防止義務時，除法律或自治條例另有規定外，應並受同一規定罰鍰之處罰。 依前二項並受同一規定處罰之罰鍰，不得逾新臺幣一百萬元。但其所得之利益逾新臺幣一百萬元者，得於其所得利益之範圍內裁處之。	一、私法人亦得為行政法上之義務主體，故如發生義務違反之情形時，自得成為行政上之處罰對象，且行政罰係以罰鍰、沒入或其他種類之行政罰為制裁手段，性質上亦得對私法人為裁處，故私法人得為行政制裁之對象，在理論及實務運作始無疑義。 二、為貫徹行政秩序之維護，健全私法人運作，並避免利用私法人違法以謀個人利益，對於違反行政法上義務之私法人本已加以處罰，以期能達到行政目的。惟參民法第 28 條規定，該受處罰私法人之董事或其他有代表權之人，係實際上為私法人為行為或足資代表私法人之自然人，其可能為一人，亦可能係多數人，就個別行政法課予私法人之義務，自應負善良管理人注意之義務。倘因其執行職務或為私法人之利益而為行為，致使私法人違反行政法上義務者，除應對於私法人加以制裁外，該等自然人違反社會倫理意識，如係因故意或重大過失，致未遵守行政法所課予私法人之義務時，本身具有高度可非難性及可歸責性，自應就其行為與私法人並受同一規定罰鍰之處罰，爰為第 1 項規定。至如個別法律或自治條例中規定對於私法人違反

行政法上之義務而應受處罰者，亦同時對董事或其他有代表權之人有特別之處罰規定時，此際依本條第 1 項除外規定，即應依各該法律或自治條例之規定。

三、私法人之董事或其他有代表權之人，對於私法人之職員、受僱人或從業人員，本有指揮監督之責，故私法人之職員、受僱人或從業人員，因執行其職務或為私法人之利益為行為，致使私法人違反行政法上義務者，私法人之董事或其他有代表權之人，如對該行政法上義務之違反，因故意或重大過失，未盡其防止之義務時，乃為指揮監督之疏失，除非法律或自治條例有特別規定外，自應就其疏失擔負責任而與違反行政法上義務之私法人並受同一規定罰鍰之處罰，爰為第 2 項規定。至於私法人之董事或其他有代表權之人，對於行政法上義務違反究有無防止義務，其防止義務之範圍如何，則應依該私法人職務上之分工定之，故其處罰對象應視具體個案認定之。又該私法人之職員、受僱人或從業人員，除個別法律定有處罰規定外，並非當然依第 2 項規定處罰，俾免株連過廣，併此敘明。

四、考量行為人雖因其本身之故意或重大過失，或因其故意或重大過失而未盡監督防止義務致依第 1 項或第 2 項規定並受罰鍰之處罰時，其個人資力有限，故於第 3 項規定處罰之金額原則上不得逾新臺幣 1,000,000 元。惟如行為人因其本身之故意或重大過失，或因其故意或重大過失而未盡監督防止義務而因此受有財產上利益，且其所得利益逾新臺幣 1,000,000 元時，因上開限制規定反失公平，爰設但書規定，以免形成法律漏洞。

五、參考德國違反秩序罰法第 9 條、第 130 條。

| 第 16 條（併同處罰 2——非法人 | 一、設有代表人或管理人之非法人團體或法 |

團體或其他私法組織有代表權之人） 前條之規定，於設有代表人或管理人之非法人團體，或法人以外之其他私法組織，違反行政法上義務者，準用之。	人以外之其他私法組織，雖無權利能力，惟因具有一定成員，目的、名稱、事務所或營業所，且擁有獨立之財產，依行政程序法第21條、第22條第1項規定，亦得成為行政法上之義務主體，如有發生違反行政法上義務之行為時，其受罰能力與處罰條件應與私法人相當，因此，其代表人或管理人對於非法人團體或其他私法組織之運作，亦應負善良管理人之注意義務。故本條明定有關前條私法人代表權人並受處罰之規定，於設有代表人或管理人之非法人團體或法人以外之其他私法組織，違反行政法上義務者，均準用之。 二、參考德國違反秩序罰法第30條。
第 17 條（機關或公法組織之處罰） 中央或地方機關或其他公法組織違反行政法上義務者，依各該法律或自治條例規定處罰之。	一、本法係行政罰之總則規定，應將行政處罰之對象規定明確。中央或地方機關或其他公法組織，如有違反行政法上義務之行為時，實務上肯定其有受罰能力而得成為行政制裁之對象，惟仍視法律或自治條例是否將其列為處罰對象而定。為求明確，本條特別加以宣示規定，以免爭議。 二、本條規定之目的，除宣示中央或地方機關或其他公法組織有受罰能力而得作為行政制裁之對象外，並特別強調中央或地方機關或其他公法組織違反行政法上之義務時，係依各該法律或自治條例規定處罰，不適用前二條之規定，亦即除各該法律或自治條例對於中央或地方機關或其他公法組織違反行政法上義務時，對於該機關或組織之人員設有併罰之規定外，對於該人員並不當然併予處罰。
第四章　裁處之審酌加減及擴張	章　名
第 18 條（裁處之審酌及加減） 裁處罰鍰，應審酌違反行政法上義務行為應受責難程度、所生影	一、第1項規定裁處罰鍰時應審酌之因素，以求處罰允當。又裁處罰鍰，除督促行為人注意其行政法上義務外，尚有警戒

響及因違反行政法上義務所得之利益，並得考量受處罰者之資力。 前項所得之利益超過法定罰鍰最高額者，得於所得利益之範圍內酌量加重，不受法定罰鍰最高額之限制。 依本法規定減輕處罰時，裁處之罰鍰不得逾法定罰鍰最高額之二分之一，亦不得低於法定罰鍰最低額之二分之一；同時有免除處罰之規定者，不得逾法定罰鍰最高額之三分之一，亦不得低於法定罰鍰最低額之三分之一。但法律或自治條例另有規定者，不在此限。 其他種類行政罰，其處罰定有期間者，準用前項之規定。	貪婪之作用，此對於經濟及財稅行為，尤其重要。故如因違反行政法上義務而獲有利益，且所得之利益超過法定罰鍰最高額者，為使行為人不能保有該不法利益，爰於第 2 項明定准許裁處超過法定最高額之罰鍰。 二、行為人違反行政法上義務而應裁處罰鍰時，若有本法所規定減輕或免除其處罰之事由，其減輕之程度，宜有明文規定，以限制行政機關之裁量權，並符合本法減輕或免除處罰之意旨，但法律或自治條例另有規定者，則從其規定，爰為第 3 項規定。至於其他種類行政罰，其處罰如定有期間者，宜準用第 3 項規定，以期公允，爰為第 4 項規定。 三、參考刑法第 58 條、第 66 條、德國違反秩序罰法第 17 條。
第 19 條（職權不處罰） 違反行政法上義務應受法定最高額新臺幣 3,000 元以下罰鍰之處罰，其情節輕微，認以不處罰為適當者，得免予處罰。 前項情形，得對違反行政法上義務者施以糾正或勸導，並作成紀錄，命其簽名。	一、鑑於情節輕微之違反行政法上義務行為，有以糾正或勸導較之罰鍰具有效果者，且刑事處罰基於微罪不舉之考量，亦採取職權不起訴，宥恕輕微犯罪行為，因本法係規範行政罰裁處之統一性、綜合性法典，對於違反行政法上義務應受法定罰鍰最高額新臺幣三千元以下罰鍰之處罰，其情節輕微，認以不處罰為適當者，允宜授權行政機關按具體情況妥適審酌後，免予處罰，並得改以糾正或勸導措施，以發揮導正效果，爰於本條就職權不處罰之要件及其處理明定之。 二、參考德國違反秩序罰法第 56 條第 1 項、刑事訴訟法第 253 條第 1 項。
第 20 條（不當利得之追繳） 為他人利益而實施行為，致使他人違反行政法上義務應受處罰者，該行為人因其行為受有財產上利益而未受處罰時，得於其所受財產上利益價值範圍內，酌予追繳。	一、行為人為他人之利益所為之行為，致使他人違反行政法上義務應受處罰時，若行為人因該行為受有財產上利益，而無法對該行為人裁罰，即形成制裁漏洞。為填補制裁之漏洞，並防止脫法行為，故於第 1 項規定此時得單獨對行為人於其所受財產上利益價值範圍內，酌予追

行為人違反行政法上義務應受處罰，他人因該行為受有財產上利益而未受處罰時，得於其所受財產上利益價值範圍內，酌予追繳。 前二項追繳，由為裁處之主管機關以行政處分為之。	繳，以避免其違法取得不當利益，俾求得公平正義。 二、反之，行為人違反行政法上義務應受處罰，但未受處罰之他人卻因該行為受有財產上利益時，如未剝奪該他人所得之利益，顯失公平正義，爰為第2項規定，得單獨對該他人於其所受財產上利益價值範圍內，酌予追繳，避免他人因而取得不當利益，以防止脫法及填補制裁漏洞。 三、本條所定不當得利之追繳，賦予主管機關裁量權，依個案情形裁處之，其係基於實現公平正義等理念而設，性質上並非制裁，故與責任能力、責任條件等無關。 四、另本條所規定之二種追繳情形，為避免發生行政機關究應以行政處分追繳抑或以公法上給付訴訟方式追繳之疑義，第3項特別明文規定追繳均應由為裁處之主管機關以行政處分為之，以資明確，並杜爭議。 五、參考德國違反秩序罰法第29條之1。
第21條（沒入） 沒入之物，除本法或其他法律另有規定者外，以屬於受處罰者所有為限。	一、沒入之物須屬於違反行政法上義務而受處罰者所有，始具有懲罰作用，爰明定以屬於受處罰者所有為限。但本條僅係沒入之原則性規定，本法第22條另設有擴張沒入之例外規定。又個別行政法若基於達成行政目的之考量，而特別規定得就非屬於受處罰者所有之物裁處沒入，自應依其規定。 二、至於得為沒入之物，其性質、種類，依現行立法體例，係由相關行政法律或自治條例之罰則予以個別規定，其方式較符合實際需要，故本法毋須為共通性規定。
第22條（擴大沒入） 不屬於受處罰者所有之物，因所有人之故意或重大過失，致使該物成為違反行政法上義務行為	一、物之所有人因故意或重大過失，致其所有物成為他人違反行政法上義務行為之工具時，該所有人應為其故意或重大過失負責，故第1項規定得沒入其所有物。

之工具者,仍得裁處沒入。 物之所有人明知該物得沒入,為規避沒入之裁處而取得所有權者,亦同。	二、物之所有人對於其物之所有權,如明知該物因他人違反行政法上義務而得受行政機關沒入之情況下,企圖規避沒入而惡意取得者,該所有人亦具有可非難性,故第2項規定仍得就該物裁處沒入。 三、參考德國違反秩序罰法第23條。
第23條(追徵沒入) 得沒入之物,受處罰者或前條物之所有人於受裁處沒入前,予以處分、使用或以他法致不能裁處沒入者,得裁處沒入其物之價額;其致物之價值減損者,得裁處沒入其物及減損之差額。 得沒入之物,受處罰者或前條物之所有人於受裁處沒入後,予以處分、使用或以他法致不能執行沒入者,得追徵其物之價額;其致物之價值減損者,得另追徵其減損之差額。 前項追徵,由為裁處之主管機關以行政處分為之。	一、依前二條規定應受沒入之裁處者,如為避免其物被沒入,而於受裁處沒入前,將得沒入之物予以處分、使用或以他法致全部或一部不能裁處沒入或致沒入物之價值減損時,將無法貫徹裁處沒入之行政目的,顯然未盡公平,故第1項規定於裁處沒入前有此情形者,得對所有人裁處沒入其物之價額或其物及減損差額,以為代替或補充。 二、第2項情形,則係已先有裁處沒入之處分後尚未執行前,有前揭致不能執行沒入或致物之價值減損之情形時,得追徵其物之價額或減損之差額。此追徵之性質,非本法所稱行政罰之裁處,為避免發生行政機關究應以行政處分追徵或以公法上給付訴訟方式追徵之疑義,爰於第3項特別明文規定應由裁處沒入之行政機關以行政處分為之,以資明確。 三、參考德國違反秩序罰法第25條。
第五章 單一行為及數行為之處罰	章 名
第24條(一行為不二罰原則1 ——數行政罰競合之處理) 一行為違反數個行政法上義務規定而應處罰鍰者,依法定罰鍰額最高之規定裁處。但裁處之額度,不得低於各該規定之罰鍰最低額。 前項違反行政法上義務行為,除應處罰鍰外,另有沒入或其他種類行政罰之處罰者,得依該規定併為裁處。但其處罰種類相同,如從一重處罰已足以達成行政	一、本條規定一行為違反數個行政法上義務規定而應處罰鍰時之法律效果。所謂一行為違反數個行政法上義務規定而應處罰鍰,例如在防制區內之道路兩旁附近燃燒物品,產生明顯濃煙,足以妨礙行車視線者,除違反空氣污染防制法第31條第1項第1款規定,應依同法第60條第1項處以罰鍰外,同時亦符合道路交通管理處罰條例第82條第1項第2款或第3款應科處罰鍰之規定。因行為單一,且違反數個規定之效果均為罰鍰,處罰種類相同,從其一重處罰已足達成

目的者，不得重複裁處。

一行為違反社會秩序維護法及其他行政法上義務規定而應受處罰，如已裁處拘留者，不再受罰鍰之處罰。

行政目的，故僅得裁處一個罰鍰，爰為第 1 項規定，並明定依法定罰鍰額最高之規定裁處及裁處最低額之限制。

二、違反行政法上義務行為，依所違反之規定，除罰鍰外，另有沒入或其他種類行政罰之處罰時，因處罰之種類不同，自得採用不同之處罰方法，以達行政目的，故於沒入或其他種類行政罰，除其處罰種類相同，不得重複裁處外，依本法第 31 條規定，應由各該法令之主管機關依所違反之規定裁處。

三、又社會秩序維護法總則章中就違反該法行為之責任、時效、管轄及裁處等事項均有特別規定，依本法第 1 條但書規定，自應從其規定，而該法無特別規定者固仍有本法之適用。惟因依該法裁處之拘留，涉及人身自由之拘束，其裁處程序係由法院為之，與本法所定之由行政機關裁罰者不同，因此本法所定之行政罰種類並未將拘留納入規範，致一行為違反社會秩序維護法及其他行政法上義務規定而應受處罰時，實務上究應如何裁處？確有發生競合疑義之可能，爰基於司法程序優先之原則，於第 3 項明定為如已裁處拘留者，不再受罰鍰之處罰。

四、參考刑法第 55 條、司法院釋字第 503 號解釋、德國違反秩序罰法第 19 條。

第 25 條（數行為分別處罰原則）
數行為違反同一或不同行政法上義務之規定者，分別處罰之。

一、行為人所為數個違反行政法上義務之行為，若違反數個不同之規定，或數行為違反同一之規定時，與前條單一行為之情形不同，為貫徹個別行政法規之制裁目的，自應分別處罰。此與司法院釋字第 503 號解釋「一事不二罰」之意旨並不相違。例如：原申請經營開設之租賃仲介行，經查獲其經營旅館業務，該行為本係違反商業登記法第 8 條第 3 項及第 33 條第 1 項之規定；又因該租賃仲介行另將建築物隔間裝潢改為套房，掛出套房出租招牌，並置有「敬請顧客先行

	付房租」告示，顯然已達變更建築物使用之程度，其行為另違反建築法第 73 條及第 90 條之規定。按依商業登記法第 8 條第 3 項及第 33 條第 1 項規定之處罰要件為經營商業登記範圍以外之業務，而建築法第 73 條及第 90 條則以變更建築物使用執照之用途為構成處罰之要件，二者處罰之違法行為並非相同，故應分別依商業登記法第 8 條第 3 項、第 33 條第 1 項及建築法第 73 條、第 90 條規定予以處罰。 二、參考刑法第 50 條、德國違反秩序罰法第 20 條。
第 26 條（一行為不二罰原則 2——刑事罰與行政罰競合之處理） 一行為同時觸犯刑事法律及違反行政法上義務規定者，依刑事法律處罰之。但其行為應處以其他種類行政罰或得沒入之物而未經法院宣告沒收者，亦得裁處之。 前項行為如經不起訴處分或為無罪、免訴、不受理、不付審理之裁判確定者，得依違反行政法上義務規定裁處之。	一、一行為同時觸犯刑事法律及違反行政法上義務規定時，由於刑罰與行政罰同屬對不法行為之制裁，而刑罰之懲罰作用較強，故依刑事法律處罰，即足資警惕時，實無一事二罰再處行政罰之必要。且刑事法律處罰，由法院依法定程序為之，較符合正當法律程序，應予優先適用。但罰鍰以外之沒入或其他種類行政罰，因兼具維護公共秩序之作用，為達行政目的，行政機關仍得併予裁處，故為第 1 項但書規定。 二、前述行為如經檢察官為不起訴處分或法院為無罪、免訴、不受理或不付審理（少年事件）之裁判確定，行政罰之裁處即無一事二罰之疑慮，故第 2 項規定此時仍得依違反行政法上義務之規定裁處。 三、參考德國違反秩序罰法第 21 條。
第六章 時 效	章 名
第 27 條（裁處權時效） 行政罰之裁處權，因三年期間之經過而消滅。 前項期間，自違反行政法上義務之行為終了時起算。但行為之結果發生在後者，自該結果發生時起算。 前條第二項之情形，第一項期間	一、本條係有關行政罰裁處權時效之規定。按行政罰裁處權之行使與否，不宜懸之過久，而使處罰關係處於不確定狀態，影響人民權益，惟亦不宜過短，以免對社會秩序之維護有所影響，爰於第 1 項定其消滅時效為三年。第 2 項並就時效之起算點加以明定，以杜紛爭。至行政罰之執行時效，則依行政執行法第 7 條

自不起訴處分或無罪、免訴、不受理、不付審理之裁判確定日起算。 行政罰之裁處因訴願、行政訴訟或其他救濟程序經撤銷而須另為裁處者，第一項期間自原裁處被撤銷確定之日起算。	第 1 項規定處理。 二、犯罪行為與違反行政法上義務之行為競合，而其行為經檢察官為不起訴處分或法院為無罪、免訴、不受理、不付審理（少年事件）之裁判確定者，依前條第 2 項規定，仍得裁處行政罰，此際其時效可能已完成。又原裁處於訴願、行政訴訟或其他救濟程序中被撤銷，諭知另為裁處時，其時效亦可能已完成。爰於第 3 項、第 4 項另行規定其時效之起算點。 三、參考德國違反秩序罰法第 31 條。
第 28 條（裁處權時效之停止） 裁處權時效，因天災、事變或依法律規定不能開始或進行裁處時，停止其進行。 前項時效停止，自停止原因消滅之翌日起，與停止前已經過之期間一併計算。	一、裁罰權若懸之過久不予行使，將失去其制裁之警惕作用，亦影響人民權益，俾藉此督促行政機關及早行使公權力，惟如行政機關因天災（如九二一地震）、事變致事實上不能執行職務或法律另有規定之事由，無法開始或進行裁處時，因非屬行政機關之懈怠，自宜停止時效進行，爰於第 1 項規定裁處權時效之停止事由。 二、本法不採時效中斷制度，因此裁處權時效停止原因消滅後，繼續進行之時效應與前已進行之時效合併計算，以符合時效規定之精神。爰為第 2 項之規定。 三、參考刑法第 83 條。
第七章　管轄機關	章　名
第 29 條（土地管轄） 違反行政法上義務之行為，由行為地、結果地、行為人之住所、居所或營業所、事務所或公務所所在地之主管機關管轄。 在中華民國領域外之中華民國船艦或航空器內違反行政法上義務者，得由船艦本籍地、航空器出發地或行為後在中華民國領域內最初停泊地或降落地之主管機關管轄。 在中華民國領域外之外國船艦或航空器於依法得由中華民國	一、本條規定行政機關之地域管轄。違反行政法上義務之行為，原則上由行為地、結果地、行為人之住所、居所或營業所、事務所或公務所所在地之主管機關管轄，爰為第 1 項規定；在中華民國領域外之中華民國船艦或航空器內違反行政法上義務者，在國際法上成認有管轄權，爰為第 2 項規定，以期周延。 二、又為使搭乘外國船艦或航空器之人在我國領域外依法得由我國行使管轄權區域內違反行政法上義務之行為（例如於依法由中華民國管轄之鄰接區、專屬經濟海域或大陸礁層，從事污染或未經許可

行使管轄權之區域內違反行政法上義務者，得由行為後其船艦或航空器在中華民國領域內最初停泊地或降落地之主管機關管轄。 在中華民國領域外依法得由中華民國行使管轄權之區域內違反行政法上義務者，不能依前三項規定定其管轄機關時，得由行為人所在地之主管機關管轄。	探勘或開發等違反行政法上義務行為）有明確管轄機關，爰於第 3 項明定，得由行為後其船艦或航空器在中華民國領域內最初停泊地或降落地之主管機關管轄。 三、在我國領域外依法得由我國行使管轄權區域內違反行政法上義務之行為人可能係外國人或非我國人民，且未必以第 3 項之船艦或航空器為之（例如外國人在人工島嶼或其他海洋設施上違反行政法上義務），在此情形，管轄機關欠明確，爰於第 4 項明定不能依前三項規定定其管轄機關時，得由行為人所在地之主管機關管轄。 四、參考德國違反秩序罰法第 37 條。
第 30 條（共同管轄） 故意共同實施違反行政法上義務之行為，其行為地、行為人之住所、居所或營業所、事務所或公務所所在地不在同一管轄區內者，各該行為地、住所、居所或所在地之主管機關均有管轄權。	本條規定主管機關之共同管轄權。共同實施違反行政法上義務之行為，而涉及多數不同管轄主管機關者，於本條明定各主管機關均有管轄權。
第 31 條（管轄權競合之處理） 一行為違反同一行政法上義務，數機關均有管轄權者，由處理在先之機關管轄。不能分別處理之先後者，由各該機關協議定之；不能協議或有統一管轄之必要者，由其共同上級機關指定之。 一行為違反數個行政法上義務而應處罰鍰，數機關均有管轄權者，由法定罰鍰額最高之主管機關管轄。法定罰鍰額相同者，依前項規定定其管轄。 一行為違反數個行政法上義務，應受沒入或其他種類行政罰者，由各該主管機關分別裁處。但其處罰種類相同者，如從一重處罰	一、本條係規定管轄權競合之處理方式及移送管轄。第 1 項明定一行為違反同一行政法上義務，於適用同一法規，數機關均有管轄權時，管轄權積極衝突之解決方式，但在一行為違反數個行政法上義務而有處罰較重之法規時，則於第 2 項明定由法定罰鍰額最高之主管機關管轄；至於罰鍰外另應受沒入或其他種類行政罰者，因其處罰種類不同，為達行政目的，各該主管機關仍保有管轄權，應分別處罰之，爰為第 3 項規定。 二、實務上如發生依第 1 項及第 2 項規定受理在後或法定罰鍰額較低之主管機關先為裁處時，則於受理在先或法定罰鍰額最高之主管機關復為裁處時，受裁罰之人將會依法提出救濟，屆時受理在後或

已足以達成行政目的者，不得重複裁處。 第一項及第二項情形，原有管轄權之其他機關於必要之情形時，應為必要之職務行為，並將有關資料移送為裁處之機關；為裁處之機關應於調查終結前，通知原有管轄權之其他機關。	法定罰鍰額較低之主管機關可依申請撤銷其裁罰，又不得裁罰之機關或其上級機關亦可依職權撤銷其裁罰。 三、第4項明定因依第1項及第2項規定致失其管轄權之主管機關有為必要職務行為及移送有關資料之義務，裁處機關則有通知義務。 四、參考德國違反秩序罰法第38條及第39條。
第32條（移送司法機關及司法機關通知義務） 一行為同時觸犯刑事法律及違反行政法上義務規定者，應將涉及刑事部分移送該管司法機關。 前項移送案件，司法機關就刑事案件為不起訴處分或為無罪、免訴、不受理、不付審理之裁判確定者，應通知原移送之行政機關。	一、依本法第26條規定，刑罰與罰鍰不得併為處罰，故遇有競合時，應將涉及刑事部分移送該管司法機關。但司法機關就刑事案件為不起訴之處分或為無罪、免訴、不受理或不付審理（少年事件）之裁判確定，應通知原移送之行政機關對違反行政法上義務行為加以裁處，爰於第1項及第2項分別規定，以資適用。 二、參考德國違反秩序罰法第41條及第43條。
第八章　裁處程序	章　名
第33條（出示證明文件） 行政機關執行職務之人員，應向行為人出示有關執行職務之證明文件或顯示足資辨別之標誌，並告知其所違反之法規。	行政機關執行職務之人員於執行職務時，為向行為人表明其為執法人員，以避免行為人之疑慮，進而引發不必要之爭執，應主動向行為人出示有關執行職務證明文件（該證明文件，或為公務人員之識別證，或為行政機關之公函等，均屬之）或顯示足資辨別之標誌（如警艇在海上查緝走私，攔阻船隻時，應在警艇上顯示足以辨別其為行政機關之標誌）；又為使行為人知悉其違法，並作為執法依據，尚須告知行為人所違反之法規，爰於本條就行政機關於執行職務時應有之作為予以明定。
第34條（即時處置） 行政機關對現行違反行政法上義務之行為人，得為下列之處置： 一、即時制止其行為。 二、製作書面紀錄。 三、為保全證據之措施。遇有抗	一、為防止現行違反行政法上義務行為持續進行造成更嚴重之損害，爰於第1項前段明定列舉行政機關對於現行違反行政法上義務之行為，得視實際情況，即時制止之；或為利於行政裁罰等行政作為之進行，尚有視其情況製作書面紀錄或為保全證據措施或確認其身分之處置。

拒保全證據之行為且情況急迫者，得使用強制力排除其抗拒。 四、確認其身分。其拒絕或規避身分之查證，經勸導無效，致確實無法辨認其身分且情況急迫者，得令其隨同到指定處所查證身分；其不隨同到指定處所接受身分查證者，得會同警察人員強制為之。 前項強制，不得逾越保全證據或確認身分目的之必要程度。	二、為考量於保全證據而遇有抗拒且情況急迫時，得適度使用強制力予以排除；另對於為確認身分而強制行為人到指定處所時，明定其程序要件，對不隨同到指定處所者，得會同警察人員強制為之，爰為第 1 項第 3 款及第 4 款之規定。但為避免行政機關之恣意強制行為，造成人民權益之損害，爰於第 2 項明定強制，不得逾越保全證據或確認身分目的之必要程度。其強制方法，應符合比例原則，以保障人權。 三、參考社會秩序維護法第 42 條。
第 35 條（即時處置之救濟及處理） 行為人對於行政機關依前條所為之強制排除抗拒保全證據或強制到指定處所查證身分不服者，得向該行政機關執行職務之人員，當場陳述理由表示異議。 行政機關執行職務之人員，認前項異議有理由者，應停止或變更強制排除抗拒保全證據或強制到指定處所查證身分之處置；認無理由者，得繼續執行。經行為人請求者，應將其異議要旨製作紀錄交付之。	一、行政機關對於行為人所為之強制排除抗拒保全證據或強制到指定處所查證身分之處分，係對於行為人人身自由之限制，對於行為人之權益影響甚鉅，故應給予行為人有當場陳述理由表示異議之機會，爰於第 1 項就行為人對於行政機關所為強制到指定處所不服之救濟方式予以明定。 二、行為人當場提出異議時，行政機關執行職務之人員認有理由者，應停止或變更強制排除抗拒保全證據或強制到指定處所查證身分之處置；認無理由者，得繼續執行。又強制到指定處所之處置，具有即時性、短暫性之性質，故對異議結果，應無予以再救濟之必要。惟經行為人之請求，行政機關執行職務之人員，應將行為人異議之要旨製作紀錄交付之，以為證明，俾利爾後循國家賠償或其他途徑求償。爰於第 2 項規定行政機關對異議之處理程序，以期明確。
第 36 條（物之扣留之限制） 得沒入或可為證據之物，得扣留之。 前項可為證據之物之扣留範圍及期間，以供檢查、檢驗、鑑定或其他為保全證據之目的所必	一、為保全證據或沒入之執行，爰於第 1 項規定相關之物得扣留之，以使各行政機關得依法裁量為扣留之處分。第 2 項並明定可為證據之物之扣留範圍及期間，以供保全證據之目的所必要者為限，以保障人民權益。

要者為限。	二、參考刑事訴訟法第 133 條第 1 項。
第37條（強制扣留） 對於應扣留物之所有人、持有人或保管人，得要求其提出或交付；無正當理由拒絕提出、交付或抗拒扣留者，得用強制力扣留之。	一、為有效執行扣留，行政機關得要求所有人、持有人或保管人提出或交付應扣留物，且於遇有無正當理由拒絕提出、交付或抗拒扣留者，得以強制力扣留之，爰為本條規定。 二、參考刑事訴訟法第 133 條第 2 項、第138 條。
第38條（扣留紀錄與收據） 扣留，應作成紀錄，記載實施之時間、處所、扣留物之名目及其他必要之事項，並由在場之人簽名、蓋章或按指印；其拒絕簽名、蓋章或按指印者，應記明其事由。 扣留物之所有人、持有人或保管人在場或請求時，應製作收據，記載扣留物之名目，交付之。	一、為確保扣留程序合法適當，對於實施扣留者，應課以作成紀錄之義務，以明責任。扣留物之所有人、持有人或保管人在場或請求給予扣留物之收據時，實施扣留者應製作收據，供其執為憑據。 二、參考刑事訴訟法第 42 條、第 139 條。
第39條（扣留物之處理） 扣留物，應加封緘或其他標識，並為適當之處置；其不便搬運或保管者，得命人看守或交由所有人或其他適當之人保管。得沒入之物，有毀損之虞或不便保管者，得拍賣或變賣而保管其價金。 易生危險之扣留物，得毀棄之。	一、第 1 項規定扣留物應加具識別之標示，並為適當之處理，以確保扣留物之安全。經扣留者若屬得沒入之物，其有毀損之虞或不便保管之情形時，則得經由拍賣或變賣程序保管其價金。 二、另對於易生危險之扣留物，如不便保管亦不宜拍賣或變賣，而有毀棄之必要時，得由行政機關予以毀棄，爰為第 2 項之規定。 三、參考刑事訴訟法第 139 條至第 141 條。
第40條（扣留物之發還） 扣留物於案件終結前無留存之必要，或案件為不予處罰或未為沒入之裁處者，應發還之；其經依前條規定拍賣或變賣而保管其價金或毀棄者，發還或償還其價金。但應沒入或為調查他案應留存者，不在此限。 扣留物之應受發還人所在不明，或因其他事故不能發還者，應公告之；自公告之日起滿六個月，	一、本條規定扣留物應予發還之時機，為於案件終結前無留存之必要或案件為不予處罰或未為沒入之裁處者。惟扣留物若已依前條之規定而予拍賣、變賣或毀棄時，因無法發還原扣留物，即應將拍賣或變賣所得之價金發還，於毀棄時則償還其價金。若原扣留物因應沒入或因調查他案而有留存之必要，則應繼續扣留，爰為第 1 項規定。 二、扣留物之應受發還人所在不明，或因其他事故不能發還者，應予處理；故第 2 項

無人申請發還者，以其物歸屬公庫。	規定以公告程序決定物之歸屬。又所稱「公庫」，係指公庫法第 2 條所定之國庫、市庫及縣庫。 三、參考刑事訴訟法第 142 條第 1 項、第 259 條第 2 項、第 317 條及第 475 條第 1 項。
第 41 條（扣留之救濟及處理） 物之所有人、持有人、保管人或利害關係人對扣留不服者，得向扣留機關聲明異議。 前項聲明異議，扣留機關認有理由者，應發還扣留物或變更扣留行為；認無理由者，應加具意見，送直接上級機關決定之。 對於直接上級機關之決定不服者，僅得於對裁處案件之實體決定聲明不服時一併聲明之。但第一項之人依法不得對裁處案件之實體決定聲明不服時，得單獨對第一項之扣留逕行提起行政訴訟。 第一項及前項但書情形，不影響扣留或裁處程序之進行。	一、扣留僅係裁處程序之中間決定或處置之性質，其救濟宜有較簡速之程序，以免延宕案件之進行並保障人民權益。故於第 1 項及第 2 項規定對扣留不服者，先向扣留機關聲明異議，審酌是否撤銷或變更，如認聲明異議無理由，則送直接上級機關決定之二級行政救濟程序。 二、對於直接上級機關之決定不服者，並於第 3 項規定僅得於對裁處案件之實體決定聲明不服時一併聲明之，不得單獨提起訴願或行政訴訟，期達簡速目的。但物之所有人、持有人、保管人或利害關係人依法不得對裁處案件之實體決定聲明不服時，為保障其權益，應准其單獨對第 1 項之扣留提起行政訴訟，以資救濟。又於扣留救濟程序中，於第 4 項明定扣留或裁處程序仍照常進行，不受影響，以杜爭議。 三、參考行政執行法第 9 條、行政程序法第 174 條。
第 42 條（陳述意見及例外） 行政機關於裁處前，應給予受處罰者陳述意見之機會。但有下列情形之一者，不在此限： 一、已依行政程序法第三十九條規定，通知受處罰者陳述意見。 二、已依職權或依第四十三條規定，舉行聽證。 三、大量作成同種類之裁處。 四、情況急迫，如給予陳述意見之機會，顯然違背公益。 五、受法定期間之限制，如給予	一、本條規定行政機關於裁處前，應給予受處罰者陳述意見之機會，並基於行政效能之考量，同時規定得不給予陳述意見機會之例外情形。 二、行政機關於裁處前，應給予受處罰者陳述意見之機會，以避免行政機關之恣意專斷，並確保受處罰者之權益。惟行政機關已依行政程序法第 39 條規定，通知受處罰者陳述意見，或已依職權或依本法第 43 條規定舉行聽證者，均已給予受處罰者陳述意見之機會，故無庸再依本條給予陳述意見之機會；又大量作成同種類之裁處，基於行政經濟之考慮，亦

陳述意見之機會，顯然不能遵行。 六、裁處所根據之事實，客觀上明白足以確認。 七、法律有特別規定。	得不給予陳述意見之機會；另情況急迫，如給予陳述意見之機會，顯然違背公益，或受法定期間之限制，如給予陳述意見機會，將坐失時機而不能遵行者，亦不宜給予陳述意見之機會；此外，裁處所根據之事實，客觀上已明白且足以確認者，再事先聽取受處罰者之意見，顯然並無任何實益，故亦無須給予受處罰者陳述意見之必要；另法律如有特別規定，亦得不給予受處罰者陳述意見之機會；爰為本條但書各款之規定。
第43條（聽證及例外） 行政機關為第二條第一款及第二款之裁處前，應依受處罰者之申請，舉行聽證。但有下列情形之一者，不在此限： 一、有前條但書各款情形之一。 二、影響自由或權利之內容及程度顯屬輕微。 三、經依行政程序法第一百零四條規定，通知受處罰者陳述意見，而未於期限內陳述意見。	一、本條規定行政機關為裁處前應依申請舉行聽證及其例外之情形。 二、行政機關為本法第2條第1款限制或禁止行為之處分及同條第2款剝奪或消滅資格、權利之處分時，對於受處罰者之權益將有重大影響，為避免行政機關恣意專斷之決定，損害受處罰者之權益，爰規定行政機關於裁處前，應依受處罰者之申請，舉行聽證。但若有前條但書各款情形之一，或影響自由或權利之內容及程度顯屬輕微者，為免影響行政效能，行政機關得不舉行聽證；另行政機關經依行政程序法第104條規定，通知受處罰者陳述意見，未於期限內陳述意見者，行政機關亦無舉行聽證之必要；爰為本條但書各款之規定。
第44條（裁處書之製作及送達） 行政機關裁處行政罰時，應作成裁處書，並為送達。	本條明定行政機關裁處行政罰之方式。行政機關為裁處時，應作成裁處書，以與其他行政處分區別，其應記載事項則依行政程序法第96條之規定，又裁處書應合法送達於受裁處人，以完備行政程序，並保障人民權益。至於送達之方式、對象、時間、處所等，均依行政程序法送達之規定辦理。
第九章　附　則	章　名
第45條（過渡條款） 本法施行前違反行政法上義務之行為應受處罰而未經裁處，於本法施行後裁處者，除第十五	一、法律不溯及既往，乃法律適用之基本原則，如認其事項有溯及適用之必要者，即應以法律明白規定，方有所依據，本條即本此原則而設。

條、第十六條、第十八條第二項、第二十條及第二十二條規定外，均適用之。 前項行政罰之裁處權時效，自本法施行之日起算。	二、本法施行前違反行政法上義務之行為，於本法施行後裁處者，第 1 項明定可適用本法裁處之，但相較於本法施行前，對行為人不利之第 15 條、第 16 條、第 18 條第 2 項、第 20 條及第 22 條則予排除適用。 三、本法施行前違反行政法上義務之行為應受處罰而未經裁處者，於本法施行後裁處時，其裁處權時效，除非個別行政法律另有規定，依其規定外，均自本法施行之日起算。至於有關時效期間之規定，自仍適用本法。
第 46 條（施行日期） 本法自公布後一年施行。	鑑於本法之立法目的，在於為行政機關執法人員所為之行政罰裁處建構一可資共通遵循、符合公平正義之統一性、綜合性法典，以解決目前各機關因參照行政解釋、行政法院判例、判決及司法院解釋或類推適用刑法總則規定，常因時空變遷或具體個案考量，致前後見解分歧、裁罰基準不一所屢生之爭議，而影響行政效能與人民權益至鉅。為免本法之施行對現行行政罰之裁處運作造成重大衝擊，並進而使各機關執法人員熟悉相關之裁處原則，以兼顧人民權益之維護，並使相關行政法規有配合檢討修正或有特別規定必要者得預為法制準備以資因應，是故本法公布後允宜預留約一年之相當期間，以供各機關為充分的準備，從容應對，爰明定本法之施行日期為自本法公布後一年施行。

五 有關法規規定擇例

㈠行政程序法有關規定

第 2 條 本法所稱行政程序，係指行政機關作成行政處分、締結行政契約、訂定法規命令與行政規則、確定行政計畫、實施行政指導及處理陳情等行為之程序。

本法所稱行政機關，係指代表國家、地方自治團體或其他行政主體表示意思，從事公共事務，具有單獨法定地位之組織。

受託行使公權力之個人或團體，於委託範圍內，視為行政機關。

第 3 條 行政機關為行政行為時，除法律另有規定外，應依本法規定為之。

下列機關之行政行為，不適用本法之程序規定：

一 各級民意機關。

二 司法機關。

三 監察機關。

下列事項，不適用本法之程序規定：

一 有關外交行為、軍事行為或國家安全保障事項之行為。

二 外國人出、入境、難民認定及國籍變更之行為。

三 刑事案件犯罪偵查程序。

四 犯罪矯正機關或其他收容處所為達成收容目的所為之行為。

五 有關私權爭執之行政裁決程序。

六 學校或其他教育機構為達成教育目的之內部程序。

七 對公務員所為之人事行政行為。

八 考試院有關考選命題及評分之行為。

第 4 條 行政行為應受法律及一般法律原則之拘束。

第 5 條 行政行為之內容應明確。

第 6 條 行政行為，非有正當理由，不得為差別待遇。

第 7 條 行政行為，應依下列原則為之：

一 採取之方法應有助於目的之達成。

二 有多種同樣能達成目的之方法時，應選擇對人民權益損害最少者。

三 採取之方法所造成之損害不得與欲達成目的之利益顯失均衡。

第 8 條 行政行為，應以誠實信用之方法為之，並應保護人民正當合理之信賴。

第 9 條 行政機關就該管行政程序，應於當事人有利及不利之情形，一律

注意。

第　10　條　行政機關行使裁量權，不得逾越法定之裁量範圍，並應符合法規授權之目的。

第　11　條　行政機關之管轄權，依其組織法規或其他行政法規定之。

行政機關之組織法規變更管轄權之規定，而相關行政法規所定管轄機關尚未一併修正時，原管轄機關得會同組織法規變更後之管轄機關公告或逕由其共同上級機關公告變更管轄之事項。

行政機關經裁併者，前項公告得僅由組織法規變更後之管轄機關為之。

前二項公告事項，自公告之日起算至第三日起發生移轉管轄權之效力。但公告特定有生效日期者，依其規定。

管轄權非依法規不得設定或變更。

第　12　條　不能依前條第一項定土地管轄權者，依下列各款順序定之：

一　關於不動產之事件，依不動產之所在地。

二　關於企業之經營或其他繼續性事業之事件，依經營企業或從事事業之處所，或應經營或應從事之處所。

三　其他事件，關於自然人者，依其住所地，無住所或住所不明者，依其居所地，無居所或居所不明者，依其最後所在地。關於法人或團體者，依其主事務所或會址所在地。

四　不能依前三款之規定定其管轄權或有急迫情形者，依事件發生之原因定之。

第　15　條　行政機關得依法規將其權限之一部分，委任所屬下級機關執行之。

行政機關因業務上之需要，得依法規將其權限之一部分，委託不相隸屬之行政機關執行之。

前二項情形，應將委任或委託事項及法規依據公告之，並刊登政府公報或新聞紙。

第　17　條　行政機關對事件管轄權之有無，應依職權調查；其認無管轄權者，應即移送有管轄權之機關，並通知當事人。

人民於法定期間內提出申請，依前項規定移送有管轄權之機關者，視同已在法定期間內向有管轄權之機關提出申請。

第　18　條　行政機關因法規或事實之變更而喪失管轄權時，應將案件移送有管轄權之機關，並通知當事人。但經當事人及有管轄權機關之同意，亦得由原管轄機關繼續處理該案件。

第　19　條　行政機關為發揮共同一體之行政機能，應於其權限範圍內互相協助。

行政機關執行職務時，有下列情形之一者，得向無隸屬關係之其他機關請求協助：

一　因法律上之原因，不能獨自執行職務者。

二　因人員、設備不足等事實上之原因，不能獨自執行職務者。

三　執行職務所必要認定之事實，不能獨自調查者。

四　執行職務所必要之文書或其他資料，為被請求機關所持有者。

五　由被請求機關協助執行，顯較經濟者。

六　其他職務上有正當理由須請求協助者。

前項請求，除緊急情形外，應以書面為之。

被請求機關於有下列情形之一者，應拒絕之：

一　協助之行為，非其權限範圍或依法不得為之者。

二　如提供協助，將嚴重妨害其自身職務之執行者。

被請求機關認有正當理由不能協助者，得拒絕之。

被請求機關認為無提供行政協助之義務或有拒絕之事由時，應將其理由通知請求協助機關。請求協助機關對此有異議時，由其共同上級機關決定之，無共同上級機關時，由被請求機關之上級機關決定之。

被請求機關得向請求協助機關要求負擔行政協助所需費用。其負擔金額及支付方式，由請求協助機關及被請求機關以協議定之；協議不成時，由其共同上級機關定之。

第 36 條　行政機關應依職權調查證據，不受當事人主張之拘束，對當事人有利及不利事項一律注意。

第 37 條　當事人於行政程序中，除得自行提出證據外，亦得向行政機關申請調查事實及證據。但行政機關認為無調查之必要者，得不為調查，並於第四十三條之理由中敍明之。

第 38 條　行政機關調查事實及證據，必要時得據實製作書面紀錄。

第 39 條　行政機關基於調查事實及證據之必要，得以書面通知相關之人陳述意見。通知書中應記載詢問目的、時間、地點、得否委託他人到場及不到場所生之效果。

第 40 條　行政機關基於調查事實及證據之必要，得要求當事人或第三人提供必要之文書、資料或物品。

第 41 條　行政機關得選定適當之人為鑑定。

以書面為鑑定者，必要時，得通知鑑定人到場說明。

第 42 條　行政機關為瞭解事實真相，得實施勘驗。

勘驗時應通知當事人到場。但不能通知者，不在此限。

第 43 條　行政機關為處分或其他行政行為，應斟酌全部陳述與調查事實及證據之結果，依論理及經驗法則判斷事實之真偽，並將其決定及理由告知當事人。

第 48 條　期間以時計算者，即時起算。

期間以日、星期、月或年計算者，其始日不計算在內。但法律規定即日起算者，不在此限。

期間不以星期、月或年之始日起算者，以最後之星期、月或年與起算日相當日之前一日為期間之末日。但以月或年定期間，而於最後之月無相當日者，以其月之末日為期間之末日。

期間之末日為星期日、國定假日或其他休息日者，以該日之次日為期間之末日；期間之末日為星期六者，以其次星期一上午為期間末日。

期間涉及人民之處罰或其他不利行政處分者，其始日不計時刻以一日論；其末日為星期日、國定假日或其他休息日者，照計。但依第二項、第四項規定計算，對人民有利者，不在此限。

第 54 條 依本法或其他法規舉行聽證時，適用本節規定。

第 55 條 行政機關舉行聽證前，應以書面記載下列事項，並通知當事人及其他已知之利害關係人，必要時並公告之：
一 聽證之事由與依據。
二 當事人之姓名或名稱及其住居所、事務所或營業所。
三 聽證之期日及場所。
四 聽證之主要程序。
五 當事人得選任代理人。
六 當事人依第六十一條所得享有之權利。
七 擬進行預備程序者，預備聽證之期日及場所。
八 缺席聽證之處理。
九 聽證之機關。
依法規之規定，舉行聽證應預先公告者，行政機關應將前項所列各款事項，登載於政府公報或以其他適當方法公告之。
聽證期日及場所之決定，應視事件之性質，預留相當期間，便利當事人或其代理人參與。

第 56 條 行政機關得依職權或當事人之申請，變更聽證期日或場所，但以有正當理由為限。
行政機關為前項之變更者，應依前條規定通知並公告。

第 57 條 聽證，由行政機關首長或其指定人員為主持人，必要時得由律師、相關專業人員或其他熟諳法令之人員在場協助之。

第 58 條 行政機關為使聽證順利進行，認為必要時，得於聽證期日前，舉行預備聽證。
預備聽證得為下列事項：
一 議定聽證程序之進行。
二 釐清爭點。
三 提出有關文書及證據。
四 變更聽證之期日、場所與主持人。
預備聽證之進行，應作成紀錄。

第 59 條　聽證，除法律另有規定外，應公開以言詞為之。

　　有下列各款情形之一者，主持人得依職權或當事人之申請，決定全部或一部不公開：

　　一　公開顯然有違背公益之虞者。

　　二　公開對當事人利益有造成重大損害之虞者。

第 60 條　聽證以主持人說明案由為始。

　　聽證開始時，由主持人或其指定之人說明事件之內容要旨。

第 61 條　當事人於聽證時，得陳述意見、提出證據，經主持人同意後並得對機關指定之人員、證人、鑑定人、其他當事人或其代理人發問。

第 62 條　主持人應本中立公正之立場，主持聽證。

　　主持人於聽證時，得行使下列職權：

　　一　就事實或法律問題，詢問當事人、其他到場人，或促其提出證據。

　　二　依職權或當事人之申請，委託相關機關為必要之調查。

　　三　通知證人或鑑定人到場。

　　四　依職權或申請，通知或允許利害關係人參加聽證。

　　五　許可當事人及其他到場人之發問或發言。

　　六　為避免延滯程序之進行，禁止當事人或其他到場之人發言；有妨礙聽證程序而情節重大者，並得命其退場。

　　七　當事人一部或全部無故缺席者，逕行開始、延期或終結聽證。

　　八　當事人曾於預備聽證中提出有關文書者，得以其所載內容視為陳述。

　　九　認為有必要時，於聽證期日結束前，決定繼續聽證之期日及場所。

　　一〇　如遇天災或其他事故不能聽證時，得依職權或當事人之申請，中止聽證。

　　一一　採取其他為順利進行聽證所必要之措施。

　　主持人依前項第九款決定繼續聽證之期日及場所者，應通知未到場之當事人及已知之利害關係人。

第 63 條　當事人認為主持人於聽證程序進行中所為之處置違法或不當者，得即時聲明異議。

　　主持人認為異議有理由者，應即撤銷原處置，認為無理由者，應即駁回異議。

第 64 條　聽證，應作成聽證紀錄。

　　前項紀錄，應載明到場人所為陳述或發問之要旨及其提出之文書、證據，並記明當事人於聽證程序進行中聲明異議之事由及主持人對異議之處理。

　　聽證紀錄，得以錄音、錄影輔助之。

聽證紀錄當場製作完成者，由陳述或發問人簽名或蓋章；未當場製作完成者，由主持人指定日期、場所供陳述或發問人閱覽，並由其簽名或蓋章。

前項情形，陳述或發問人拒絕簽名、蓋章或未於指定日期、場所閱覽者，應記明其事由。

陳述或發問人對聽證紀錄之記載有異議者，得即時提出。主持人認異議有理由者，應予更正或補充；無理由者，應記明其異議。

第 65 條 主持人認當事人意見業經充分陳述，而事件已達可為決定之程度者，應即終結聽證。

第 66 條 聽證終結後，決定作成前，行政機關認為必要時，得再為聽證。

第 67 條 送達，除法規另有規定外，由行政機關依職權為之。

第 68 條 送達由行政機關自行或交由郵政機關送達。

行政機關之文書依法規以電報交換、電傳文件、傳真或其他電子文件行之者，視為自行送達。

由郵政機關送達者，以一般郵遞方式為之。但文書內容對人民權利義務有重大影響者，應為掛號。

文書由行政機關自行送達者，以承辦人員或辦理送達事務人員為送達人；其交郵政機關送達者，以郵務人員為送達人。

前項郵政機關之送達準用依民事訴訟法施行法第三條訂定之郵政機關送達訴訟文書實施辦法。

第 69 條 對於無行政程序之行為能力人為送達者，應向其法定代理人為之。

對於機關、法人或非法人之團體為送達者，應向其代表人或管理人為之。

法定代理人、代表人或管理人有二人以上者，送達得僅向其中之一人為之。

無行政程序之行為能力人為行政程序之行為，未向行政機關陳明其法定代理人者，於補正前，行政機關得向該無行為能力人為送達。

第 70 條 對於在中華民國有事務所或營業所之外國法人或團體為送達者，應向其在中華民國之代表人或管理人為之。

前條第三項規定，於前項送達準用之。

第 71 條 行政程序之代理人受送達之權限未受限制者，送達應向該代理人為之。但行政機關認為必要時，得送達於當事人本人。

第 72 條 送達，於應受送達人之住居所、事務所或營業所為之。但在行政機關辦公處所或他處會晤應受送達人時，得於會晤處所為之。

對於機關、法人、非法人之團體之代表人或管理人為送達者，應向其機關所在地、事務所或營業所行之。但必要時亦得於會晤之處所或其住居所行之。

應受送達人有就業處所者,亦得向該處所為送達。

第 73 條 於應送達處所不獲會晤應受送達人時,得將文書付與有辨別事理能力之同居人、受僱人或應送達處所之接收郵件人員。

前項規定於前項人員與應受送達人在該行政程序上利害關係相反者,不適用之。

應受送達人或其同居人、受僱人、接收郵件人員無正當理由拒絕收領文書時,得將文書留置於應送達處所,以為送達。

第 74 條 送達,不能依前二條規定為之者,得將文書寄存送達地之地方自治或警察機關,並作送達通知書兩份,一份黏貼於應受送達人住居所、事務所、營業所或其就業處所門首,另一份交由鄰居轉交或置於該送達處所信箱或其他適當位置,以為送達。

前項情形,由郵政機關為送達者,得將文書寄存於送達地之郵政機關。

寄存機關自收受寄存文書之日起,應保存三個月。

第 75 條 行政機關對於不特定人之送達,得以公告或刊登政府公報或新聞紙代替之。

第 76 條 送達人因證明之必要,得製作送達證書,記載下列事項並簽名:

一 交送達之機關。
二 應受送達人。
三 應送達文書之名稱。
四 送達處所、日期及時間。
五 送達方法。

除電子傳達方式之送達外,送達證書應由收領人簽名或蓋章;如拒絕或不能簽名或蓋章者,送達人應記明其事由。

送達證書,應提出於行政機關附卷。

第 77 條 送達係由當事人向行政機關申請對第三人為之者,行政機關應將已為送達或不能送達之事由,通知當事人。

第 78 條 對於當事人之送達,有下列各款情形之一者,行政機關得依申請,准為公示送達:

一 應為送達之處所不明者。
二 於有治外法權人之住居所或事務所為送達而無效者。
三 於外國或境外為送達,不能依第八十六條之規定辦理或預知雖依該規定辦理而無效者。

有前項所列各款之情形而無人為公示送達之申請者,行政機關為避免行政程序遲延,認為有必要時,得依職權命為公示送達。

當事人變更其送達之處所而不向行政機關陳明,致有第一項之情形者,行政機關得依職權命為公示送達。

第 79 條 依前條規定為公示送達後,對於同一當事人仍應為公示送達者,

依職權為之。

第 80 條 公示送達應由行政機關保管送達之文書,而於行政機關公告欄黏貼公告,告知應受送達人得隨時領取;並得由行政機關將文書或其節本刊登政府公報或新聞紙。

第 81 條 公示送達自前條公告之日起,其刊登政府公報或新聞紙者,自最後刊登之日起,經二十日發生效力;於依第七十八條第一項第三款為公示送達者,經六十日發生效力。但第七十九條之公示送達,自黏貼公告欄翌日起發生效力。

第 82 條 為公示送達者,行政機關應製作記載該事由及年、月、日、時之證書附卷。

第 83 條 當事人或代理人經指定送達代收人,向行政機關陳明者,應向該代收人為送達。
郵寄方式向行政機關提出者,以交郵地無住居所、事務所及營業所者,行政機關得命其於一定期間內,指定送達代收人。
如不於前項期間指定送達代收人並陳明者,行政機關得將應送達之文書,註明該當事人或代理人之住居所、事務所或營業所,交付郵政機關掛號發送,並以交付文書時,視為送達時。

第 84 條 送達,除第六十八條第一項規定交付郵政機關或依第二項之規定辦理者外,不得於星期日或其他休息日或日出前、日沒後為之。但應受送達人不拒絕收領者,不在此限。

第 85 條 不能為送達者,送達人應製作記載該事由之報告書,提出於行政機關附卷,並繳回應送達之文書。

第 86 條 於外國或境外為送達者,應囑託該國管轄機關或駐在該國之中華民國使領館或其他機構、團體為之。
不能依前項規定為送達者,得將應送達之文書交郵政機關以雙掛號發送,以為送達,並將掛號回執附卷。

第 87 條 對於駐在外國之中華民國大使、公使、領事或其他駐外人員為送達者,應囑託外交部為之。

第 88 條 對於在軍隊或軍艦服役之軍人為送達者,應囑託該管軍事機關或長官為之。

第 89 條 對於在監所人為送達者,應囑託該監所長官為之。

第 90 條 於有治外法權人之住居所或事務所為送達者,得囑託外交部為之。

第 91 條 受囑託之機關或公務員,經通知已為送達或不能為送達者,行政機關應將通知書附卷。

第 92 條 本法所稱行政處分,係指行政機關就公法上具體事件所為之決定或其他公權力措施而對外直接發生法律效果之單方行政行為。
前項決定或措施之相對人雖非特定,而依一般性特徵可得確定其

範圍者，為一般處分，適用本法有關行政處分之規定。有關公物之設定、變更、廢止或其一般使用者，亦同。

第 93 條 行政機關作成行政處分有裁量權時，得為附款。無裁量權者，以法律有明文規定或為確保行政處分法定要件之履行而以該要件為附款內容者為限，始得為之。

前項所稱之附款如下：
一　期限。
二　條件。
三　負擔。
四　保留行政處分之廢止權。
五　保留負擔之事後附加或變更。

第 94 條 前條之附款不得違背行政處分之目的，並應與該處分之目的具有正當合理之關聯。

第 95 條 行政處分除法規另有要式之規定者外，得以書面、言詞或其他方式為之。

以書面以外方式所為之行政處分，其相對人或利害關係人有正當理由要求作成書面時，處分機關不得拒絕。

第 96 條 行政處分以書面為之者，應記載下列事項：
一　處分相對人之姓名、出生年月日、性別、身分證統一號碼、住居所或其他足資辨別之特徵；如係法人或其他設有管理人或代表人之團體，其名稱、事務所或營業所，及管理人或代表人之姓名、出生年月日、性別、身分證統一號碼、住居所。
二　主旨、事實、理由及其法令依據。
三　有附款者，附款之內容。
四　處分機關及其首長署名、蓋章，該機關有代理人或受任人者，須同時於其下簽名。但以自動機器作成之大量行政處分，得不經署名，以蓋章為之。
五　發文字號及年、月、日。
六　表明其為行政處分之意旨及不服行政處分之救濟方法、期間及其受理機關。

前項規定於依前條第二項作成之書面，準用之。

第 97 條 書面之行政處分有下列各款情形之一者，得不記明理由：
一　未限制人民之權益者。
二　處分相對人或利害關係人無待處分機關之說明已知悉或可知悉作成處分之理由者。
三　大量作成之同種類行政處分或以自動機器作成之行政處分依其狀況無須說明理由者。
四　一般處分經公告或刊登政府公報或新聞紙者。

五　有關專門知識、技能或資格所為之考試、檢定或鑑定等程序。

六　依法律規定無須記明理由者。

第　98　條　處分機關告知之救濟期間有錯誤時，應由該機關以通知更正之，並自通知送達之翌日起算法定期間。

處分機關告知之救濟期間較法定期間為長者，處分機關雖以通知更正，如相對人或利害關係人信賴原告知之救濟期間，致無法於法定期間內提起救濟，而於原告知之期間內為之者，視為於法定期間內所為。

處分機關未告知救濟期間或告知錯誤未為更正，致相對人或利害關係人遲誤者，如自處分書送達後一年內聲明不服時，視為於法定期間內所為。

第　99　條　對於行政處分聲明不服，因處分機關未為告知或告知錯誤致向無管轄權之機關為之者，該機關應於十日內移送有管轄權之機關，並通知當事人。

前項情形，視為自始向有管轄權之機關聲明不服。

第　100　條　書面之行政處分，應送達相對人及已知之利害關係人；書面以外之行政處分，應以其他適當方法通知或使其知悉。

一般處分之送達，得以公告或刊登政府公報或新聞紙代替之。

第　101　條　行政處分如有誤寫、誤算或其他類此之顯然錯誤者，處分機關得隨時或依申請更正之。

前項更正，附記於原處分書及其正本，如不能附記者，應製作更正書，以書面通知相對人及已知之利害關係人。

第　102　條　行政機關作成限制或剝奪人民自由或權利之行政處分前，除已依第三十九條規定，通知處分相對人陳述意見，或決定舉行聽證者外，應給予該處分相對人陳述意見之機會。但法規另有規定者，從其規定。

第　103　條　有下列各款情形之一者，行政機關得不給予陳述意見之機會：

一　大量作成同種類之處分。

二　情況急迫，如予陳述意見之機會，顯然違背公益者。

三　受法定期間之限制，如予陳述意見之機會，顯然不能遵行者。

四　行政強制執行時所採取之各種處置。

五　行政處分所根據之事實，客觀上明白足以確認者。

六　限制自由或權利之內容及程度，顯屬輕微，而無事先聽取相對人意見之必要者。

七　相對人於提起訴願前依法律應向行政機關聲請再審查、異議、復查、重審或其他先行程序者。

八　為避免處分相對人隱匿、移轉財產或潛逃出境，依法律所為保全或限制出境之處分。

第 104 條　行政機關依第一百零二條給予相對人陳述意見之機會時，應以書面記載下列事項通知相對人，必要時並公告之：
　　一　相對人及其住居所、事務所或營業所。
　　二　將為限制或剝奪自由或權利行政處分之原因事實及法規依據。
　　三　得依第一百零五條提出陳述書之意旨。
　　四　提出陳述書之期限及不提出之效果。
　　五　其他必要事項。
　　前項情形，行政機關得以言詞通知相對人，並作成紀錄，向相對人朗讀或使閱覽後簽名或蓋章；其拒絕簽名或蓋章者，應記明其事由。

第 105 條　行政處分之相對人依前條規定提出之陳述書，應為事實上及法律上陳述。
　　利害關係人亦得提出陳述書，為事實上及法律上陳述，但應釋明其利害關係之所在。
　　不於期間內提出陳述書者，視為放棄陳述之機會。

第 106 條　行政處分之相對人或利害關係人得於第一百零四條第一項第四款所定期限內，以言詞向行政機關陳述意見代替陳述書之提出。
　　以言詞陳述意見者，行政機關應作成紀錄，經向陳述人朗讀或使閱覽確認其內容無誤後，由陳述人簽名或蓋章；其拒絕簽名或蓋章者，應記明其事由。陳述人對紀錄有異議者，應更正之。

第 107 條　行政機關遇有下列各款情形之一者，舉行聽證：
　　一　法規明文規定應舉行聽證者。
　　二　行政機關認為有舉行聽證之必要者。

第 108 條　行政機關作成經聽證之行政處分時，除依第四十三條之規定外，並應斟酌全部聽證之結果。但法規明定應依聽證紀錄作成處分者，從其規定。
　　前項行政處分應以書面為之，並通知當事人。

第 109 條　不服依前條作成之行政處分者，其行政救濟程序，免除訴願及其先行程序。

第 110 條　書面之行政處分自送達相對人及已知之利害關係人起；書面以外之行政處分自以其他適當方法通知或使其知悉時起，依送達、通知或使知悉之內容對其發生效力。
　　一般處分自公告日或刊登政府公報、新聞紙最後登載日起發生效力。但處分另訂不同日期者，從其規定。
　　行政處分未經撤銷、廢止，或未因其他事由而失效者，其效力繼續存在。
　　無效之行政處分自始不生效力。

第 111 條 行政處分有下列各款情形之一者，無效：
　　　　　一　不能由書面處分中得知處分機關者。
　　　　　二　應以證書方式作成而未給予證書者。
　　　　　三　內容對任何人均屬不能實現者。
　　　　　四　所要求或許可之行為構成犯罪者。
　　　　　五　內容違背公共秩序、善良風俗者。
　　　　　六　未經授權而違背法規有關專屬管轄之規定或缺乏事務權限
　　　　　　　者。
　　　　　七　其他具有重大明顯之瑕疵者。

第 112 條 行政處分一部分無效者，其他部分仍為有效。但除去該無效部分，
　　　　　行政處分不能成立者，全部無效。

第 113 條 行政處分之無效，行政機關得依職權確認之。
　　　　　行政處分之相對人或利害關係人有正當理由請求確認行政處分無
　　　　　效時，處分機關應確認其為有效或無效。

第 114 條 違反程序或方式規定之行政處分，除依第一百十一條規定而無效
　　　　　者外，因下列情形而補正：
　　　　　一　須經申請始得作成之行政處分，當事人已於事後提出者。
　　　　　二　必須記明之理由已於事後記明者。
　　　　　三　應給予當事人陳述意見之機會已於事後給予者。
　　　　　四　應參與行政處分作成之委員會已於事後作成決議者。
　　　　　五　應參與行政處分作成之其他機關已於事後參與者。
　　　　　前項第二款至第五款之補正行為，僅得於訴願程序終結前為之；
　　　　　得不經訴願程序者，僅得於向行政法院起訴前為之。
　　　　　當事人因補正行為致未能於法定期間內聲明不服者，其期間之遲
　　　　　誤視為不應歸責於該當事人之事由，其回復原狀期間自該瑕疵補
　　　　　正時起算。

第 115 條 行政處分違反土地管轄之規定者，除依第一百十一條第六款規定
　　　　　而無效者外，有管轄權之機關如就該事件仍應為相同之處分時，
　　　　　原處分無須撤銷。

第 116 條 行政機關得將違法行政處分轉換為與原處分具有相同實質及程序
　　　　　要件之其他行政處分。但有下列各款情形之一者，不得轉換：
　　　　　一　違法行政處分，依第一百十七條但書規定，不得撤銷者。
　　　　　二　轉換不符作成原行政處分之目的者。
　　　　　三　轉換法律效果對當事人更為不利者。
　　　　　羈束處分不得轉換為裁量處分。
　　　　　行政機關於轉換前應給予當事人陳述意見之機會。但有第一百零
　　　　　三條之事由者，不在此限。

第 117 條 違法行政處分於法定救濟期間經過後，原處分機關得依職權為全

部或一部之撤銷；其上級機關，亦得為之。但有下列各款情形之一者，不得撤銷：

一　撤銷對公益有重大危害者。

二　受益人無第一百十九條所列信賴不值得保護之情形，而信賴授予利益之行政處分，其信賴利益顯然大於撤銷所欲維護之公益者。

第 118 條　違法行政處分經撤銷後，溯及既往失其效力。但為維護公益或為避免受益人財產上之損失，為撤銷之機關得另定失其效力之日期。

第 128 條　行政處分於法定救濟期間經過後，具有下列各款情形之一者，相對人或利害關係人得向行政機關申請撤銷、廢止或變更之。但相對人或利害關係人因重大過失而未能在行政程序或救濟程序中主張其事由者，不在此限：

一　具有持續效力之行政處分所依據之事實事後發生有利於相對人或利害關係人之變更者。

二　發生新事實或發現新證據者，但以如經斟酌可受較有利益之處分者為限。

三　其他具有相當於行政訴訟法所定再審事由且足以影響行政處分者。

前項申請，應自法定救濟期間經過後三個月內為之；其事由發生在後或知悉在後者，自發生或知悉時起算。但自法定救濟期間經過後已逾五年者，不得申請。

第 129 條　行政機關認前條之申請為有理由者，應撤銷、廢止或變更原處分；認申請為無理由或雖有重新開始程序之原因，如認為原處分為正當者，應駁回之。

㈡行政執行法有關規定

第 1 條　行政執行，依本法之規定；本法未規定者，適用其他法律之規定。

第 2 條　本法所稱行政執行，指公法上金錢給付義務、行為或不行為義務之強制執行及即時強制。

第 3 條　行政執行，應依公平合理之原則，兼顧公共利益與人民權益之維護，以適當之方法為之，不得逾達成執行目的之必要限度。

第 36 條　行政機關為阻止犯罪、危害之發生或避免急迫危險，而有即時處置之必要時，得為即時強制。

即時強制方法如下：

一　對於人之管束。

二　對於物之扣留、使用、處置或限制其使用。

三　對於住宅、建築物或其他處所之進入。

第 37 條　對於人之管束，以合於下列情形之一者為限：
　　　一　瘋狂或酗酒泥醉，非管束不能救護其生命、身體之危險，及預防他人生命、身體之危險者。
　　　二　意圖自殺，非管束不能救護其生命者。
　　　三　暴行或鬥毆，非管束不能預防其傷害者。
　　　四　其他認為必須救護或有害公共安全之虞，非管束不能救護或不能預防危害者。
　　　前項管束，不得逾二十四小時。

第 38 條　軍器、凶器及其他危險物，為預防危害之必要，得扣留之。
　　　扣留之物，除依法應沒收、沒入、毀棄或應變價發還者外，其扣留期間不得逾三十日。但扣留之原因未消失時，得延長之，延長期間不得逾兩個月。
　　　扣留之物無繼續扣留必要者，應即發還；於一年內無人領取或無法發還者，其所有權歸屬國庫；其應變價發還者，亦同。

第 39 條　遇有天災、事變或交通上、衛生上或公共安全上有危害情形，非使用或處置其土地、住宅、建築物、物品或限制其使用，不能達防護之目的時，得使用、處置或限制其使用。

第 40 條　對於住宅、建築物或其他處所之進入，以人民之生命、身體、財產有迫切之危害，非進入不能救護者為限。

第 41 條　人民因執行機關依法實施即時強制，致其生命、身體或財產遭受特別損失時，得請求補償。但因可歸責於該人民之事由者，不在此限。
　　　前項損失補償，應以金錢為之，並以補償實際所受之特別損失為限。
　　　對於執行機關所為損失補償之決定不服者，得依法提起訴願及行政訴訟。
　　　損失補償，應於知有損失後，二年內向執行機關請求之。但自損失發生後，經過五年者，不得為之。

㈢社會秩序維護法有關規定

第 5 條　稱以上、以下、以內者，俱連本數計算。

第 10 條　未滿十八歲人、心神喪失人或精神耗弱人，因其法定代理人或監護人疏於管教或監護，致有違反本法之行為者，除依前兩條規定處理外，按其違反本法之行為處罰其法定代理人或監護人。但其處罰以罰鍰或申誡為限。

第 16 條 教唆他人實施違反本法之行為者，依其所教唆之行為處罰。

第 17 條 幫助他人實施違反本法之行為者，得減輕處罰。

第 19 條 處罰之種類如左：
一 拘留：一日以上，三日以下；遇有依法加重時，合計不得逾五日。
二 勒令歇業。
三 停止營業：一日以上，二十日以下。
四 罰鍰：新臺幣三百元以上，三萬元以下；遇有依法加重時，合計不得逾新臺幣六萬元。
五 沒入。
六 申誡：以書面或言詞為之。
勒令歇業或停止營業之裁處，應符合比例原則。

第 20 條 罰鍰應於裁處確定之翌日起十日內完納。
被處罰人依其經濟狀況不能即時完納者，得准許其於三個月內分期完納。但遲誤一期不繳納者，以遲誤當期之到期日為餘額之完納期限。
罰鍰逾期不完納者，警察機關得聲請易以拘留。
在罰鍰應完納期內，被處罰人得請求易以拘留。

第 21 條 罰鍰易以拘留，以新臺幣三百元以上九百元以下折算一日。但易以拘留期間不得逾五日。
罰鍰總額折算逾五日者，以罰鍰總額與五日之日數比例折算。易以拘留不滿一日之零數不算。
易以拘留期內繳納罰鍰者，以所納之數，依裁定所定之標準折算扣除拘留之期間。

第 22 條 左列之物沒入之：
一 因違反本法行為所生或所得之物。
二 查禁物。
前項第一款沒入之物，以屬於行為人所有者為限；第二款之物，不問屬於行為人與否，沒入之。
供違反本法行為所用之物，以行為人所有者為限，得沒入之。但沒入，應符合比例原則。

第 23 條 沒入，與其他處罰併宣告之。但有左列各款情形之一者，得單獨宣告沒入：
一 免除其他處罰者。
二 行為人逃逸者。
三 查禁物。

第 24 條 違反本法之數行為，分別處罰。但於警察機關通知單送達或逕行通知前，違反同條款之規定者，以一行為論，並得加重其處罰。

一行為而發生二以上之結果者，從一重處罰；其違反同條款之規定者，從重處罰。

第 25 條 違反本法之數行為，分別裁處並分別執行。但執行前之數確定裁處，依左列各款規定執行之：
一 裁處多數拘留者，併執行之，合計不得逾五日。
二 裁處多數勒令歇業，其營業處所相同者，執行其一；營業處所不同者，併執行之。
三 裁處多數停止營業者，併執行之；同一營業處所停止營業之期間，合計不得逾二十日。
四 分別裁處勒令歇業及停止營業，其營業處所相同者，僅就勒令歇業執行之；營業處所不同者，併執行之。
五 裁處多數罰鍰者，併執行之，合計不得逾新臺幣六萬元；如易以拘留，合計不得逾五日。
六 裁處多數沒入者，併執行之。
七 裁處多數申誡者，併一次執行之。
八 裁處不同種類之處罰者，併執行之。其中有勒令歇業及停止營業者，依第四款執行之。

第 26 條 經依本法處罰執行完畢，三個月內再有違反本法行為者，得加重處罰。

第 27 條 違反本法之行為人，於其行為未被發覺以前自首而受裁處者，減輕或免除其處罰。

第 28 條 違反本法之案件，量罰時應審酌一切情狀，尤應注意左列事項，為量罰輕重之標準：
一 違反之動機、目的。
二 違反時所受之刺激。
三 違反之手段。
四 行為人之生活狀況。
五 行為人之品行。
六 行為人之智識程度。
七 行為人與被害人之關係。
八 行為人違反義務之程度。
九 行為所生之危險或損害。
一〇 行為後之態度。

第 29 條 違反本法行為之情節可憫恕者，得減輕或免除其處罰。
依法令加重或減輕者，仍得依前項之規定，減輕其處罰。

第 30 條 本法處罰之加重或減輕標準如左：
一 拘留或罰鍰之加重或減輕，得加至或減至本罰之二分之一。
二 因處罰之加重或減輕，致拘留有不滿一日、罰鍰不滿新臺幣

三百元之零數者，其零數不算。

　　三　因處罰之減輕，致拘留不滿一日、罰鍰不滿新臺幣三百元者，易處申誡或免除之。

第　31　條　違反本法行為，逾二個月者，警察機關不得訊問、處罰，並不得移送法院。

　　前項期間，自違反本法行為成立之日起算。但其行為有連續或繼續之狀態者，自行為終了之日起算。

第　32　條　違反本法行為之處罰，其為停止營業、罰鍰、沒入、申誡者，自裁處確定之日起，逾三個月未執行者，免予執行；為拘留、勒令歇業者，自裁處確定之日起，逾六個月未執行者，免予執行。

　　分期繳納罰鍰而遲誤者，前項三個月之期間，自其遲誤當期到期日之翌日起算。其經易以拘留者，自法院裁定易以拘留確定之日起，逾三個月未執行者，免予執行。

第　33　條　違反本法之案件，由行為地或行為人之住所、居所或所在地之地方法院或其分院或警察機關管轄。

第　34　條　在中華民國領域外之中華民國船艦或航空器內違反本法者，船艦本籍地、航空器出發地或行為後停泊地之地方法院或其分院或警察機關有管轄權。

第　35　條　警察局及其分局，就該管區域內之違反本法案件有管轄權。

　　在地域遼闊交通不便地區，得由上級警察機關授權該管警察所、警察分駐所行使其管轄權。

　　專業警察機關，得經內政部核准就該管區域內之違反本法案件行使其管轄權。

第　36　條　地方法院或其分院為處理違反本法案件，視警察轄區及實際需要，分設簡易庭及普通庭。

第　37　條　地方法院或其分院簡易庭（以下簡稱簡易庭），以法官一人獨任行之。

　　地方法院或其分院普通庭（以下簡稱普通庭），以法官三人合議行之。

第　38　條　違反本法之行為，涉嫌違反刑事法律或少年事件處理法者，應移送檢察官或少年法庭依刑事法律或少年事件處理法規定辦理。但其行為應處停止營業、勒令歇業、罰鍰或沒入之部分，仍依本法規定處罰。

第　39　條　警察機關因警察人員發現、民眾舉報、行為人自首或其他情形知有違反本法行為之嫌疑者，應即開始調查。

第　40　條　可為證據或應予沒入之物，應妥予保管。但在裁處確定後，保管物未經沒入者，予以發還所有人、持有人或保管人；如無所有人、

持有人或保管人者，依法處理。

第 41 條 警察機關為調查違反本法行為之事實，應通知嫌疑人，並得通知
　　　　證人或關係人。

前項通知書應載明左列事項：

一　被通知人之姓名、性別、出生年月日、籍貫及住所或居所。

二　事由。

三　應到之日、時、處所。

四　無正當理由不到場者，得逕行裁處之意旨。

五　通知機關之署名。

被通知人之姓名不明或因其他情形有必要時，應記載其足資辨別
之特徵；其出生年月日、籍貫、住所或居所不明者，得免記載。

訊問嫌疑人，應先告以通知之事由，再訊明姓名、出生年月日、
職業、住所或居所，並給予申辯之機會。

嫌疑人於審問中或調查中得委任代理人到場。但法院或警察機關
認為必要時，仍得命本人到場。

第 42 條 對於現行違反本法之行為人，警察人員得即時制止其行為，並得
　　　　逕行通知到場；其不服通知者，得強制其到場。但確悉其姓名、
　　　　住所或居所而無逃亡之虞者，得依前條規定辦理。

第 43 條 左列各款案件，警察機關於訊問後，除有繼續調查必要者外，應
　　　　即作成處分書：

一　違反本法行為專處罰鍰或申誡之案件。

二　違反本法行為選擇處罰鍰或申誡之案件。

三　依第一款、第二款之處分，併宣告沒入者。

四　單獨宣告沒入者。

五　認為對第一款、第二款之案件應免除處罰者。

前項處分書應載明左列事項：

一　行為人之姓名、性別、出生年月日、國民身分證統一號碼、
　　職業、住所或居所。

二　主文。

三　事實及理由，得僅記載其要領。

四　適用之法條。

五　處分機關及年、月、日。

六　不服處分者，得於處分書送達之翌日起五日內，以書狀敘述
　　理由，經原處分之警察機關，向該管簡易庭聲明異議。

第 44 條 警察機關對於情節輕微而事實明確之違反本法案件，得不經通知、
　　　　訊問逕行處分。但其處罰以新臺幣一千五百元以下罰鍰或申誡為
　　　　限。

第 45 條 第四十三條第一項所列各款以外之案件，警察機關於訊問後，應

即移送該管簡易庭裁定。

前項警察機關移請裁定之案件，該管簡易庭認為不應處罰或以不處拘留、勒令歇業、停止營業為適當者，得逕為不罰或其他處罰之裁定。

第 46 條 法院受理警察機關移送之違反本法案件後，除須審問或調查者外，應迅速制作裁定書。

前項裁定書應載明左列事項：

一 行為人之姓名、性別、出生年月日、國民身分證統一號碼、職業、住所或居所。

二 主文。

三 事實及理由，得僅記載其要領。

四 適用之法條。

五 裁定機關及年、月、日。

六 不服裁定者，得於裁定書送達之翌日起五日內，以書狀敘述理由，經原裁定之簡易庭，向同法院普通庭提起抗告。

第 47 條 違反本法案件情節重大，有繼續調查必要，而嫌疑人身分不明或無固定之住、居所者，得令覓保；其不能覓保者，得暫予留置。但不得逾二十四小時。

第 48 條 警察機關對於違反本法之嫌疑人，經合法通知，無正當理由不到場者，得逕行裁處之。

第 49 條 違反本法案件之裁定書或處分書作成時，受裁定人或受處分人在場者，應宣示或宣告之，並當場交付裁定書或處分書。

未經當場宣示或宣告或不經訊問而逕行裁處之案件，其裁定書或處分書，應由警察機關於五日內送達之。

前二項之裁定書並應送達原移送之警察機關。

第 50 條 處罰之執行，由警察機關為之。

第 51 條 違反本法案件之處罰，於裁處確定後執行。

第 52 條 裁定拘留確定，經通知執行，無正當理由不到場者，強制其到場。

第 53 條 拘留、留置，應分別在拘留所、留置室內執行之。

違反本法嫌疑人被留置後，經執行拘留者，應按已留置時數折抵拘留之期間，經執行罰鍰者，以一小時新臺幣六十元折抵之。

現行違反本法之行為人，經逕行通知到場或強制到場者，警察機關留置期間之計算，應自其抵達警察機關時起算之。

第 54 條 拘留之執行，即時起算，並以二十四小時為一日。

前項執行，期滿釋放。但於零時至八時間期滿者，得經本人同意於當日八時釋放之。

第 55 條 被處罰人不服警察機關之處分者，得於處分書送達之翌日起五日

內聲明異議。

聲明異議，應以書狀敘明理由，經原處分之警察機關向該管簡易
庭為之。

第 56 條　原處分之警察機關認為聲明異議有理由者，應撤銷或變更其處分；
認為不合法定程式或聲明異議權已經喪失或全部或一部無理由
者，應於收受聲明異議書狀之翌日起三日內，送交簡易庭，並得
添具意見書。

第 57 條　簡易庭認為聲明異議不合法定程式或聲明異議權已經喪失者，應
以裁定駁回之。但其不合法定程式可補正者，應定期先命補正。
簡易庭認為聲明異議無理由者，應以裁定駁回之。認為有理由者，
以裁定將原處分撤銷或變更之。
對於簡易庭關於聲明異議所為之裁定，不得抗告。

第 58 條　受裁定人或原移送之警察機關對於簡易庭就第四十五條移送之案
件所為之裁定，有不服者，得向同法院普通庭提起抗告；對於普
通庭之裁定，不得再行抗告。

第 59 條　抗告期間為五日，自送達裁定之翌日起算。
提起抗告，應以書狀敘述理由提出於簡易庭為之。

第 60 條　被處罰人或原移送之警察機關，得捨棄其抗告權。
前項捨棄，應以書狀向原裁定機關為之。

第 61 條　聲明異議或抗告，於裁定前得撤回之。
撤回聲明異議或抗告，應以書狀向受理機關為之。但於該案卷宗
送交受理機關以前，得向原裁處機關為之。

第 62 條　捨棄抗告權、撤回聲明異議或抗告者，喪失其聲明異議或抗告權。

(四)道路交通管理處罰條例有關規定

第 2 條　道路交通管理、處罰，依本條例規定；本條例未規定者，依其他
法律規定。

第 7 條　道路交通管理之稽查，違規紀錄，由交通勤務警察，或依法令執
行交通稽查任務人員執行之。
前項稽查，得由交通助理人員協助執行，其稽查項目為違規停車
者，並得由交通助理人員逕行執行之；其設置、訓練及執行之辦
法，由內政部會同交通部定之。

第 7 條之 1　對於違反本條例之行為者，民眾得敘明違規事實或檢具違規證據
資料，向公路主管或警察機關檢舉，經查證屬實者，應即舉發。

第 7 條之 2　汽車駕駛人之行為有下列情形之一，當場不能或不宜攔截製單舉
發者，得逕行舉發：

一、闖紅燈或平交道。

二、搶越行人穿越道。

三、在道路收費停車處所停車，不依規定繳費。

四、不服指揮稽查而逃逸，或聞消防車、救護車、警備車、工程救險車之警號不立即避讓。

五、違規停車或搶越行人穿越道，經各級學校交通服務隊現場導護人員簽證檢舉。

六、行經設有收費站、地磅之道路，不依規定停車繳費或過磅。

七、經以科學儀器取得證據資料證明其行為違規。

前項第七款之科學儀器應採固定式，並定期於網站公布其設置地點。但汽車駕駛人之行為屬下列情形之一者，不在此限：

一、蛇行、危險方式駕車或二輛以上之汽車競駛或競技。

二、行駛路肩。

三、違規超車。

四、違規停車而駕駛人不在場。

五、未依規定行駛車道。

六、未依規定變換車道。

七、未保持安全距離。

八、跨越禁止變換車道線或槽化線。

九、行車速度超過規定之最高速限或低於規定之最低速限。

一〇、汽車駕駛人或乘客未依規定繫安全帶。

一一、汽車駕駛人或附載座人未依規定戴安全帽。

對於前項第九款之違規行為，採用固定或非固定式科學儀器取得證據資料證明者，於一般道路須至少於一百公尺，於高速公路、快速公路須至少於三百公尺前，明顯標示之。

第一項逕行舉發，應記明車輛牌照號碼、車型等可資辨明之資料，以汽車所有人為被通知人製單舉發。

第 8 條 違反本條例之行為，由下列機關處罰之：

一、第十二條至第六十八條由公路主管機關處罰。

二、第六十九條至第八十四條由警察機關處罰。

前項處罰於裁決前，應給予違規行為人陳述之機會。

第一項第一款之處罰，公路主管機關應設置交通裁決單位辦理；其組織規程由交通部、直轄市政府定之。

第 9 條 本條例所定罰鍰之處罰，受處罰人接獲違反道路交通管理事件通知單後，於十五日內得不經裁決，逕依第九十二條第三項之罰鍰基準規定，向指定之處所繳納結案；不服舉發事實者，應於十五日內，向處罰機關陳述意見；其不依通知所定期限前往指定處所聽候裁決，且未依規定期限繳納罰鍰結案或向處罰機關陳述意見者，處罰機關得逕行裁決之。

本條例之罰鍰，應提撥一定比例專款專用於改善道路交通；其分配、提撥比例及運用等事項之辦法，由交通部會同內政部、財政部定之。

第 9 條之 1　汽車所有人或駕駛人應於向公路監理機關辦理汽車檢驗、各項登記或換發牌照、執照前，繳清其所有違反本條例尚未結案之罰鍰。

第 10 條　車輛所有人、駕駛人、行人、道路障礙者，違反道路交通管理，依法應負刑事責任者，分別移送該管地方法院檢察署、地方法院少年法庭或軍事機關處理。

第 11 條　軍用車輛及軍用車輛駕駛人，應遵守本條例有關道路交通管理之規定，並服從執行交通勤務之警察及憲兵指揮。
國軍編制內之軍用車輛及軍用車輛駕駛人，違反前項規定之處罰，由國防部定之。

第 63 條　汽車駕駛人有下列各款所列條款之一者，除依原條款處罰鍰外，並予記點：
　　一、有第三十三條第一項、第二項、第三十八條第一項、第四十條、第四十五條、第四十七條第一款至第三款、第四十八條、第四十九條或第六十條第一項、第二項第一款、第二款情形之一者，各記違規點數一點。
　　二、有第二十九條第一項第一款至第四款、第二十九條之二第一項、第二項、第三十條第一項第一款、第二款情形之一者，各記違規點數二點。
　　三、有第四十三條、第五十三條或第五十四條情形之一者，各記違規點數三點。
依前項各條款，已受吊扣或吊銷駕駛執照處分者，不予記點。
汽車駕駛人在六個月內，違規記點共達六點以上者，吊扣駕駛執照一個月；一年內經吊扣駕駛執照二次，再違反第一項各款所列條款之一者，吊銷其駕駛執照。

第 85 條　本條例之處罰，受舉發違反道路交通管理事件之受處罰人，認為受舉發之違規行為應歸責他人者，應於舉發違反道路交通管理事件通知單應到案日期前，檢附相關證據及應歸責人相關證明文件，向處罰機關告知應歸責人，處罰機關應即另行通知應歸責人到案依法處理。逾期未依規定辦理者，仍依本條例各該違反條款規定處罰。
本條例之處罰，其為吊扣或吊銷車輛牌照者，不因處分後該車輛所有權移轉、質押、租賃他人或租賃關係終止而免於執行。
本條例規定沒入之物，不問屬於受處罰人與否，沒入之。
依本條例規定逕行舉發或同時併處罰其他人之案件，推定受逕行舉發人或該其他人有過失。

第 85 條之 1　汽車駕駛人、汽車所有人、汽車買賣業或汽車修理業違反第五十六條第一項或第五十七條規定，經舉發後，不遵守交通勤務警察或依法令執行交通稽查任務人員責令改正者，得連續舉發之。

第七條之二之逕行舉發案件有下列情形之一者，得連續舉發：

一、逕行舉發汽車行車速度超過規定之最高速限或低於規定之最低速度或有第三十三條第一項、第二項之情形，其違規地點相距六公里以上、違規時間相隔六分鐘以上或行駛經過一個路口以上。但其違規地點在隧道內者，不在此限。

二、逕行舉發汽車有第五十六條第一項或第五十七條規定之情形，而駕駛人、汽車所有人、汽車買賣業、汽車修理業不在場或未能將汽車移置每逾二小時。

第 85 條之 2　車輛所有人或駕駛人依本條例規定應予禁止通行、禁止其行駛、禁止其駕駛者，交通勤務警察或依法令執行交通稽查任務人員應當場執行之，必要時，得逕行移置保管其車輛。

前項車輛所有人或其委託之第三人得於保管原因消失後，持保管收據及行車執照領回車輛。其違反本條例第三十五條規定者，應同時檢附繳納罰鍰收據。

第 85 條之 3　第十二條第三項、第三十五條、第五十六條第三項、第五十七條第二項、第六十二條第六項及前條第一項之移置或扣留，得由交通勤務警察、依法令執行交通稽查任務人員逕行移置或扣留，其屬第五十六條第三項之移置，得由交通助理人員逕行為之。上述之移置或扣留，得使用民間拖吊車拖離之。

前項移置或扣留，得向汽車所有人收取移置費及保管費；其不繳納者，追繳之。

第一項移置保管或扣留之車輛，經通知車輛所有人限期領回；屆期未領回或無法查明車輛所有人，經公告三個月，仍無人認領者，由移置保管機關拍賣之，拍賣所得價款應扣除違反本條例規定應行繳納之罰鍰、移置費、保管費及其他必要費用後，依法提存。

前項公告無人認領之車輛，符合廢棄車輛認定標準者，依廢棄物清理法及其相關法規規定清除之。依本條例應沒入之車輛或其他之物經裁決或裁定確定者，視同廢棄物，依廢棄物清理法及其相關法規規定清除。

前四項有關移置保管、收取費用、公告拍賣、移送處理之辦法，在中央由交通部及內政部，在地方由直轄市、縣（市）政府依其權責分別定之。

第 85 條之 4　未滿十四歲之人違反本條例之規定，處罰其法定代理人或監護人。

第　86　條　汽車駕駛人，無駕駛執照駕車、酒醉駕車、吸食毒品或迷幻藥駕車、行駛人行道或行經行人穿越道不依規定讓行人優先通行，因而致人受傷或死亡，依法應負刑事責任者，加重其刑至二分之一。

汽車駕駛人，在快車道依規定駕車行駛，因行人或慢車不依規定，擅自進入快車道，而致人受傷或死亡，依法應負刑事責任者，減輕其刑。

第 87 條　受處分人，不服第八條主管機關所為之處罰，得於接到裁決書之翌日起二十日內，向管轄地方法院聲明異議。

法院受理前項異議，以裁定為之。

不服前項裁定，受處分人或原處分機關得為抗告。但對抗告之裁定不得再抗告。

第 88 條　法院為處理有關交通事件，得設立專庭或指定專人辦理之。

第 89 條　法院受理有關交通事件，準用刑事訴訟法之規定；其處理辦法，由司法院會同行政院定之。

第 90 條　違反本條例之行為，自行為成立之日起；行為有連續或繼續之狀態者，自行為終了之日起，逾三個月不得舉發。但汽車肇事致人受傷或死亡案件，因肇事責任不明，已送鑑定者，其期間自鑑定終結之日起算。

六 行政處罰標準化作業流程說明❶

1. 行政機關如因調查或舉發發現有違反行政法上義務之行為，如確定有土地管轄權（行政罰法第 29 條及第 30 條），應即依職權調查事實及證據（行政程序法第 36 條），並應注意裁處權時效（行政罰法第 27 條、第 28 條）。

2. 行政機關於調查程序中，應依下列規定辦理：

   ⑴執行職務人員應向行為人出示有關執行職務之證明文件或顯示足資辨別之標誌，並告知其所違反之法規（行政罰法第 33 條）。

   ⑵行政機關應調查事實及證據時，應調查下列事項：

   Ⅰ 行為人有無故意或過失，並由行政機關舉證（行政罰法第 7 條）。

   Ⅱ 行為人之年齡及精神狀態（行政罰法第 9 條）。

   Ⅲ 受處分人所得利益是否超過法定罰鍰最高額（行政罰法第 18 條第 2 項）。

   Ⅳ 受處分人如為私法人、非法人團體或其他私法組織，其有代表權人有無行政罰法第 15 條第 1 項及第 2 項所定情形及其所得利益範圍。

   Ⅴ 未受處罰之行為人或他人有無因違規行為受有財產上利益及其範圍（行政罰法第 20 條）。

   Ⅵ 各行政法規所定違反行政法上義務之構成要件。

   ⑶行政機關調查事實及證據時，得依規定為下列處置：

   Ⅰ 依行政罰法第 36 條至第 41 條或各行政法規之規定為物之扣留。又得沒入之物縱為法院得沒收之物，行政機關雖須待法院未宣告沒收後，始得為沒入處分，惟仍得依本法或其他法律規定先為扣留。

   Ⅱ 對現行違反行政法上義務之行為人得即時制止其行為、製作書面紀錄、為保全證據之措施及確認其身分等即時處置行為（行政罰法第 34 條、第 35 條及行政程序法第 38 條）。

III 得要求當事人或第三人提供必要之文書、資料或物品（行政程序法第 40 條）。

　　IV 得為鑑定或實施勘驗等調查方法（行政程序法第 41 條及第 42 條）。

　⑷行政機關基於調查事實及證據之必要，得以書面通知相關之人陳述意見（行政程序法第 39 條）。

　⑸其他各行政法規規定應（得）調查事項及應（得）踐行之調查程序、方法。

3.行政機關完成調查作成裁處前，經斟酌調查事實及證據之結果，如認為行為人未違反行政法上義務、未具責任要件或責任能力、或具有阻卻違法事由，應不予處罰。

4.行政機關完成調查作成裁處前，經斟酌調查事實及證據之結果，認為行為人違反行政法上義務，則應依下列規定處理：

　⑴如行政機關擬作成限制禁止行為或剝奪消滅資格權利之處分，如受處分人申請舉行聽證,則應視個案有無行政罰法第 43 條但書所列情形之一，如未有上開規定所列情形，則行政機關應於裁處前舉行聽證；如有上開規定所列情形之一，則行政機關得不舉行聽證,惟應視個案情形是否應依行政罰法第 42 條給予陳述意見之機會。有應給予當事人陳述意見之機會時，行政機關應依行政程序法第 104 條以書面通知相對人。

　⑵行政機關擬作成罰鍰、沒入、影響名譽或警告性處分，或擬作成限制禁止行為或剝奪消滅資格權利之處分而受處分人未申請舉行聽證、或受處分人申請聽證但有行政罰法第 43 條但書所列情形之一者，除個案有行政罰法第 42 條但書所列情形之一，行政機關於處分前應給陳述意見之機會，並依行政程序法第 104 條以書面通知相對人。

　⑶經舉行聽證或給予陳述意見之機會後，行政機關斟酌全部聽證或陳述與調查事實及證據之結果，依論理或經驗法則判斷，認未違反行政法上義務、未具責任要件或責任能力、或具有阻卻違法事

由，應不予處罰；如認為構成違反行政法上義務且無免責事由，即應作成裁處書。

5.行政機關作成裁處書應注意下列事項：

⑴各行政法規如規定須先限期改善始予以處罰者，從其規定。

⑵違反行政法上義務應受法定最高額新臺幣三千元以下罰鍰之處罰，其情節輕微，認以不處罰為適當者，得免予處罰（行政罰法第 19 條）。

⑶行政機關裁處罰鍰時，如具有裁量權，除依行政罰法或各該行政法特別規定減輕或加重外，行政機關尚應審酌違反行政法上義務行為之受責難程度、所生影響、所得利益及受處罰者資力。又所得利益超過法定罰鍰最高額時，得於所得利益範圍內酌量加重，不受法定罰鍰最高額之限制。至依行政罰法減輕罰鍰之標準，依行政罰法第 18 條第 3 項規定定之，其他種類行政罰之處罰定有期間者之減輕標準，準用上開規定（行政罰法第 18 條）。

⑷受處罰者或擴大沒入物之所有人於行政機關裁處前，予以處分、使用或以他法致不能裁處沒入或致物之價值減損者，行政機關得依行政罰法第 23 條第 1 項裁處沒入物之價額或裁處沒入其物及減損之差額。

⑸行政機關調查終結前應依行政罰法第 31 條第 4 項通知原有管轄權之其他機關；於作成裁處書後，宜通知配合執行機關或相關機關。

6.行政機關裁處程序中應一併注意下列規定及事項：

⑴依行政罰法第 1 條但書規定，各行政法律（含法律具體明確授權之法規命令）有特別規定者，從其規定。行政機關仍應先依各特別法規定之構成要件及程序辦理，未有規定者，則適用行政罰法之規定。

⑵行政機關如發現行為人之一行為同時觸犯刑事法律時，應先將刑事部分移送該管司法機關，並依行政罰法第 26 條處理；如發現行為人之一行為違反數行政法上義務時，依同法第 24 條及第 31 條

第 2 項至第 4 項處理。

⑶行政機關應注意行政罰法第 27 條裁處權時效之規定，並於時效完成前完成裁處程序。

7. 本「行政處罰標準化作業流程」（含流程圖）係依行政程序法及行政罰法相關規定所定，僅提供各機關參考。各機關仍應依各該行政法律規定予以增減。

七　行政處罰標準化作業流程圖❷

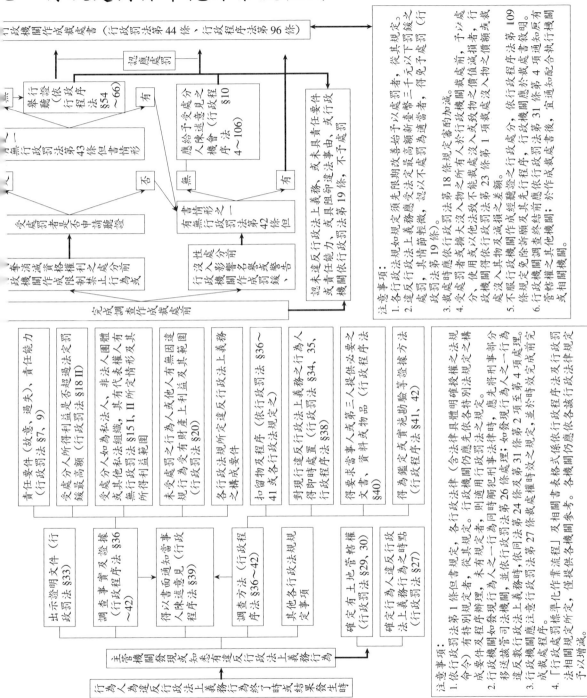

八 未經聽證之行政機關裁處書❸

(機關) 裁處書

發文日期：　年　月　日

發文字號：

受處分人姓名或名稱：

國民身分證統一編號或國籍及護照號碼：

性別：　　　　　　　　出生日期：　年　月　日

其他足資辨別之特徵：

地址：

代表人或管理人姓名：

身分證統一編號：

性別：　　　　　　　　出生日期：　年　月　日

地址：

主旨：

事實：

理由及法令依據：

繳款期限：　年　月　日　　　繳款地點：

注意事項：1.不服本處分者，得自本處分送達翌日起三十日內，繕具訴
願書逕送原處分機關，並由原處分機關函轉上級機關提起
訴願。

2.罰鍰逾期不繳納者，即移送法務部行政執行署所屬行政執
行處執行。

【行政機關得視相關法規規定及案件增減內容】

處分機關

(機關首長) ○○○

九　經聽證之行政機關裁處書❹

（機關）裁處書

發文日期：　年　月　日
發文字號：

受處分人姓名或名稱：
國民身分證統一編號或國籍及護照號碼：
性別：　　　　　　　　　出生日期：　年　月　日
其他足資辨別之特徵：
地址：
代表人或管理人姓名：
身分證統一編號：
性別：　　　　　　　　　出生日期：　年　月　日
地址：
主旨：
事實：
理由及法令依據：
繳款期限：　年　月　日　　　　繳款地點：
注意事項：1.不服本處分者，得自本處分送達翌日起二個月內，向○○
　　　　　　　高等行政法院提起行政訴訟（行政程序法第109條）。
　　　　　　2.罰鍰逾期不繳納者，即移送法務部行政執行署所屬行政執
　　　　　　　行處執行。
　　　　　　　　　　　　【行政機關得視相關法規規定及案件增減內容】
　　　　　　　　　　　　　　　處分機關
　　　　　　　　　　　　（機關首長）○○○

■ 註釋 ■

❶　引自法務部 http://www.moj.gov.tw/public/attachment/641116331271.doc。
❷　參見法務部 http://www.moj.gov.tw/public/attachment/641116324021.doc。
❸　引自法務部 http://www.moj.gov.tw/public/attachment/51224045054.doc。
❹　引自法務部 http://www.moj.gov.tw/public/attachment/512240532156.doc。

事項索引

（以下索引依中文注音符號順序，後面數字為旁碼；條文部分依條號，如第 1 條第 1 段為 §0101，第 46 條第 1 段為 §4601；導言、本論、第一章～第九章、附論之一～六，依序為 A001, B001, C001, D001, E001, F001, G001, H001, I001, J001, K001, L001, M001, N001, O001, P001, Q001）

民法系列——契約之成立與效力　杜怡靜／著

　　本書共分為五章，分別為導論與前言、契約之成立、契約之效力、契約之解除與終止以及契約法之新趨勢等。本書為使初學者能儘速建立契約法之基本概念，以深入淺出之方式，於理論基礎之說明上，儘量以簡潔文字並輔以案例加以說明。此外為使讀者融會貫通契約法間之關連性，書末特別附有整合各項契約法觀念的綜合案例演練，促使讀者能夠匯整關於契約法的各項觀念，希望讀者能藉由本書關於契約法之介紹，進入學習民法之殿堂。

民法系列——侵權行為　郭冠甫／著

　　民法的規範多元且龐雜，經常成為法律初學者的夢魘。本書對於民法中侵權行為之介紹，雖亦有理論層面的研討，但並不刻意強調艱澀難懂，或是爭議繁多的法律見解，而是儘量以實際案例加以說明，期能轉化抽象的法律概念，成為與日常生活充分結合的實用規範，使學生與一般無深厚法學基礎的讀者能夠清楚掌握法學的精義。

民法系列——繼　承　戴東雄／著

　　本書主要內容在說明民法繼承編重要制度之基本概念，並檢討學說與實務對法條解釋之爭議。本書共分四編：緒論、遺產繼承人、遺產繼承與遺產繼承之方法。在本書各編之重要章次之後附以實例題，期能使讀者了解如何適用法條及解釋之方法，解決法律問題；並在附錄提出綜合性之實例題，讓讀者以邏輯之推演方法，解決實際之法律問題。

民法系列——遺　囑　王國治／著

　　近年來，隨著天災人禍所帶來「生命無常」的震撼，越來越多人不再視「預立遺囑」為一種忌諱，而是當成一種「積極管理身後事」的方式，以減少生命走到終點的遺憾。本書首先介紹中外遺囑的歷史背景與變遷過程，其次，從我國遺囑之相關法律、司法實務與實際案例切入，最後詳盡剖析我國遺囑法律闕失之處，並提出將來遺囑修法之具體建議，實為一本值得閱讀與收藏的法律好書。

民法系列──運送法　林一山／著

　　本書的內容係植基於廣義的「運送法」概念，以我國民法債編各論第十六節「運送」為主，並兼論及「承攬運送」及「倉庫」的相關部分。本書理論與實務兼具，一方面以生動活潑的案例來引發初學者的興趣，再者系統性且整體性地將相關內容做深入淺出地介紹，亦對實務工作者處理複雜的案件有所貢獻。

公司法新論　王泰銓、王志誠／著

　　本書從解釋論及司法實務之觀點，有系統地解析我國公司法制之規範內容及運作實情，並針對公司法學之重要問題，從日本、美國等先進國家之公司法制出發，提出深度之理論批判及建議。再者，本書尚整理分析各國公司經營機關之制度現況，並以公司治理為中軸，詳盡介紹當前之熱門話題。本書不僅整理我國之學說論點及實務見解，以解說各項重要爭議，亦探討公司法學之最新發展，兼顧理論及實務，實為優質之教科書及工具書。

現代國際法　丘宏達／著

　　本書共分十八章，分別對國際法的概念與性質、國際法的淵源、國際法與國內法的關係、條約、國際法的主體、承認、國際法上的繼承、國籍、個人與人權、國家的領土、海洋法、管轄、管轄的豁免、國家責任、國家對外關係的機關、國際組織、國際爭端的和平解決、國際環境保護及武裝衝突與國際人道法等主題，提供詳細說明與分析，並儘可能以實例解說。實例多為本書的特色，對於與我國有關的國際法問題、我國實踐及相關法規與判決，均特別作詳細的敘述與分析。

票據法　潘維大／著　黃心怡／修訂

　　這是一本能讓讀者有如閱讀小說、漫畫般，輕鬆認識票據法的書。口語式的活潑筆法，讓抽象的法律條文從此不再艱澀拗口；小說般的故事情節，讓票據法不再如天上明月般遙不可及，而與生活緊密結合。隨著書中人物面臨的大小事故，錯綜難解的法律關係，變成饒富趣味的生活小品。想試試法律變成趣味休閒版的滋味嗎？就從閱讀本書開始吧！